취업 핸드북

와일드북
와일드북은 한국평생교육원의 출판 브랜드입니다.

취업 핸드북

초판 1쇄 인쇄 · 2025년 2월 05일
초판 1쇄 발행 · 2025년 2월 12일

지은이 · 서재민
발행인 · 유광선
발행처 · 한국평생교육원
편 집 · 유지선
디자인 · 박형빈

주 소 · (대전) 대전광역시 유성구 도안대로589번길 13 2층
　　　　　(서울) 서울시 서초구 반포대로 14길 30(센츄리 1차오피스텔 1107호)
전 화 · (대전) 042-533-9333 / (서울) 02-597-2228
팩 스 · (대전) 0505-403-3331 / (서울) 02-597-2229

등록번호 · 제2018-000010호
이메일 · klec2228@gmail.com
📷 instagram @wildseffect

ISBN 979-11-92412-93-1 (13320)
책값은 책표지 뒤에 있습니다.

취업 핸드북

서재민 지음

취업이라는 단어를 들으면 우리는 흔히 첫 직장을 떠올립니다. 그러나 이제는 시대가 바뀌었습니다. 취업은 단 한 번의 일이 아닙니다. 그것은 우리가 평생에 걸쳐 이루어야 할 크고 작은 커리어 여정의 출발점일 뿐입니다. 한 직장에서의 경력을 넘어 다양한 직장에서 자신의 커리어를 확장하며, 끊임없이 자신의 가능성을 발견하는 시대가 온 것입니다.

취업과 커리어를 고민하는 모든 이들에게 이 책은 단순한 가이드가 아니라, 새로운 가능성을 제시하는 동반자가 될 것입니다. 서재민 저자의 진정성 있는 조언이 더 많은 이들에게 닿기를 바라며 이 책을 추천합니다.

– 이미라, 연세대학교 국제학대학원 객원교수 / 전 *GE* 코리아 *CHRO*

이 책은 저자의 풍부한 현장 경험을 바탕으로 기업의 채용 메커니즘을 깊이 있게 분석하고, 취업 성공을 위한 실질적인 조언과 노하우를 제공합니다.

엔데믹 이후 빠르게 변화하는 글로벌 채용 시장의 트렌드를 이해함으로써, 취업을 넘어 직무 전문가로서의 성장을 준비할 수 있을 것입니다.

－송석호, 네이버 *HR* 리드

저자인 서재민 본부장은 채용에 있어 국내 최고 전문가라고 할 수 있습니다. 인사관리 영역 중에서도 채용이라는 한 우물을 이렇게 깊이 파 본 사람이 또 있을까 싶을 정도입니다.

취업에 도움을 얻고자 하는 분들에게 훌륭한 가이드가 될 것으로 믿어 의심치 않습니다.

－팽수만, (주)*LS* 인사부문장 *CHO*

세계적인 글로벌 기업 GE뿐만 아니라 국내 유명 대기업, 그리고 유망 IT 스타트업에 이르기까지 다양한 기업과 인더스트리에서 최고의 인재를 발굴하고 채용해온 저자의 노하우가 압축된 이 취업 핸드북은 취업이나 이직을 준비하는 취준생들뿐만 아니라 TA 채용 담당자와 HRBP들에게도 많은 도움과 새로운 인사이트를 제공할 것입니다.

－김웅년, *GE HealthCare Senior HRBP* 상무

저자 서재민은 16년 넘게 채용 전문가로 활동하며 얻은 풍부한 경험과 취업 사례를 바탕으로 취업준비생들에게 현실적이고 실질적인 조언을 제공하고 있습니다. 취업준비생들이 그들에게 맞는 일자리를 찾기 위해 어떤 준비를 해야 하는지에 대해 구체적이고 명확한 방향을 제시합니다. 채용 시장의 트렌드 변화를 면밀히 관찰하며, 자기소개서 작성에 치중하기보다는 직무 경쟁력 중심으로 준비할 것을 강조합니

다. 이 책은 단순한 취업 정보 제공을 넘어, 취업 성공을 위한 핵심 전략을 제시하고 있습니다.

- 염태정, 중앙일보 기획국장

서재민 작가의 책은 수많은 취업 준비생들을 위한 재능 기부의 연장선에 있는 결과물입니다. 작가는 오랜 기간 동안 취업 준비생들에게 현실적이고 구체적인 정보를 제공하며, 취업 과정에서 겪는 어려움을 덜어주기 위해 지속적으로 코칭을 이어왔습니다.

이 책은 이러한 경험을 바탕으로 취업 준비생들에게 올바른 방향성을 제시하고, 취업 성공을 위한 필수적인 지침서로 손꼽힐 만합니다.

다양한 기업에서 채용 업무를 담당해 온 최고 전문가답게, 이 책에는 취업 준비를 위한 유익한 정보와 실제 합격 사례들이 풍부하게 담겨 있습니다. 특히 취업을 준비하는 청년들에게 합격으로 가는 실질적이고도 믿음직한 길을 제시해주는 책으로, 취업 과정의 든든한 동반자가 될 것입니다.

- *CP Team* 김조엘 대표

성공적인 취업 길라잡이는 직접 채용 현장에서 오랜 시간 동안 다양한 실제 경험을 쌓아온 실무 경험자만이 그 디테일과 깊이를 제대로 코칭할 수 있습니다.

이 책은 저자가 다년간 국내 대기업, 외국계 대기업, 빅테크 기업 등 다양한 기업의 채용 현장에서 직접 경험하며 하나하나 얻어낸 실전적인 노하우로 가득합니다. 국내 취업을 준비하는 분들에게도, 해외 취업을 목표로 하는 분들에게도 큰 도움이 될 것이라 확신합니다.

― 김준완, 경희대학교 산학협력중점 교수

취업 준비 과정은 단순히 정보를 얻는 것을 넘어 자신만의 방향을 설정하는 일이 중요합니다. 이 책은 그런 과정을 고민하는 독자들에게 다양한 힌트를 제공할 수 있는 자료입니다. 새로운 도전을 준비하는 분들께 도움이 되길 바랍니다.

― 박미현, 스푼랩스 *EX Group Lead*

채용 시장을 정확하게 꿰뚫어 실용적이며 현실적인 접근법을 기반으로 명확한 방향성을 제시합니다.

채용 전문가의 시각에서 전수하는 꿀팁들은 막연하게 구직을 시작하는 사회초년생과 구직자들에게 방향성을 잡는 데 큰 도움을 줄 것입니다.

― 김희원, 메드트로닉 코리아 채용팀장

채용 담당자로서 후보자들에게 전하고 싶은 진심과 현실적인 조언이 담긴 종합 핸드북입니다.

취준생은 물론 이직을 고민하는 직장인들까지, 누구나 한 번쯤 고민할 법한 주제들을 명쾌하게 풀어냈습니다.

이 책을 통해 준비된 후보자들을 만날 날이 기대됩니다!**

― 김다인, 에이피알 채용팀장

이 책이 제안하는 직무 중심의 준비와 실무 경험을 통한 경력 설계는 취준생들에게 대기업 정규직만을 고집하기보다 다양한 경로를 통해 커리어를 확장할 수 있는 현실적 대안을 제시하는 점이 인상 깊습니다.

이 책은 취업 준비생들에게 실질적이고 방향성 있는 지침이 될 것입니다.

　　　　　　　　　　　　　　　　- 윤방현, 한국신용데이터 인재영입팀장

지피지기(知彼知己)면 백전불태(百戰不殆)라! 손자병법에 나오는 이 유명한 구절은 나를 알고 남을 알면 승리하게 된다는 의미이다. 이 책은 '취업'과 '채용'이라는 하나의 사건에 대해 지원자와 기업 담당자의 양쪽 입장에서 살펴봤다는 점에서 손자병법의 이 구절을 떠오르게 한다. 취업 준비생들이 기업 채용 담당자가 어떻게 접근하고 무엇을 중요하게 생각하는지를 알면 당연히 취업 확률이 올라갈 것이다. 채용 전문가인 저자 서재민의 현장 경험이 잘 녹아 있는 이 책을 통해 그 답을 찾기를 추천한다.

　　　　　　　　　- 박영희, 마이아이비 대표, (전) SK하이닉스 아메리카, *HR Sr. Director*

서류 전형에서 자소서는 사실 이미 서류를 통과한 후보자들에 대해 면접을 앞두고 조금 더 자세히 파악하기 위한 그렇게 평가 비중이 높지 않은 후보자의 정보일 뿐입니다. 그럼에도 불구하고 왜 시중에 나와 있는 많은 취업 관련 서적들이 취업의 핵심은 다른 곳에 있는데 왜 이렇게 자소서를 강조할까요? 취업의 핵심인 '나만의 직무경쟁력'이 제일 중요한데 핵심을 준비하지 못하고 자소서를 잘 쓰기 위해 그렇게 집착을 할까요?

또한, 최근 면접에서는 단답식 질문보다는 STAR 기법을 중심으로 한 행동 기반 역량 평가가 널리 사용되고 있습니다. 그런데도 여전히 많은 책에서 단답식 질문에 대한 답변 방식을 강조하는 이유는 무엇일까요?

공채 시대가 점차 사라지고 직무 중심의 수시 채용이 확대되고 있는 이 시점에도, 많은 취준생들이 여전히 직무와 상관없이 공통적인 스펙을 쌓기 위해 취업 준비를 하고 있습니다. 왜 그런 걸까요?

오늘날 채용은 자신이 지원할 채용공고의 자격 요건을 기준으로 후보자가 얼마나 잘 매칭되는지, 그리고 그 자격 요건을 만족시키기 위해 '나만의 직무 경쟁력'을 얼마나 키웠는지를 평가하는 방식으로 변화했습니다. 그럼에도 불구하고 왜 많은 취준생들이 직무를 제대로 선정하지 않고 취업 시장에 뛰어드는 걸까요?

저는 순수 채용 업무에만 16년이 넘는 시간을 보냈습니다. 더 이상 기다릴 수 없다고 생각했습니다. 기업들이 원하는 인재상과, 취준생들이 잘못된 방법으로 취업 준비를 하며 눈높이가 좁혀지지 않는 현실을 두고 볼 수 없었습니다. 이제는 제대로 된, 현실적인 취업 서적이 필요하다는 생각이 들었습니다.

그래서 이 책이 탄생하게 되었습니다. 최신 취업 트렌드를 명확히 파악하고, 독자들이 스스로 체계적으로 취업 준비를 할 수 있도록 돕고자 했습니다.

재학생들에게는 취업 준비의 핵심과 틀을 명확히 전달하여 졸업 전에 효율적으로 준비할 수 있도록 돕고, 취업이 급한 취준생들에게는 구체적이고 실질적인 취업 전략을 제공하고자 했습니다.

이 책이 취업 준비에 고통받고 스트레스에 시달리는 취준생들에게 조금이라도 도움이 되기를 진심으로 기원합니다.

:: 목 차

66

직무의 수는 따져보면 수백 개가 넘을 것이다. 하지만
대부분의 취준생들은 인기 있는 5~10개 사이의 직무를 골라 대답한다.
지금까지 있었던 회사들에서도 인기직무의 신입 채용 공고를 올리면
수십 대 일을 넘었고 몇몇 포지션들은 백 대 일의 경쟁률을 기록했다.
즉 진입장벽이 높은 직무들에만 많은 구직자들이 몰리고 있는 실정이다.
인기 있는 직무를 제외하고 나머지 직무는 경쟁률이 급격하게 떨어지며,
때로는 후보자가 없는 경우도 발생한다.

99

취업 준비 A to Z

01
가장 중요한 시기, 졸업하기 1년 전

*제일 먼저*재학생에게 조언을 해준다면 졸업하기 1년 전까지
는 최대한 많은 경험을 해보기를 추천한다. 선후배, 동기들과의 네트
워크, 다양한 동아리 활동, 국내외 여행, 뜨거운 연애, 아르바이트 등
마음만 먹으면 충분히 많은 경험들을 할 수 있다. 대학교에 가서 다양
한 경험 대신 공부만 하기에는(물론 공부를 좋아하고 거기에서 희열을
느끼면 문제없겠지만) 이 시기에 겪을 수 있는 다양한 경험들이 인생
에 있어서 너무나 큰 도움이 되기 때문이다.

남자들은 군대를 다녀오면 어느덧 3학년이 될 것이며, 여자들도
학교에 적응했나 싶으면 시간이 흘러서 어느새 3학년이 된다. 이렇듯
3학년은 취업이라는 단어가 점점 크게 다가오는 것을 느낄 시기이다.

왜 대학생활에서 가장 중요한 시기가 졸업 1년 전인 3학년일까?

그 이유는 원하는 직무를 선정하고, 선정한 직무 관련 취업을 위해 준비하는 기간이 평균적으로 1년이면 충분하기 때문이다.

그렇다면 취업을 위해 가장 중요한 단어는 무엇일까? 앞으로도 계속 강조하겠지만, 필자가 생각하기에 가장 중요한 키워드는 "나만의 직무 경쟁력"이다. 그렇다면 왜 직무 경쟁력이 취업에서 가장 중요한 단어일까? 지금까지 취업 박람회, 회사 설명회, 재능기부, 멘토 활동 등을 통해 수많은 신입 구직자들을 인터뷰하면서 많은 것들을 느꼈다. 그중 하나는 대부분의 구직자들은 직무에 대한 고민을 하지 않고, 직무에 대한 고민이 없기 때문에 제대로 된 직무 선정 없이 취업시장에 뛰어든다는 것이었다.

요즘 취업 트랜드는 공채가 거의 사라지고 대부분 채용을 수시로 진행하며, 직무 중심으로 채용을 진행하고 있다. 그런데 최근 현대자동차, SK그룹, LG그룹 등 주요 기업들뿐만 아니라 많은 국내 기업들도 점차 공채를 폐지하고 수시 채용으로 채용 방식을 바꾸고 있다. 그것은 수시 채용의 가장 중요한 핵심이 직무 중심의 채용이기 때문이다. 정기공채로 형성된 기수 문화를 통한 경직된 문화의 고착화라는 폐단을 줄이기 위함도 이유겠지만, 무엇보다 가장 중요한 이유는 직무 중심의 채용으로 신입사원의 퇴사율을 낮추기 위함이다.

과거 전반적인 채용 흐름은 스펙이 좋은 Best Person을 채용하는 것이었다. 하지만 기대했던 것과 달리 '이 업무는 저와 맞지 않습니다. 저와 맞는 일을 찾아보기 위해 퇴사하겠습니다.'라며 신입으로 채용된 후, 1년이 안 되 는 시점에도 퇴사를 하는 현상이 높은 비율로 발생했다.

기업의 입장에서는 한 명의 직원을 채용하기 위해 쏟은 시간과 비용, 그리고 일을 가르치기 위해 했던 많은 노력들이 물거품이 되었고, 대체할 인원을 찾기 위해 다시 많은 시간과 비용을 들여 사람을 뽑고 교육시키는 악순환이 반복되었다.

　　그래서 기업들은 고민하기 시작하였다. 어떻게 하면 퇴사율을 줄이고, 주어진 업무를 즐기면서 오래 일할 수 있는 인재를 뽑을 수 있을까? 그 결과 기업들은 Best Person 대신에 Right Person을 뽑는 것이 좋은 해결책이라고 판단하였다.

　　Right Person 채용의 핵심은 직무 중심으로, 지원한 직무를 위해 얼마만큼 노력했는지와 다른 경쟁자들에 비해 '나만의 직무 경쟁력을 갖추고 있음'을 어필하는 인재 중심으로 채용하는 것이다. 예를 들어 재무팀에서 인재를 채용할 경우 경제학 또는 경영학 등의 관련 전공수업을 통해 재무 관련 수업을 들었으며, 재무 관련 자격증을 취득하거나 공부했고, 기업 재무팀에서 관련 인턴십 / 계약직이나 아르바이트 경험을 통해 실무경력을 쌓아 본 후보자들을 선호하고 있다. 이런 후보자를 채용하였을 경우, 1년 안에 퇴사하는 비율은 현저하게 낮아진다. 적어도 1년도 안 되어 퇴사하는 신입사원들의 가장 큰 사유인 '내가 생각했던 직무가 아니었고, 나는 이 직무와 안 맞는 것 같다.'라는 말은 거의 사라질 것이다.

　　면접 전형이 아닌 채용 관련 행사나 멘토링을 통해 구직자들을 만나면 가장 먼저 '어떤 업무를 해보고 싶으세요?'라는 질문을 던진다. 이 한 마디 질문에 대한 답변을 통해 이 친구가 취업에 준비가 되어있는지 안 되어있는지 쉽게 확인할 수 있다. 가장 많이 듣는 대답은 정확하게 '마케팅 아니면 영업을 해보고 싶습니다.'라는 말이다. 그 다음으로는 인사, 재무, 회계, 홍보, 법무, 물류, 콘텐츠, 사무직이거나 아예 직무를 벗어나 '명품업계에서 일을 하고 싶습니다.'라며 산업군으로 대답을 하기도 한다.

사무직이나 명품업계라고 대답을 하는 분들에게 묻고 싶다. 회사들의 채용공고를 찾아봤을 때 '사무직'이나 '명품업계'로 채용공고를 검색하여 찾을 수 있을까? 그건 불가능하다. 그런 Job 포지션은 존재하지 않으니, 사실상 직무 선택을 엉망으로 한 셈이다.

직무의 수는 따져보면 수백 개가 넘을 것이다. 하지만 대부분의 취준생들은 인기 있는 5~10개 사이의 직무를 골라 대답한다. 지금까지 있었던 회사들에서도 인기직무의 신입 채용 공고를 올리면 수십 대 일을 넘었고 몇몇 포지션들은 백 대 일의 경쟁률을 기록했다. 즉 진입장벽이 높은 직무들에만 많은 구직자들이 몰리고 있는 실정이다. 인기있는 직무를 제외하고 나머지 직무는 경쟁률이 급격하게 떨어지며, 때로는 후보자가 없는 경우도 발생한다. 그래서 면담을 하면서 '왜 진입장벽이 높은 직무를 굳이 지원하고자 하느냐?'라고 물어 보았더니 '다른 직무들은 잘 몰라서요.'라는 대답을 듣게 되었다.

필자가 면접을 진행할 때 가장 싫어하는 대답은 '영업 아니면 마케팅 업무를 하고 싶다.'라는 말이다. 영업과 마케팅은 하늘과 땅 차이다. 영업은 크게 해외 영업, 국내 영업으로 분류할 수 있고, 산업별로 제약영업, 보험영업, 자동차영업 등이 있으며, 영업이 원활히 진행되기 위해 서포트하는 Sales Admin, Sales Coordinator, Sales Solutions Analyst, Sales Data specialist 등 정말 다양한 직무들이 존재하고 있다.

인사도 크게 HRM(Human Resource Management)과 HRD(Human Resource Development)로 나눌 수 있는데, HRM에는 채용, 보상, 평가, 노무 등으로 나누어지고, HRD는 임직원 교육, 조직개발, 경력개발 등으로 업무가 구분된다.

HR 부서에서 인재를 뽑을 때 전반적인 업무를 서포트하는 HR Coordinator를 뽑을 때도 있지만, 각 팀에서 채용을 진행하는 경우도 많다. 즉, 채용팀에서 채용담당자 신입을 뽑기도 하고, 교육팀에서 교육담당자 신입을 뽑기도 한다는 것이다.

이럴 경우 채용담당자나 교육담당자는 과연 어떠한 인재를 뽑을까? 전반적으로 스펙이 좋은 후보자를 뽑을까? 앞에서도 설명했지만 전반적인 스펙보다는, 그 직무에 대한 관심과 그 직무를 위해 뼈를 깎는 노력을 하여 지원한 '나만의 직무 경쟁력'을 잘 어필하는 인재 중심으로 뽑는다. 좋은 스펙에 혹해서 채용하여 일을 시키려고 했더니 '이 직무랑 잘 안 맞는 것 같아요.'라고 하면서 퇴사하는 실패를, 기업들은 점점 반복하지 않으려고 하는 것이다.

그렇다면 직무 선정은 어떻게 해야 하는 것일까? 우선 직무 선정을 잘하기 위해서는 진입장벽을 살펴보고, 큰 직군이 아닌 한 단계 더 밑으로 들어가서 Job Title 중심으로 선정을 해야 한다. 더 자세한 사항은 「PART 3. 03 직무 선정 I – '나만의 직무 경쟁력' 만들기」에서 설명하겠지만, 먼저 Job 사이트에서 자신이 선택한 직무가 채용공고에 자주 사용되고 있는지를 확인하면 된다. 역으로 직무를 선정할 때에는 Job 사이트의 직무 중심으로 검색하여 Job Title을 List-Up한 후 가장 자신 있는 Job Title 중심으로 2~3개로 정하는 것이 가장 좋은 방법이다.

예를 들어 Marketing의 큰 직무가 아니라 한 단계 더 파고들어 Digital Marketing, Sales가 아닌 의료기기 영업, 제약영업, Sales Admin, Sales Solution Specialist, Sales Data Specialist 등으로 직무를 선정하고 그중 어떤 직무를 선택할 것인지 고민해야 한다.

이렇게 남들과 다른 고민을 하고 직무를 선정한 후보자들이 그 직무를 위해 '나만의 직무 경쟁력'을 키워서 어필을 할 경우, 한 군데가 아닌 여러 군데에서 합격을 하는 경우가 매우 많다. 그리하여 여러 회사에서 동시에 합격한 후보자들이 있는 반면, 대부분의 회사에서 탈락 통보를 받는 후보자들이 극명하게 갈리는 이유인 것이다.

다시 한번 강조하지만 '나만의 직무 경쟁력'은 취업에 있어서 가장 중요한 부분인데, 대부분 직무에 대한 고민이 없이 지원하니 당연히 '나만의 직무 경쟁력'이 없어 취직이 쉽지 않은 것이다.

그렇기 때문에 졸업이 6개월에서 1년이 남은 3학년 2학기나 4학년 1학기가 취업을 위한 제일 중요한 시기이다. 적어도 4학년 1학기 전까지는 직무탐색을 충분히 하여 나만의 정립된 직무 목표를 선정해야 한다. 가장 좋은 선택은 지금 이 순간 직무와 관련하여 나만의 경쟁력을 어필할 수 있는 전공과 관련된 직무를 찾는 것이다. 현업에 있는 졸업생 선배들이 어떤 직무를 하고 있는지 적극적으로 연락을 하여 직무 관련 상담을 받는다든가, 교수님께 직무에 대해 고민을 논의하고 본인이 원하는 직무 관련 인턴십 기회를 추천 요청한다든가, 취업센터를 적극적으로 활용하는 등 직무 선정을 위해 모든 노력을 쏟아야 한다.

높은 학점보다 정립된 직무를 선정하는 것이 취업에 있어 훨씬 중요한 사항이다. 학점만 높고 직무에 대한 고민 없이 취업시장에서 이 직무, 저 직무 그냥 한 번씩 지원하는 취준생은 절대 되지 말아야 한다. 3학년 2학기, 아니면 적어도 4학년 1학기 전까지는 직무를 확실하게 정립하고, 그 직무에 대한 실무경험을 3개월, 아니면 휴학을 해서라도 6개월이나 1년 동안 해보는 것을 강력하게 추천한다.

정립된 나만의 직무 실무경험이 3개월만 있다면, 국문 이력서, 자기소개서, 영문 이력서, 커버레터를 훨씬 수월하게 작성할 수 있으며, 1분 자기소개 등 다양한 면접 질문에서도 걱정 없이 대답하며 면접을 즐기고 나올 수 있다. 그리고 영어회화 공부를 꾸준히 해야 한다. 영어와 관련한 자세한 내용은 「PART 3. 04 떨지 말자, 영어 인터뷰」를 참고하기 바란다.

취업을 위한 재학생들에게 전하고 싶은 내용을 다음과 같이 정리해주고 싶다.

1) 6개월 ~ 1년 전까지 채용사이트들을 수시로 방문하여 어떠한 Job Title의 직무들이 어떠한 Job Qualification(자격요건)으로 인재를 채용하고 있는지 모니터링하기

2) 직무를 Job Title로 선정하기

3) 선정한 Job Title의 자격요건들을 List-Up하기

3) 자격요건들을 부합하기 위해 구체적으로 어떻게 취업 준비해야 할지 Action-Plan 세우기

4) 공통적인 자격요건인 선정한 직무와 관련하여 적어도 3개월 이상 실무경험 해보기(인턴, 계약직 등)

5) 스피킹 중심의 Opic이나 토익스피킹 점수를 취득하면서 꾸준히 영어회화 공부하기

이제는 틀을 잡았으니, 다음 장부터 각 단계별로 체계적이고 자세하게 취업을 준비할 수 있도록 설명하겠다. 흐름대로 즐기면서 같이 준비를 해보면 좋을 것이다.

02
자기분석, 취업 준비의 서막

직무를 선정하기 전에 먼저 선행되어야 할 일이 있다. 그 것은 바로 나를 파악하는 일이다. 내가 어떠한 사람인지를 파악하지 않고, 이상적이고 멋있어 보이는 직무를 선택한 뒤 나와 이 직무가 맞지 않는다는 점을 나중에 알게 된다면 큰 낭패가 될 것이다. 이럴 경우 억지로 회사를 다니거나 힘들게 입사한 회사를 때려치우고 다른 길을 찾아야 하는 수고로움을 겪을 수밖에 없다. 억지로 회사를 다니자니 행복하지 않을 것이고, 회사를 그만두자니 지금껏 쌓았던 경력과 노력이 아깝고, 다시 다른 직무를 선정하여 취업하기 또한 쉽지 않을 수 있다. 어렵게 취업에 성공한 뒤, 그 직무를 즐기면서 직장생활을 하고, 주말이 되어 월요일이 다가올 때도 빨리 회사에 가고 싶은 직무로 돈을 번다면 얼마나 행복하겠는가?

운이 좋은 건지 모르겠지만 지금 담당하고 있는 채용 담당 업무는 정말로 나에게 잘 맞는 업무이다. 다양한 포지션으로 수많은 후보자들과 만나고 채용을 하면서 네트워크를 키울 수 있고, 진행하는 채용 포지션으로 채용을 원하는 부서에 대한 정보 및 진행하는 포지션의 Market이 어떻게 돌아가고 있는지 등 매번 신규 포지션을 진행할 때마다 새롭게 파악할 수 있어 지루할 틈이 없었다.

또한 Hiring Manager가 좋은 인재를 뽑아줘서 고맙다는 인사를 해 줄 경우와 합격한 후보자가 채용 진행 과정에서 입사가 잘 진행될 수 있도록 도와주셔서 고맙고, 매우 만족한다고 이야기해 줄 때 정말 채용담당자로서 큰 보람을 느낀다.

그렇기 때문에 나와 맞는 직무를 선택하는 것은 정말 중요한 사항이다. 나와 맞는 직무를 선택하기 전에 가장 먼저 '나'에 대해서 철두철미하게 분석을 해야 한다. 내가 어떤 성향, 성격, 습성 등이 있는지를 먼저 파악하고, 거기에 따라 나에게 맞는 직무를 선택하는 것이다.

'나'라는 사람을 파악하기 위한 가장 쉬운 방법은 시중에 나와 있는 MBTI, 스트랭스 파인더, Strong 직업 흥미 유형검사 등 체계적이고 다양한 분석기법들을 활용하는 것이다. 이러한 관련 검사들은 각 대학교의 취업센터나 지역의 일자리센터에서 무료, 혹은 저렴한 가격으로 테스트해 볼 수 있거나 서점에서 관련 서적을 구입하여 시도해 볼 수 있다.

다시 한번 강조하지만, 이 단계에서 가장 중요한 목적은 '나'라는 사람을 정확히 파악하는 것이다. 내가 어떠한 직무에 적합한지 깨우치기 위한 처음 단계이기 때문에 흐지부지되지 않도록 처음부터 착실하게 틀을 잡고 진행해야 한다.

여러 테스트를 바탕으로 어느 정도 자신이 어떤 사람인지 파악이 되었으면, 이제는 나 혼자만의 시간을 가지면서 빈 노트를 꺼내 다음 과 같이 본인에 대한 모든 것들을 형식에 구애받지 않고 나열해보면 된다.

1) 좋아하는 일
2) 잘하는 일
3) 경험사례 계발

우선 좋아하는 일(이 일을 하면 가슴이 뛰고, 시간 가는 줄 모를 만 큼 집중하면서 즐기는 일)을 나열해본다. 잘하는 일(생각보다 남들에 게 인정받고, 칭찬 받는 일)도 나열해본다. 그리고 다음의 틀 중심으로 시간의 흐름에 따라 자신의 경험들을 나열해본다.

구분	경험 나열	느낀 점 / 교훈	역량
최근 1년 이내			
대학교 고학년			
대학교 저학년			
고등학생			
중학생			
초등학생 및 유년기			

시기		주요 사건	수업	프로젝트	대회 / 공모전	인턴 / 아 르바이트	여행	봉사 활동
1학년	1학기							
	여름 방학							
	2학기							
	겨울 방학							
2학년	1학기							
	여름 방학							
	2학기							
	겨울 방학							
3학년	1학기							
	여름 방학							
	2학기							
	겨울 방학							
4학년	1학기							
	여름 방학							
	2학기							
	겨울 방학							

다양한 분석기법들과 좋아하는 일, 잘하는 일 및 경험사례 계발을 통해 어느 정도 '나'라는 사람의 틀을 마련할 수 있을 것이다.

앞서 말했지만 대학교 때는 최대한 많은 경험을 하는 것이 좋다. 학점만 올리기 위해 공부만 하고 다양한 경험을 하지 않으면, 취업 준비를 도대체 어디서부터 해야 할지 막막해진다. 여러 경험들은 직무 선정에 많은 도움이 되는 것은 물론, 선정된 직무 관련 역량을 그 경험에서부터 끄집어낼 수 있게 하는 훌륭한 자산이다.

제아무리 전략기획, 마케팅 분석 혹은 재무업무 등이 멋져 보이고, 화려해 보일지라도 나와 맞지 않으면 그냥 좋은 직무이지 '내' 직무는 될 수 없다. 다시 한번 강조하고 싶다. 화려하고 멋져 보이는 직무를 나에 대한 분석 없이, 아무 생각 없이 선정하면 안 된다. 반드시 앞의 과정을 거쳐 나와 잘 맞는 직무를 선택해야 평생 즐기면서 돈을 벌 수 있다. 이것이 가장 중요한 출발점임을 잊지 말자.

03
직무 선정, '나만의 직무 경쟁력' 만들기

이 책에 있어 가장 중요하고, 또 가장 강조하고 싶은 부분이라 어떻게 잘 써 내려가야 할지 큰 고민이 든다. 앞서 강조했듯이 '나만의 직무 경쟁력'이 취업하는 데 있어 가장 중요한 핵심 키워드이기 때문이다. 취준생들과 이야기를 나누어보면 학교에서 직무에 대해 가르쳐 주지 않고, 현업의 세세한 직무를 모르는데 어떻게 직무 선정을 해야 할지 너무 막막하다는 답변을 정말 많이 듣는다. 대부분의 취준생들이 직무에 대한 고민을 거의 하지 않고 있기 때문에, 당연히 나만의 직무를 정립하지 않고 남들이 하는 공통적인 취업 스펙에 따라 준비하고 있다.

그리고 입사 지원을 할 때 자신의 전공분야에 따라 막연하게 '이 직무는 내가 잘할 수 있을 거야.'라고 생각하며 별 망설임 없이 지원하고 있다. 그렇다 보니 기업의 채용담당자나 부서의 Hiring Manager들이 원하는 자격요건 등과 구직자와의 눈높이 차이가 크게 발생할 수밖에 없다.

　대부분의 취준생들은 지원을 하고 나서 뒤늦게 직무에 대해 고민을 하기 시작하며, 직무 경쟁력에 대한 준비와 어필할 나만의 직무 경쟁력이 없기 때 문에 자기소개서나 커버레터를 쓸 때 막막함을 느낀다. 그러다 보니 대부분의 취준생들은 채용담당자들은 관심도 없는 태어난 곳, 성장배경, 동아리 활동, 어학연수 경험 등을 나열하면서 자기만의 이야기를 하게 된다.

　나만의 직무를 선정하고, 그 직무를 위해 많은 노력을 하여 '나만의 직무 경쟁력'을 갖춘다면, 대부분의 입사서류를 직무 중심으로 수월하게 써 내려갈 수 있다. 직무에 대한 고민과 직무 경쟁력이 없는 대다수의 취준생들이 너무나 어렵게 취업을 하고 있는 반면, 자기만의 직무를 미리 선정하고 적어도 6개월 이상 나만의 직무 경쟁력을 키운 뒤, 그 직무에 지원하는 지원자들이 여러 군데에서 오퍼를 받는 이유이다.

　좋은 대학을 가고 싶은 고등학교 수험생들은 수능점수를 최대한 높이기 위해 목표를 세우고, 최선을 다해 수능 준비를 한다. 그러면 취업을 하기 위해 정립할 목표는 무엇일까?

　실질적인 목표를 세워 그 목표를 위해 준비하고 노력해야 그 결과물을 얻을 수 있지 않을까? 취직을 위한 목표를 제대로 알지 못하기 때문에 취업 준비가 제대로 되지 않고 계속 흔들리고 있는 것이다.

　취직을 위한 목표는 바로 '나만의 직무 경쟁력'이다. 계속 이야기하고 있지만, 대부분의 취준생들은 가장 중요한 직무 경쟁력에는 전혀 관심이 없다. 하물며 이들은 나만의 직무를 무엇으로 선정해야 하는지도 모른 채 그저 수많은 정보 중에 필요한 내용을 선별하지 못하고 뭘 어떻게 준비해야 하는지 막막해 하고 있다.

이제는 더 이상 시간 낭비하지 말고, 최대한 빨리 직무를 선정하여 나만의 직무 경쟁력을 키우기 위한 준비를 해보자.

04
직무 선정II, 현장에서 듣는 직무 이야기(현직자 만나기)

직무를 선정하는 데 있어 가장 추천하는 방법은 현직에서 일하는 현직자를 만나 그 직무에 대한 생생한 이야기를 직접 듣는 것이다. 하지만 현직자를 만나기란 생각보다 쉽지 않다는 것 또한 잘 알고 있다. 그래서 현직자를 만나기 위한 방법으로 다음과 같은 세 가지 방법을 추천하고 싶다.

❶ 교수님 도움받기
❷ 링크드인 활용하기
❸ 선배와 직무 인터뷰하기

❶ 교수님 도움받기

교수님께 전공을 살려 졸업한 선배들을 소개해달라고 요청하는 방법이다. 교수님이 내 이름도 모른다면 무작정 찾아가서 요청을 해봤자 쉽게 도와주지 않는다. 인간관계 또한 마찬가지이다. 생판 모르는 사

람이 갑자기 무작정 찾아와서 도움을 구하는 것은 상대방에 대한 예의
도 아니며, 부탁을 들어줄 확률도 매우 떨어진다. 그러니 적어도 한 학
기 정도는 전공 교수님의 수업을 들으면서 기자재 설치를 도와드리거
나, 맨 앞자리에 앉아서 수업을 성실하게 듣고 질문을 많이 하며 성적
도 잘 받아서 본인 이름 석 자 정도는 아실 수 있도록 노력하자.

교수님뿐만 아니라 학교 취업센터에 직접 찾아가서 직무탐색을 위
해 관심 직무로 현직에서 근무하는 선배님들을 연결해줄 수 있는지 문
의해볼 수도 있다. 취업센터는 졸업생이 어느 회사에서 어느 직무로
근무를 하는지 정리를 하는 경우가 많기 때문이다.

❷ 링크드인 활용하기

다음은 세계 최대의 비즈니스 인맥 사이트인 링크드인(Linkedin,
http://www.linkedin.com)을 활용하는 방법이다.

링크드인은 국내기업뿐만 아니라 해외에서 근무를 하기 위해서는
반드시 가입하기를 추천하는 사이트로, 가입은 본인의 프로파일을 업
데이트하면 된다.

대부분 기업의 채용담당자나 헤드헌터들이 현재 모집 중인 채용
포지션에 적합한 인재를 찾을 때 가장 중요하게 생각하는 채널이 바로
이 링크드인이다. 이들이 직접 링크드인에 등록되어 있는 회원들의 프
로파일을 확인하고, 적합하다고 판단되는 후보자를 링크드인의 메시
지를 통해 연락하여 입사 지원을 유도하고 있기 때문이다.

한 유명 기업에서 여러분의 학교와 여러분의 전공과 관련된 인재
를 찾아서 채용을 시도할 수도 있다. 그런데 당신의 프로파일이 링크

드인에 등록되지 않았다면, 어떻게 당신을 찾을 수 있을까? 학교 취업 센터에 연락하거나 과 사무실에 전화하여 전공 교수를 통해 연락할 수 도 있겠지만 너무나 번거롭고 시간이 오래 걸린다.

하지만 당신이 링크드인에 프로파일을 업데이트했다면, 링크드인 을 통해 정말 가고 싶은 기업에서, 하고 싶었던 포지션으로 면접 제의 를 받을 수 있는 기회가 조금이라도 높아지는 것이다. 이것이 기업에 취업하려는 이상 링크드인을 빼놓을 수 없는 이유이다.

현재 한국에서 링크드인에 가입하여 활동하고 있는 사람은 무려 350만 명이 넘어간다. 또한 '이직에 관심이 있다.'라고 표현한 프로필 (Open to work)이 34만 명이나 된다. 생각보다 정말 많은 사람들이 벌 써 링크드인에 가입하여 활동하고 있음을 반드시 유념해야 한다.

만약 여러분이 연세대를 다니는 재학생이고, HR 인사직무에 관 심이 많은 취준생이라고 가정을 해보자. 우선 지역(Location)을 한국 (South Korea)으로 선택한 후, 학교를 연세대로 설정하여 검색 버튼을 누르면 전체 한국인 회원 가입 수 약 350만 명 중 연세대를 졸업하거 나 재학 중인 사람으로 약 55,000명의 회원이 검색되고 그중 12,000 명이 이직에 관심이 있다는 것을 확인할 수 있다.

　　여기에서 본인이 관심이 있는 직무를 추가로 검색하면, 한국에 거주하고, 연세대 선배 중에 내가 관심 있는 직무를 하고 있는 선배들을 적어도 수백 명은 확인할 수 있다. 여기의 선배들을 컨택하기 위해 유료의 서비스를 이용하여 바로 메시지를 보낼 수도 있고, 별도의 비용 없이 컨택하는 방법도 있다.

　　일촌 신청을 하여 수락하면, 일촌끼리는 무료로 메시지를 보낼 수 있는 것이다. 따라서 선배들에게 최대한 많이 일촌 신청을 해놓고, 며칠을 기다리면 된다. 조금 더 쉬운 방법으로는 모바일 어플을 사용하여 PC에서 회원가입 후 모바일 어플을 설치하고 로그인을 한 후 앞의 방법으로 선배들을 찾아서 클릭 한 번으로 일촌 신청을 하는 것이다.

　　일촌 신청을 할 때 메시지에 내용을 추가할 수 있으니 다음과 같이 인사말을 추가해 일촌 수락 확률을 훨씬 높일 수 있다.

　　"선배님 안녕하세요. 저는 ○○ 대학교 ◇◇과 후배 □□□입니다. 선배님처럼 멋진 커리어를 쌓기 위해 취직 준비를 하고 있고, 현재 직무탐색을 하고 있습니다. 우연히 선배님 프로파일을 확인하고 일촌 신청드립니다. 수락 꼭 부탁드립니다."

　　부디 링크드인을 통해 원하는 직무의 선배들을 List-Up해보기를 권한다.

❸ 선배와 직무 인터뷰하기

앞서 교수님들과 취업센터 등을 통해 확보된 선배들의 정보와 링크드인을 통해 확보된 선배들을 정리했으니, 이제는 직접 연락을 해보자.

"선배님, 안녕하세요. 저는 ○○대학교 ◇◇과 후배 □□□입니다. ×××통해서 선배님께 초면이지만 실례를 무릅쓰고 연락을 드리게 되었습니다. 현재 저는 선배님처럼 멋진 회사에서 △△직무로 취업을 하기 위해 직무 선정 및 직무 조사를 하고 있습니다. 정말 바쁘시겠지만, 30분만 할애해주시면 직접 선배님을 찾아뵙고 싶습니다. 학교에서 막연히 직무를 조사하는 것도 좋지만, 현업에 계시는 선배님들의 생생한 조언을 듣고, 정말 열심히 준비해서 선배님처럼 멋지게 취업을 하고 싶습니다. 편한 일정 알려주시면 찾아뵙고, 인사드리고 싶습니다. 선배님."

이렇게 컨택을 하면 적어도 5개의 메시지 중 1~2명으로부터 회신을 받을 수 있을 것이다. 정 바쁘면 유선상으로 통화를 해도 좋지만, 가능한 한 직접 만나 미팅을 해보는 것을 추천한다.

계속 강조하지만 직무 선정은 취업에 있어 가장 중요한 시작이고 토대이다. 나만의 직무 경쟁력을 키우기 위한 가장 중요한 직무 선정을 적극적이고 체계적으로 조사하여 2~3개의 직무로 좁힌다면, 훨씬 효과적으로 나만의 직무 경쟁력을 키울 수 있다.

이제 선배들을 만나러 가는 시간이 다가온다. 무작정 찾아뵙고 두서없이 이야기하는 대신 최대한 짧은 시간에 효율적으로 미팅하기 위해 미리 질문을 준비해보자.

소중하고 가치 있는 이 시간을 통해 많은 정보를 얻을 수 있도록 최선을 다하면서, 희망하는 직무가 과연 나에게 맞는지, 내가 즐기면서 잘할 수 있는 직무인지를 결정하도록 하자. 이런 방식으로 최소한 3명 이상의 선배들을 만나 직무를 정립하면 좋을 것 같다.

추가적으로 희망직무와 관련한 정보를 서적, 강의, 뉴스 등의 검색을 통해 최대한 많이 습득하자. 예를 들어 제약회사의 RA(Regular Affairs) 직무를 목표로 한다면, 인터넷으로 RA 직무를 검색해보자. 생각보다 많은 자료들을 찾을 수 있다. 제약회사 RA의 A to Z, 제약회사 RA가 하는 일, 국내 제약회사 RA 담당자의 현직자 인터뷰 등 도움이 되는 자료들을 많이 확보할 수 있다. 또한 유튜브에서 RA 직무 분석, RA 관련 서적 등을 보는 것도 큰 도움이 된다.

그리고 마지막으로 링크드인에서 RA 현직자들의 프로파일을 검색하고 신입 때는 어느 회사에서 어떤 업무를 하였고, 중간관리자 때는 어디로 이직하여 어떤 업무를 하며, 현재는 어떤 회사에서 RA 총괄 업무를 하고 있는지 등을 파악하는 것도 자신의 직무 Role Model을 설정하고, 커리어 목표를 세우는 데 도움이 될 것이다.

05
현실적인 직무목표 선정, 채용공고의 중요성

　　당신은 좋은 대학교를 가기 위해 얼마나 많은 문제집을 풀고, 얼마나 많은 노력을 하였는가? 자식을 조금 더 좋은 대학에 보내기 위한 부모들의 교육열이 세계에서 제일 뜨거울 것이라는 이야기에 많은 대한민국 국민들이 동의할 것이다. 그런데 아이러니하게도 부모의 교육열은 아이가 대학에 입학하는 순간 확 사그라든다. 부모님 이야기를 하다 보니 생각나는 에피소드가 있어 공유하고 싶다.

　　신입을 채용하는 포지션이었고, 많은 후보자 중 한 명을 뽑아야 했다. 채용이 끝나 인터뷰를 했던 후보자들에게 탈락 통보를 하던 중 탈락한 후보자의 어머니가 전화를 하셔서 왜 우리 아들이 떨어졌냐고 거칠게 항의하기 시작했다. 성심성의껏 탈락 사유를 설명해 드렸지만, 전화를 끊는 끝까지 따지듯이 이야기를 하시는 걸 겪고, 과연 나중에 회사에서 그 후보자를 다른 포지션으로라도 고려할 수 있을까 하는 생각이 들었다. 또한 종종 서류전형 중인데 자식 대신에 부모가 전화하여 서류발표가 언제 나냐며 대뜸 물어보시는 부모님들도 계셨다. 그래서 자녀분의 이름을 알려주시면 직접 말씀 드리겠다고 하면 얼버무리시면서 바로 전화를 끊어버린다.

자녀의 취업에 부모님이 개입을 한다면 최악의 역효과가 난다는 것은 누구나 알 수 있을 것이다. 부모님이 자식의 취직을 위해 오죽하면 그렇게까지 하시겠냐고 한편으로 이해는 된다. 그래서 부모님에게 걱정을 끼쳐드리지 않고, 최대한 빨리, 희망하는 직무로 입사를 하는데 도움을 주고 싶어 이 글을 쓰고 있다.

피플앤잡	LinkedIn		Target Company
원티드	슈퍼루키	자소설닷컴	
사람인		잡코리아	인디드
글래스도어	리멤버	블라인드	잡플래닛

그렇다면 희망직무로 입사하기 위한 현실적인 목표를 어디서 찾을 수 있을까? 바로 향후 정립된 희망직무로 채용을 하는 회사들의 채용공고를 통해 파악할 수 있다. 우선 취업을 위한 다음과 같은 다양한 Job 사이트에서 탐색을 시작해보자.

기본적으로 사람인 및 잡코리아는 국내 기업들의 다양한 채용공고들을 확인할 수 있고, 회원 수, 방문 수 등 국내 1~2위를 다투는 Major Job 사이트들이다.

피플앤잡은 외국계 회사로의 취업이나 이직을 하기 위해 취준생들이나 현직자들이 가장 즐겨 찾는 외국계 회사 전문 Job 사이트이다. 외국계 기업 전문 취업사이트이기 때문에 외국계 관련 채용공고가 가장 많이 올라오고 있다.

슈퍼루키와 자소설은 신입을 위한 신입 및 인턴 관련 포지션들이 많이 올라오고 있으며 원티드는 한국에서 가장 큰 Tech 회사나 스타트업 중심의 플랫폼이다.

블라인드와 리맴버는 각각 한국에서 인기 있는 직장인 대상의 소셜 네트워킹 플랫폼으로, 블라인드는 직장인들이 익명으로 회사와 관련된 다양한 정보를 공유할 수 있는 커뮤니티 플랫폼이며, 리맴버는 직장인들이 명함을 관리하고 네트워크를 형성할 수 있도록 돕는 플랫폼이다.

각 플랫폼은 경력직 중심의 양질의 채용공고들을 확인할 수 있다. 또한 외국계 회사로의 취업을 희망하는 사람이나 해외에서 취업을 원하는 분들은 앞에서도 언급한 링크드인을 통해 채용공고 확인 및 인맥을 쌓을 수 있고, 월드잡플러스, 한국산업인력공단, 글로벌잡스 등에 방문하여 다양한 해외 채용공고를 확인해 볼 수 있다.

그리고 마지막으로 가고 싶은 회사들을 정리하여 List-Up한 다음, 정기적으로 가고 싶은 회사의 공식 Job 사이트에 방문하는 것을 추천한다.

이제는 대부분의 회사들은 수시로 공석이 발생이 되는 경우가 많기에 공채로 인재를 채용하기보다는 대부분 T/O가 발생할 때 인재를 채용하고 있고, 대부분의 공고는 채용 시 마감되기 때문에 기다렸다가 마감 당일이 되어서 이력서를 제출하지 말고 관심 채용공고를 발견하는 즉시 바로 지원하는 것을 추천한다.

그리고 대부분의 회사들은 공식 채용홈페이지를 먼저 오픈하고, 채용담당자는 공식 채용홈페이지에 직접 지원할 수 있는 Direct URL이 생성되면, 그 URL을 가지고 일반 Job 사이트에 추가적으로 공고를 게시한다. 즉, 공식 채용홈페이지의 채용공고가 가장 먼저 올라가고, 짧게는 몇 시간, 길게는 며칠의 시간이 지난 후 일반 Job 사이트에 공고를 올리고 있기 때문에 최대한 빨리 지원하기 위해서는 직접 Target Company의 공식 채용사이트를 모니터링하는 것을 추천한다.

지금까지 대략적인 Job 사이트들을 알아봤으니, 이제는 제대로 된 직무를 선정하는 방법을 알아보자.

제대로 된 직무선정은 현재 채용 진행 중인
채용공고의 Job Title로 선정해야 한다

취준생들에게 '어떤 직무를 하고 싶나요?'라고 질문을 했을 때 대부분의 취준생들은 구체적인 Job Title이 아닌 일반인들이 그냥 알고 있는 직무인 인사, 영업, 마케팅, 사무직, 총무 등 상식적인 직무로 대답을 하는 경우가 대부분이다. 직무에 대한 관심조차 없이 직무 선택을 시도해보지 않은 취준생들보다는 나은 상황이지마는 효과적인 취업 준비를 위해서는 직무를 보다 명확하게 선정하는 것이 중요하다.

이 책에서 가장 중요한 문장을 다음과 같이 전달하고 싶다.

"직무는 Job Title로 선정해야 하고 Job Title의 자격요건을 List-Up하고 졸업하기 전까지 자격요건을 부합하기 위해 본인에 맞게 세운 Action-Plan 중심으로 취업 준비를 해야 한다."

쉽게 인사 업무에 관심 있는 취준생들의 직무선정 관련 사례를 들어보자.

A라는 취준생은 "저는 인사업무에 관심이 많습니다. 그래서 취직을 인사 쪽으로 하고 싶습니다".

B라는 취준생은 다음과 같이 대답한다고 가정해보자.

"저는 HR에 관심이 많습니다. HR은 HRM(HR Management, 인적자원관리)와 HRD(HR Development, 인적자원개발)로 나누어져 있고, HRM의 주요 직무는 채용, 평가, 노무관리, 보상관리, 인사기획 등의 업무가 있습니다. 또한 HRD의 주요 직무는 교육, 경력개발, 조직개발, 성과개선, 학습관리, 인재 파이프라인 구축 등의 업무가 있는 걸로 확인하였습니다. 저는 HRM에서도 채용업무에 매우 관심이 많았고, 채용담당자가 되고 싶어서 현재 신입이나 인턴을 뽑고 있는 채용사이트에 방문하여 어떠한 Job Title로 인재를 채용하고 있는지를 확인하였습니다. 확인해 보니 Recruiter, Recruiting Specialist, Recruiting Coordinator, Talent Acquisition Partner, Talent Acquisition Specialist, 채용담당자, 채용담당 인턴, 채용담당자 신입 등으로 인재를 채용하고 있었습니다. 그래서 저는 HR -> HRM -> 채용담당자로 직무를 선정하였고, 어떠한 자격요건으로 신입이나 인턴을 채용하고 있는지 확인하여 자격요건들을 List-Up하였고, 그 자격요건들에 부합되기 위해 취업 준비를 하고 있습니다."

각각 이렇게 대답을 한다면 누가 직무선정을 잘했고, 체계적이고 현실적으로 취업 준비를 하고 있을까? 답을 안 해도 모두 잘 알 수 있을 것이다.

직무선정을 Job Title로 하기 위해 직접 채용사이트에 방문하여 어떠한 Job Title로 신입이나 인턴을 채용하고 있는지 직접 살펴볼 수 있다.

우선 네이버에서 "마케팅 인턴"을 검색해보면 여러 채용정보들을 확인해볼 수 있다. 검색결과에서 "채용정보 더보기"를 클릭하면 된다. 검색키워드는 본인이 관심이 있는 직무 다음에 신입, 인턴, 채용 등으로 검색을 하면 된다.

채용정보 더보기

네이버 채용정보들을 살펴보면 다양한 잡사이트에서 다양한 Job Title로 인재를 채용하고 있는 것을 쉽게 발견할 수 있다.

Data Scientist, Data Engineer 등으로 링커리어, 슈퍼루키, 자소설, 피플앤잡, 캐치, 원티드 등의 잡사이트에서 채용을 하고 있고, 조금 더 자세한 사항은 직접 클릭하여 구체적으로 살펴보면 된다.

data scientist, 정규직 신입 채용   🔍

‧ 지역 ∨   직종 ∨   고용형태 ∨   경력 ∨

채용정보 ⓘ   •관련도순 •등록일순 •마감순

인터엑스, 주식회사 인터엑스, InterX

Data Scientist, 정규직 신입, 청주근무(기숙사제공)
│ 충북 청주 · 정규직 · 신입
│ 12.22.(일)까지

🌐 피플앤잡 채용정보

│ 피플앤잡   인터엑스,주식회...

셀라니즈머티리얼즈코리아

[셀라니즈머티리얼즈코리아] Data Scientist/Engineer 채용
│ 정규직 · 신입

● 캐치 채용정보

│ 학력무관   캐치   셀라니즈머티리...

현대카드

[마감] [현대카드] Data Scientist 채용
│ 서울 영등포 · 정규직 · 신입/경력

● 캐치 채용정보

│ 학력무관   캐치   현대카드

빅밸류

[빅밸류] Data Scientist(공통) 모집 (~채용 시, 마감)
│ 서울 중구 · 정규직 · 신입
│ 12.10.(화)까지

피플앤잡에서도 회사명이나 Job Title로 검색했을 때 정말 많은 공고들을 확인할 수 있다.

Company Name ∨ 　인터엑스　　　　　　　　🔍

등록일	직무	직종	회사명	근무지역	마감일
2024.11.23	개발설계 담당자(Data Space) 사원 / 대리.과장 / 팀장.부장	기타 / 소프…	인터엑스	서울	채용시까지
2024.11.22	마케팅 디자이너(과장급) 대리.과장	마케팅,시장…	인터엑스	서울	채용시까지
2024.11.22	PR Manager(홍보팀장) 대리.과장 / 팀장.부장	광고,홍보	인터엑스	서울	채용시까지
2024.11.22	Data Scientist, 정규직 신입, 청주근무(기숙사제공) 인턴.신입 / 대리.과장	기계 / 빅데…	인터엑스	청주	채용시까지
2024.11.20	경영혁신 PI (Process Innovation) 팀장급 대리.과장	일반사무직 / …	인터엑스	서울	채용시까지
2024.11.15	▣ 솔루션 영업 담당자 대규모 채용공고(대리~팀장급) 사원 / 대리.과장 / 팀장.부장	기술영업	인터엑스	서울 / 대구 / …	채용시까지
2024.11.13	Head of Business & Operation 임원	컨설팅 / 프…	인터엑스	서울	채용시까지
2024.11.13	Head of Strategy 임원	기획,사업개…	인터엑스	서울	채용시까지
2024.11.12	Data AI Tech Specialist (신입, 6개월 계약직) 인턴.신입 / 사원	생산관리,품…	인터엑스	서울	2024.12.12
2024.11.12	AI Project Manager 대리.과장 / 팀장.부장	생산관리,품…	인터엑스	서울	채용시까지
2024.11.11	경영지원 담당자(정규직 신입) 인턴.신입	일반사무직	인터엑스	서울 / 울산	채용시까지

　　채용 공고들을 살펴보고 내가 관심이 있는 직무들을 검색한 후 3~5개 정도 List Up을 하고 자격요건들을 살펴본다. 그리고 앞으로 평생 먹고살 수 있는 직무인지를 고민하고 Job Title로 직무를 선정하면 된다. 이제는 취업 준비를 본격적으로 어떻게 해야 할지 고민해보자.

All ∨ 　인턴　　　　　　　　🔍

등록일	직무	직종	회사명	근무지역	마감일
2024.11.22	[삼성역/식대,상여] 유명기업 '전략기획팀' 채용 인턴.신입 / 사원	경리,회계,…	(주)키스템프그룹	서울 / 경기 / …	2024.11.26
2024.11.22	[Jaeger-LeCoultre] Marketing Assistant (1년/인턴) 인턴.신입 / 사원	마케팅,시장…	아데코코리아	서울 / 서울 …	2024.12.22
2024.11.22	[지멘스 헬시니어스] Customer Service Engineer Intern (의료영상장비 엔지…	고객지원 / …	지멘스 헬시니…	광주	채용시까지
2024.11.22	[3개월단기/송파] 글로벌 외국계 기업 단기 사무직 채용 인턴.신입 / 사원	무역,수출입…	(주)키스템프그룹	서울 / 경기 / …	2024.11.26
2024.11.22	[3개월/송파] 글로벌 외국계 기업 단기 사무직 채용 인턴.신입 / 사원	무역,수출입 …	(주)키스템프그룹	서울 / 경기 / …	2024.11.26
2024.11.22	[역삼역/신입가능/6개월] 외국계기업 홍보admin 채용 인턴.신입 / 사원	기획,사업개…	(주)키스템프그룹	서울 / 경기 / …	2024.11.26
2024.11.22	Online Assistant - 외국계화장품회사 / 강남역 바로 인턴.신입	마케팅,시장…	크레돈컨설팅	서울 / 강남	채용시까지
2024.11.22	HR Assistant - 외국계화장품회사 / 강남역 바로 인턴.신입	인사,인재개발	크레돈컨설팅	서울 / 강남	채용시까지
2024.11.22	[정규직전환/신입] 이/조충식 이 유명 외국계기업 사무직 채용 인턴.신입 / 사원	일반사무직 …	(주)키스템프그룹	수원 / 경기 / …	2024.11.25
2024.11.22	[용인/정규전환/2식제공] 유명 외국계기업 팀 사무 채용 인턴.신입 / 사원	일반사무직 / …	(주)키스템프그룹	경기 / 용인	2024.11.25
2024.11.22	[Sanofi/사노피] Corporate Affairs - Trainee 인턴 인턴.신입	광고,홍보 / …	(주)사노피-아…	서울 서초구	2024.12.06
2024.11.22	[동탄/외국계반도체/ 신입가능] KLA텐코코리아 사무직 채용 인턴.신입 / 사원	일반사무직 …	(주)키스템프그룹	서울 / 경기	2024.11.26
2024.11.21	[딜로이트 안진회계법인] 성장전략부문 딜로이트 인사이트 영상 제작 및 컨텐츠 …	마케팅,시장…	Deloitte	서울 여의도	2024.12.05
2024.11.21	[일7.5시간 근무/워라밸♪] 유명 외국계기업 행정/사무 채용 인턴.신입 / 사원	일반사무직 …	(주)키스템프그룹	서울 / 경기 / …	2024.11.27
2024.11.21	[일7.5시간 근무] 유명 외국계기업 행정/사무 채용 인턴.신입 / 사원	일반사무직 …	(주)키스템프그룹	서울 / 경기 / …	2024.11.27
2024.11.21	Online Assistant - 외국계화장품회사 / 강남역 바로 인턴.신입	마케팅,시장…	크레돈컨설팅	서울 / 강남	2024.11.25
2024.11.21	HR Assistant - 외국계화장품회사 / 강남역 바로 인턴.신입	인사,인재개발	크레돈컨설팅	서울 / 강남	2024.11.25
2024.11.21	[강동] 대기업 '삼성E&A' 사무직 채용 (신입가능) 인턴.신입 / 사원	경리,회계,세…	(주)키스템프그룹	서울 / 경기 / …	2024.11.26
2024.11.21	[딜로이트 안진회계법인] 인재부 Talent-Acquisition(채용팀) 인턴 인턴.신입	인사,인재개발	Deloitte	서울 여의도	2024.11.29
2024.11.21	[광화문/외국계명품사] CRM & Executive Assistant 인턴.신입 / 사원	비서 / 영업…	아데코코리아	서울 / 서울 …	2024.12.21

07
구체적인 취업 준비의 시작은 자격요건 분석

　모든 채용공고에는 자격요건(Job Qualification)이 있다. 이 자격요건은 엄청나게 중요한 항목이다. 기업에서 인재를 채용할 때 자격요건에 부합되는 인재를 채용하고 있다. 조금 더 구체적으로 이야기를 해보자면 채용공고를 올리기 전에 채용담당자는 Hiring Manager와 Kick Off 채용전략미팅을 진행한다.

　Hiring Manager는 부서에서 채용을 원하는 부서장이나 매니저이며 입사할 경우 신규입사자를 평가하는 매니저라 쉽게 이해를 하면 된다. 채용전략 미팅을 통해 채용담당자는 Hiring Manager가 어떠한 사유로 어떠한 인재를 채용해야 하는지를 파악한다. 이번 채용이 왜 오픈이 되었는지, 부서에 어떤 스토리가 있는지, 어떠한 자격요건으로 인재를 채용해야 하는지 등을 파악한다. 파악한 정보를 중심으로 Job Description을 만들거나 수정을 하며, 특히 Hiring Manager가 원하는 자격요건에 가장 큰 신경을 쓴다.

채용담당자는 Hiring Manager가 원하는 인재를 추천하기 위해 Hiring Manager가 원하는 자격요건에 얼마만큼 부합되는지를 중심으로 후보자들 서류전형을 하고 1차 채용담당자 스크린 인터뷰를 하고 있다. 그래서 채용담당자는 자격요건을 명확하게 만들고 수정하면 채용공고를 완성하여 채용공고를 다양한 잡사이트에 공고를 게시한다.

자격요건은 이러한 경험이나 능력이 있는 인재를 뽑고 싶다라고 구직자들에게 구체적이고 명확하게 알려주는 항목이다. 그렇기 때문에 취준생들이나 구직자들은 본인이 관심이 있는 채용공고들을 확인하고 특히 자격요건을 아주 세세하게 파악하고 지금 지원할지, 아니면 조금 더 자격요건에 부합될 수 있게 얼마 정도 준비를 한 후 지원할지를 본인 스스로 파악할 수 있다. 지금 자격요건들 중 부합되는 항목이 50% 이하일 때는 지금 지원해도 합격할 확률은 매우 떨어지기 때문에 70% 이상이 될 수 있도록 준비를 하고 지원을 하는 것이 매우 효율적인 방법이다. 그렇다면 직접 선정한 직무의 채용공고에서 어떠한 자격요건으로 인재를 채용하고 있는지 직접 알아보자. Finance(재무 담당) 신입 채용공고의 자격요건들을 다음과 같이 확인해볼 수 있다.

Finance(재무담당)

담당업무

- 정기적인 회계 검사 및 감사 업무
- 글로벌 오피스의 자금운용 및 관리 업무
- 내부 프로세스 개선 및 해외 관계사 프로세스 개선 지원 업무

자격요건

- 신입(기졸업자 혹은 졸업예정자) 또는 3년 이내의 업무 경험이 있으신 분
- 논리적 사고와 커뮤니케이션이 원활하신 분
- 능동적인 이슈 발굴 및 문제 해결에 적극적이신 분
- 해외 출장 및 근무에 결격 사유 없으신 분

우대사항

- 외국어 능력(영어, 일본어 등 1개 이상)이 우수하신 분
- 컴퓨터 활용 능력(Excel, PPT 등)이 우수하신 분
- 재무 관련 자격증을 보유하신 분

[Qualifications]

- Bachelor's degree in finance, accounting or a related field required (MBA or CPA preferred)
- Proficient in Microsoft Word, Excel and PowerPoint.
- Demonstrated creative and critical thinking skills
- Strong communication and presentation skills
- Native Korean must and fluent in both spoken and written English.

[자격요건]

- 학력: 4년제 대졸 이상
- 신입 지원 가능 (Excel 활용 능력 우수자)
- Finance planning에 관심과 열정이 있는 자

- 영어 활용 능력 우수자 우대
- 유관 경험 보유자 우대 (회계 / 재무 등)

    구매직무 관련 신입 채용공고의 자격요건들을 다음과 같이 확인해볼 수 있다.

[자격조건]
- 4년제 정규대졸 이상인 자
- 영어 능통자 (원어민급)
- 무역 관련 전공 또는 관련 업무 경험자 우대
- Communication Skill 우수한 자

[Qualification]
- Bachelor's degree or above
- Max 3 years professional experience preferably in manufacturing industry
- English Proficiency
- Proficient in MS Office

Job Requirements
- 학력 사항: 대졸 이상
- 경력 사항: 신입/경력 무관이나, 구매 업무 경력자 우대
- 언어 능력: 중국어 HSK 6급(250점 이상인 자 또는 회화에 능통한 자), 영어 Business Level

• 기타: Word, Excel, PPT 중급 이상

[지원자격]

• Efficient communication skills with many stakeholders
• Proficiency in MS Office, especially for Excel
• A can-do mindset with responsibility and a strong work ethic
• Knowledge of ERP systems and SAP experience preferred

UX 디자이너 신입도 검색해보자.

[자격요건]

• UX/UI 실무 경력 1년 이상 우대(신입 가능)
• 웹, 모바일 및 사용자 인터페이스에 대한 이해도가 높으신 분
• 논의된 목표를 기반으로 인터페이스 완성도를 높게 표현할 수 있으신 분
• Figma, Photoshop, Illustration, 등 다양한 디자인 도구에 대한 경험이 있으신 분
• 다각적으로 프로덕트를 관찰하고 개선할 수 있으신 분
• 프론트 엔드 개발에 대한 이해도가 있으신 분

이런 분을 찾고 있어요

• 실제 서비스 기획, 디자인 및 운영까지 경험하신 분
• 엔지니어와 소통에 어려움이 없는 분
• 프로덕트 디자인 툴(Figma)을 능숙하게 사용할 줄 알며 세심하

게 UI 설계가 가능한 분

이런 분이면 더더욱 좋아요!
- IT 스타트업, 이커머스 경험이 있는 분
- 뷰티, 패션 등 관련 업종 경험이 있는 분
- AI 분야에 관심이 있는 분

[최소 지원자격]
- Figma 툴 사용 경험이 있으신 분
- 자신의 디자인을 논리적으로 표현하고 생각을 잘 전달하실 수 있는 분
- 팀원과 타 직군과의 원활한 커뮤니케이션을 기반으로 유연한 의사결정이 가능하신 분

[우대사항]
- 디자인시스템 운영 경험이 있거나 스터디를 통해 기본 개념을 습득하고 계신 분
- 플로우차트, 와이어프레임 등을 활용하여 논리적, 기획적 사고로 문제를 해결이 가능하신 분
- 금융, 투자에 대해 관심이 있으신 분

[자격요건]
- 신입, 경력 모두 지원 가능

- Adobe 툴, 협업툴(Adobe XD, 제플린 등)을 능숙하게 다루시는 분
- 사용자 경험 디자인 및 IA, 스토리보드 제작, 이해도 높으신 분
- 문제 발견, 우선순위 도출, 문제해결 능력 보유하신 분

* 포트폴리오 제출 필수(본인 참여도 및 활용 툴 표기)

마지막으로 HR 직무의 자격요건들을 살펴보자.

WHO YOU'RE

- Minimum 0~1 years in HR experiences or relevant experiences.
- Must be independent, self-motivated in a fast-paced environment
- Good time management, Positive and Can-do attitude.
- Proven ability to perform administrative work of a complex nature.
- Proficient in Microsoft Office tools/programs; Knowledge of HRIS is a plus.
- Strong verbal and written communication skills in both English and Korean.

[자격요건 및 우대사행]

- 휴학생(3학년 이상), 4년제 졸업 예정자 및 졸업자
- MS Officer (Excel, Word) 우수자
- 영어 커뮤니케이션 우수

• HR(인사) 관련 경험 또는 관련학과 우대, Data 관리 및 활용 업무에 흥미가 있는분

[인사 업무에 대한 꿈과 열정을 갖고 계신 분이 필수 요건입니다.]

또한, 해외 채용 업무를 하기 위하여 지원자의 영어 활용 능력이 정말 중요합니다.

예를 들어 길을 가다 외국인과 말싸움이 붙었을 때 이길 수 있을 정도의 영어 실력을 갖추신 분이면 너무 좋을 것 같습니다. 이를 확인하기 위해 실무 면접 시 영어 면접을 진행할 예정입니다.

현재 XXX는 전 세계적으로 엄청난 성장과 시장을 개척해나가고 있기 때문에 다양하고 재미있는 인사 업무를 할 수 있을 것입니다.

새롭고 재미있게 일을 하기 위해 걱정보다는 기대를, 두려움보다는 자신감을 갖고 저와 함께 일을 할 수 있는 분을 모십니다.

앞에서 살펴본 것처럼 직무마다 서로 다른 자격요건을 통해서 인재를 채용하고 있는 것을 확인할 수 있었다. 특이한 점은 신입을 채용할 때 높은 비율로 3가지의 공통적인 자격요건 항목들을 확인할 수 있었다.

1) 지원한 직무 관련 실무경험 매우 선호

2) 업무상 영어활용 가능자 매우 선호

3) MS Office 활용능력 매우 선호

앞에서 언급한 것처럼 자격요건 중심으로 각 항목에 부합하기 위

해 취업 준비를 해야 한다고 계속 강조를 하고 있다. 그러면 당연히 앞의 3가지 자격요건을 확보하고 취업시장에 나오기 전까지 자신이 보유하고 있으면 그만큼 취업확률이 높아질 수 밖에 없다. 그래서 이 책에서 계속 강조하듯이 빨리 나와 맞는 직무를 Job Title 중심으로 선정하고 자격요건을 분석하여 자격요건을 부합하기 위해 취업 준비를 해야 하는 것이고, 공통적으로 3가지, 자신이 지원하려고 하는 직무 관련 실무경험(인턴, 계약직, 파견직 등), 영어회화 점수(오픽 or 토스) 그리고 MS Office 활용능력을 위한 관련 자격증을 따면서 나만의 직무경쟁력을 높이기 위해 내가 지원한 직무의 자격요건들을 보면서 취업 준비를 해야 하는 점이 이 책의 핵심 메시지라고 보면 될 것 같다. 그렇다면 어떻게 조금 더 체계적이고 실현 가능할 수 있도록 자격요건 중심으로 취업 준비를 할 수 있을까?

08
자격요건 중심의 나만의 Action Plan으로 취업 준비하기

*취업 준비*를 직무와 관련 없는 자소서나 단답식 질문에 대한 준비를 하는 것은 지금 최신 취업 트랜드에 있어서 매우 낙후되어 있는 사항이다. 이걸 바로잡고 취준생들이 조금이라도 고통받지 않고 제대로 효율적으로 취업 준비할 수 있는 틀을 잡기 위해 이 책을 쓰고 있다.

시중에 취업 관련 서적들과 취업 관련 유튜브 영상들을 보면 가장 중요한 직무선정 및 이 직무를 위해 뼈를 깎는 노력을 하여 '나만의 직무 경쟁력' 중심으로 취업을 해야 하는데 핵심을 완전히 배제하고 수박 겉핥기식으로 자소서를 어떻게 써야 한다라든지 이런 예상 질문이 나오니 이렇게 대답하라고 코칭하는 사항들을 봤을 때 너무나 안타깝고 취준생들이 더 혼란에 빠지고 스트레스를 받고 있다. 이제는 다음의 구체적인, 나만의 Action Plan으로 가장 효율적으로 취업 준비를 제대로 해보자.

No	Job Title	Job Qualification	Action Plan	Job link
1	Marketing Intern	Good at office work(MS-Office, etc.) Previous experience in Marketing (as assistant coordinator) would be appreciated Good in English (Mandatory)	MS Office 잘하기 위해 올해 9월까지 자격등 취득 여름방학 때 반드시 마케팅 인턴해보기 오픽 AL, 올해 10월까지 반드시 달성할 것	Link
2				
3				
4				
5				
6				
7				
8				
9				
10				

이 Action Plan 양식은 단 1분 만에 누구나 쉽게 만들 수 있는 양식이다. 내가 선정한 Job Title 중심의 직무들을 List Up하고, 각 채용공고의 자격요건들을 List Up 해보자. 10개 이상만 하더라도 이 직무의 공통적인 자격요건들을 도출해 낼 수 있다.

앞에서 언급한 공통적인 자격요건인 직무 관련 실무경험 + 업무상 영어 가능한 수준을 입증하기 위한 영어회화 점수 및 MS Office 활용능력은 기본이고 이 외에 각 직무마다 준비해야 할 사항을 정리하고 내가 부족한 자격요건들을 현실 가능한 타임스케줄을 명확히 세우면 된다.

No	Job Title	Job Qualification	Action Plan	Job link
1	UX Designer	– UX/UI 경력 3년차 이상 – 고객여정을 분석하고 사용자 관점의 비즈니스 플로우를 설계할 수 있는 분 – UX표준 또는 디자인시스템에 대한 이해 및 적용 가능하신 분 – 고객사 (공공, 금융사) 파견 업무 수행이 가능한 분 (서울, 대전, 해외 등)	1) 경력 쌓기 (인턴부터) 2) 포트폴리오 제작	Link
2	UX Designer	UX설계 및 기획/리서치 경력 4년 이상 필수 Context, Structure 이해를 바탕으로 설계 능력을 갖추신 분 디자인 전공, 영어 능통자 우대	1) 경력 쌓기 (인턴부터) 2) 포트폴리오 제작 3) 영어 자격증 (오픽, 토플 스피킹)	Link
3	UI Designer	PO(프로덕트 오너)와 긴밀히 협업하여, 프로젝트의 전체적인 전략을 세우고 결과물의 근거를 만든 경험이 있는 분 7년 이상의 프로덕트 디자인 경력이 있는 분 그래픽 디자인, 인터랙션 디자인, 산업 디자인, HCI, 컴퓨터 공학, 심리학 학사 학위 또는 이에 준하는 경력 보유한 분 타이포그라피, 인터랙션 디자인, 시각 디자인 및 사용자 연구를 잘 보여주는 우수한 포트폴리오, 스케치, 제플린, 어도비 등 디자인 툴을 능숙하게 사용 가능한 분 Mock up, 와이어프레임, 프로토타이핑, 디자인 가이드, 프레젠테이션 그리고 전체 프로세스와 프레임워크까지 제작 가능한 분 영문 이력서 및 주요 프로젝트 1~2개를 담은 포트폴리오(국문 제출 가능/ 기획부터 end to end로 참여한 프로젝트 우대)	1) 경력 쌓기 (인턴부터) 2) 포트폴리오 제작 3) 스케치, 제플린 공부하기 4) 어도비 자격증 따기	Link

4	UX Designer	문제정의부터 해결까지의 과정이 잘 드러나는 포트폴리오 필수 스케치, 제플린 등을 통해 완성도 높은 App/Web 비를 직접 구성하실 수 있는 분 프로덕트를 설계 및 출시하고 사용자 피드백에 따라 개선 경험이 있는 분 프로덕트 디자인을 리딩하여 의미있는 비지니스 임팩트를 이끌어낸 경험이 있는 분 UX 디자인 관련 분야 경력 최소 7년 이상의 경력을 갖춘 분	1) 경력 쌓기 (인턴부터) 2) 포트폴리오 제작 3) 스케치, 제플린 공부하기	Link

앞의 사항은 내 조언을 받은 한 학생이 직접 작성한 Action Plan이다. 이 학생은 처음 Marketing 직무로 취업을 하고 싶다고 이야기를 하였다. 그래서 나는 Marketing은 매우 인기가 많기 때문에 진입장벽이 가장 높은 직무 중 하나이다. 남들이 잘 모르면서 현재 많이 뽑고 있는 Marketing 관련 Job Title을 조사했고, 어떤 자격요건으로 인재를 뽑고 있는지 그 자격요건을 부합하기 위해 구체적으로 어떻게 취업 준비를 해야 하는지 Action Plan을 작성해보라고 조언을 하였다.

이 학생은 디자인에 관심이 많아 마케팅이 아닌 현재 Tech 회사 중심으로 수요가 많은 UX/UI Designer 직무를 선정하였고, 자격요건들을 다 정리하고 공통적인 자격요건 5개 정도를 추렸다. 공통적인 자격요건 실무경험, 영어, MS Office 외에 UX/UI Designer 포지션으로 인재를 뽑을 때 디자인 툴(어도비, 스케치, 체플린, 포토샵 등)을 잘 다룰 수 있어야 하며 나만의 포트폴리오를 가지고 있어야 하는 것들을 확인할 수 있었다. 그래서 엑션 플랜으로 구체적으로 언제까지 영어점수를 따고, 언제까지 관련 직무 인턴십을 하고, 언제까지 디자인 툴을 익혀서 포트폴리오까지 완료하는 Action Plan을 완료하였다.

이 학생은 놀랍게도 3개월 만에 영어회화 점수 OPIC AL를 받았고, 앞의 사항을 다 달성하여 3군데에서 오퍼를 받아 골라서 취업을 했던 사례이다.

다시 원점으로 돌아가서 직무에 대해 전혀 고민 없이 대부분의 취준생들이 공통적으로 준비하는 어학연수 다녀와서 토익점수가 있고, 자소서를 작성하기 위해 열심히 글짓기를 하고 단답형 예상 질문을 외우면서 취업 준비를 하는 취준생과 이 학생을 비교하면 누가 취업이 더 잘될까?

직무와 관련 없이 자소서 중심으로 취업을 준비하는 시기는 완전히 사라졌다. 제발 자소서에 대한 비중을 5% 미만으로 낮춰야 한다. 자소서는 채용담당자가 서류전형 후 1차 채용담당자 스크린 인터뷰를 하기 위해 후보자에 대해 조금 더 알아보기 위해 자소서를 읽는 수단이다. 자소서를 보고 인터뷰를 봐볼까 하는 시대는 완벽하게 끝났다.

조금 더 쉽게 설명하면, 스타크래프트 게임을 해본 분들이 많을 것이다. 상대방이 저그이고 내가 프로토스일 때 상대방은 러커를 뽑고 있다. 그러면 나는 옵저버를 반드시 뽑아야 하고 커세어 다크를 준비하면 좋다. 그런데 질럿만 무조건 왕창 뽑으면 그 게임은 이길까?

직무마다 전략이 다 다르다. 이 직무는 러커를 뽑고 있고, 저 직무는 케리어를 뽑고 있고, 어떤 직무는 고스트 핵을 준비하고 있다. 그러면 우리 취준생들은 직무의 자격요건들을 미리 보고 그 자격요건에 맞게 맞춤전략을 짜서 취업 준비를 해야 한다. 자소서나 단답식 질문에 대한 답변, 즉 공발업 질럿만 주야장천 뽑는다면 그 게임에서 이길 수 있을까? 취업을 제대로 할 수 있을까?

09
'인턴십 or 계약직', 실무경험이 왜 중요할까

기업에서 신입을 채용하기 위해 서류전형에서 가장 중요한 항목은 무엇일까? 바로 지원한 직무 관련 실무경험이다. 대부분의 채용공고의 자격요건들을 살펴보면 지원한 직무 관련 실무경험이 필수이거나 매우 선호한다라는 사실을 계속 강조하고 있다. 실무경험은 채용담당자뿐만 아니라 현업부서의 Hiring manager들도 가장 중요하게 생각하고 있는 항목으로, 대부분 채용담당자에게 후보자를 추천할 때 직무 관련 경험이 있는 분 중심으로 추천해달라고 많이 이야기를 하고 있다.

그렇다면 왜 해당직무 실무경험이 있는 사람을 선호할까? 크게 두 가지 측면으로 이야기해 볼 수 있다.

첫 번째는 최대한 빨리 실무에 투입할 수 있는 인재를 원하기 때문이다. 특히 요즘 기업들은 실무경험이 있는 후보자를 매우 선호한다. 외국계 기업의 경우 한국에 들어온 가장 근본적인 이유는 한국에서 돈을 벌기 위해서이다. 그래서 그 목적을 빠르게 달성하고자 조금이라도 더 빨리 가르쳐서 실무에 투입하여 회사의 생산성을 높일 수 있는 인재를 채용하려는 것이다. 따라서 외국계 기업은 경력직 비율이 80% 이상으로, 경력직 중심의 수시 채용으로 인재를 모집하고 있으며, 신입의 경우도 직무에 관한 현업 경험이 있으면 다른 후보자보다 조금 더 빨리 가르쳐서 업무에 기여할 수 있다고 판단하기에 실무경험이 있는 후보자를 선호한다.

두 번째는 오랫동안 일할 수 있는 인재를 채용하기 위함이다. 해당 직무를 준비하고, 실무 관련하여 인턴 및 계약직 경험이 있는 후보자라는 것은 지원한 직무를 직접 경험하면서 어느 정도 이해를 하고 있으며, 재차 관련 업무를 지원했기에 직무에 대한 관심도와 목표가 어느 정도 정립된 후보자라 판단할 수 있다. 지원한 직무의 실무경험이 있는 지원자를 채용하였을 경우, 중간에 직무가 안 맞아 그만두는 비율이 확연히 낮고, 다른 사람들보다 더 빨리 업무에 적응하여 일을 잘 소화해내는 사례들을 많이 확인하였기 때문이다.

따라서 지원한 직무의 실무경험은 매우 중요한 평가요소이다. 어렵게 헤드 카운트를 받아 인재를 채용하였는데 중간에 그만두고 나가는 것은, 부서 입장에서는 정말 최악의 상황이다. 특히 후보자를 채용하는데 걸리는 시간, 업무에 투입하기 위해 가르치는 시간 등을 투자하여 이제 막상 업무에 투입하려고 하는데 중도에 입사자가 그만두는 경우는 정말 생각도 하기 싫다. 어떤 경우에는 또 다시 헤드 카운트를 요청하였을 때 간혹 후보자를 받지 못하여 채용을 못 하는 경우가 발생할 수 있다. 그렇기 때문에 지원한 직무를 즐기면서 오래 일할 사람을 채용하는 것에 큰 무게를 두고 있다.

10

실무경험을 위한 한 걸음 – '인턴십 or 계약직' 지원해보기

앞에서도 언급했듯이 현직 채용담당자는 서류전형을 할 때 지원 직무 관련 실무경험이 있는지, 없는지를 가장 중요하게 체크하고 있다. 정립된 직무를 선정하고, 선정된 나만의 직무 경쟁력을 키우기 위해 가장 중요한 경험이 바로 실무경험이다. 이 실무경험이 있으면 훨씬 더 수월하게 자기소개서를 작성할 수 있고, 면접에서의 '1분 자기소개'도 더 자신 있게 말할 수 있다.

그러면 어떻게 실무경험을 쌓을 수 있을까? 제일 좋은 방법은 졸업 전 여름 방학이나 겨울방학을 활용하여 희망직무와 관련한 인턴 경험을 하는 것이다. 만약 이미 졸업을 하였다면 바로 신입 포지션으로 도전하는 것보다는 인턴이나 계약직 / 파견직 경험을 한 다음, 신입 포지션으로 도전해 보는 것이 원하는 회사로 취업하기 훨씬 더 쉽다.

인턴십뿐만 아니라 한 학기 휴학을 해서라도 6개월의 장기 계약직

/ 파견직으로 실무경험을 쌓는 것은 매우 좋은 경험이다. 인턴십 / 계약직을 통해 실무경력을 쌓는 방법은 「PART 2. 04 직무 선정 Ⅱ − 현장에서 듣는 직무 이야기」의 방법과 비슷하지만, 조금 더 구체적으로 공유해보고자 한다.

목표는 내가 선정한 직무 관련 인턴십 / 계약직 / 파견직 등의 공고를 찾아서 지원하는 방법이며, 먼저 다양한 방법을 통해서 지원해볼 만한 공고들을 찾아서 List-Up해야 한다.

우선 첫 번째로는 교수님을 통해 도움을 받는 방법으로 시작을 하는 것이 좋다. 전공을 살릴 경우, 전공 교수님들은 현업에 있는 분들과 네트워크가 많을 수도 있고, 많은 제자들이 현직에 있기 때문에 인턴 / 계약직 등의 실무 경험을 쌓을 수 있는 기회를 추천해주실 수 있다.

실제로 나는 광고홍보학과를 졸업하였고, 광고홍보 중에 홍보학을 선정하면서 홍보 관련 전공 수업을 많이 들었었다. 꼭 한 번은 실무 경험의 인턴십을 해보자라는 목표 아래, 한 학기 동안 수업 반장도 하고, 웬만하면 결석하지 않으며 맨 앞자리에서 정말 열심히 수업을 들어 A+라는 성적을 받았다.

그리고 수업이 끝날 때쯤 교수님께 실무경험을 쌓고 싶고, 무보수라도 좋으니 PR 대행사에서 여름방학 때 인턴십을 하고 싶다고 요청드렸더니, 교수님은 흔쾌히 도와주시겠다고 하시면서 친분이 있는 한 PR 대행사 사장님의 회사에서 방학 동안 인턴십을 할 수 있게 추천해주셨다.

2개월 동안의 인턴십은 직접 현업에서 업무를 해보면서 학교에서 배울 수 없던 실무를 배우고, 현업 선배님들의 조언 등을 들으면서 향후 PR아카데미 및 미국으로 홍보학 석사 유학 이라는 목표를 정립할 수 있었던 좋은 기회였다.

두 번째로는 각 대학교의 취업센터를 방문하여 희망직무 관련 인턴십이나 계약직 채용공고가 어떤 것들이 있는지 조사하는 것이다. 특히 자격요건 등이 무엇인지 확인하면서 지금 지원하기에 부담이 있다면 다음 학기에는 지원할 수 있도록 준비해야 한다. 각 대학교의 취업률은 대학을 평가하는 대학순위, 이미지, 투자 우선순위 등에 쓰이는 중요한 지표이기 때문에 모든 대학들은 취업률을 중요하게 신경 쓰고 관리한다. 각 대학의 취업 홈페이지에도 많은 정보가 나와 있지만, 홈페이지를 통해서만 확인하지 말고 직접 취업센터를 찾아가 꼭 상담을 받아 보기를 추천한다.

각 대학교의 취업센터를 둘러보면, 1 : 1 취업상담, 이력서 수정, 직무적합검사, 해외인턴 경험 등 취업에 있어 좋은 정보와 자료들이 무궁무진하다. 이 중에 인턴공고와 계약직 공고를 잘 살펴보는 것이다.

여기서 반드시 유념해야 할 점은 '그냥 큰 회사에서 전공과 상관없이 아무 직무나 한번 지원해보자.'라고 생각하여 고민 없이 지원하지 말라는 것이다. 취준생들과 직접 만나는 자리에서 그들의 이야기를 들어보면, '한 학기 휴학하면서 6개월 동안 인턴을 했지만, 지금 그 인턴 경험과는 전혀 관련 없는 직무로 지원을 하고 싶은데 어떻게 이 경력을 살릴 수 있을까?'라는 고민을 하는 경우가 있다.

그럴 경우 나는 취준생들에게 소중한 인턴 경험을 했던 관련 직무로 지원하는 것이 가장 좋겠지만, 다른 직무로 지원하고 싶다면 지금 지원하려는 직무의 역량과 예전 인턴했을 때의 역량을 비교하여 공통 역량을 중심으로 과거경험을 잘 어필하라고 조언하고 있다.

만약 예전 인턴을 경험했던 직무와 지금 지원하려는 직무가 매우 유사하면 취업 준비를 위한 '나만의 직무 경쟁력'을 키우는 데 소비한 한 학기 휴학이 전혀 아깝지 않을 것이다. 그렇기 때문에 소중한 시간을 낭비하지 않기 위해서라도 본인이 선정한 직무 중심의 인턴 / 계약 직 등을 통한 실무경험을 해보기를 추천한다.

비싼 등록금을 내고 이렇게 좋은 학교 취업센터를 제대로 활용하지 못한다는 것은 너무 아쉬운 일이다. 생각보다 취업을 위한 다양한 도움을 받을 수 있는 취업센터를 적극 활용해보자.

마지막으로 Job 사이트에 방문하여 희망직무와 관련된 인턴십 및 계약직 공고를 확인해보자.

일반 Job 사이트뿐만 아니라 희망하는 직무 중심의 Job 커뮤니티에 방문한다면 그 직무에 대한 조금 더 깊은 지식과 관련된 다양한 정보 및 그 직무 중심의 채용공고를 검색할 수 있다. 예를 들어, 방사선 학과 졸업 예정인 학생이 방사선 관련 인턴십이나 취업정보를 집중적으로 확인하고 싶으면 다음 카페의 '전국 방사선사 협의회'에 가입하여 많은 정보를 확인하는 식이다.

또한 산업군 중심의 정보가 필요하면, 산업군 중심의 Job 커뮤니티를 활용하면 되며, 제약회사 쪽의 정보가 필요하다면, 네이버 카페의 '제대모', 'I love Pharm', '파마메디잡' 등에 가입을 하여 많은 정보를 확인할 수 있다. 늘 시도하는 자에게 기회가 있는 법이다.

11
내가 다시 취준생으로 돌아간다면 어떻게 취업 준비를 할까

내가 다시 취준생으로 돌아간다면 어떻게 취업 준비를 할까?
이 장을 어떻게 잘 요약할 수 있을까 하는 고민을 하였고 이 글을
읽는 취준생 입장으로 돌아가서 내가 직접 구체적으로 취업 준비를 어
떻게 구체적으로 해볼지를 공유한다면 취준생들이 실질적으로 도움을
받을 수 있을 것이라 판단하였다. 나라면 다음과 같은 방법과 흐름으
로 취업 준비를 할 것 같다.

[가상 시뮬레이션]

3학년 2학기 겨울방학이 어느덧 지나갔고, 이제 벌써 4학년 1학기
봄 학기가 곧 시작이 된다. 시간이 미친 듯이 빠르게 지나간다. 수능을
본 지가, 군대를 다녀온 지가 엊그제 같은데 벌써 4학년이 되다니……
슬슬 취업에 대해 압박감이 밀려오는 분위기이다. 하지만 나는 이

상하게 취업에 대해 자신감이 넘친다. 왜인지는 모르지만, 누군가가 이렇게 준비하라고 도와주는 것 같다. ^^ 어찌 되었든 간에 이 느낌 그대로 취업 준비를 해야겠다.

취업의 핵심이 '나만의 직무 경쟁력'이라는 것을 너무나 잘 알고 있기 때문에 내가 취업할 직무를 선정해야 한다. 하지만 직무를 선정하기에 앞서 나라는 사람이 어떠한 사람인지, 어떠한 성향과 어떠한 장단점이 있는지 파악을 해야 한다.

나랑 맞지 않는, 그냥 멋있어 보이는 직무를 선정하여 어렵고 어렵게 그 직무로 취업을 하더라도, 1년 안에 내 성향과 현재 직무가 맞지 않아서 그만두는 선배들을 본 적이 있고, 경력 신입으로 다시 취업하기 위한 시간을 낭비하는 선배들이 생각보다 많았다.

그래서 우선 나에 대한 분석을 하기로 결정했고, 대학교 취업센터에 무작정 찾아갔다. 그리고 직무를 선정하기 전에 나에 대해서 파악하고 분석하고 싶다고 상담을 했고, 'MBTI 검사'와 '스트랭스 파인더라'는 두 가지 툴을 직접 해보기를 추천받았다. 그래서 바로 MBTI 검사를 진행하였고, 서점에 가서 스트랭스 파인더 책을 구매하고, 바로 테스트를 진행하였다.

그리고 얼마 지나서 결과를 확인했고, 결과에 대해 다시 상담을 받은 후에 내가 어떠한 사람인지를 어느 정도 파악을 할 수 있었다.

이제는 직무를 선정해야 한다. 나는 적극적이고, 경쟁을 즐기고, 앞에서 이야기하는 것을 좋아한다. 하지만 성격이 급하고, 깊이 생각하지 않고 실천을 먼저 해버리다 보니 실수가 많고, 전략을 세우거나 기획 중심의 일을 싫어한다 이런 성향이 어울리는 직무들이 무엇이 있는지 탐색 중이다. 그래서 나는 결정을 했다. '인사(HR)' 업무를 해보고 싶다.

직무를 결정할 때 '진입장벽'을 잘 생각해야 한다. 특히 가장 인기 있는 직종이 마케팅, 영업, 인사인데 인사업무를 선정하면 너무 경쟁이 심해서 취업이 어렵지 않을까 걱정이 든다. 하지만 인사업무를 파악하고, 조사해보니 정말 하고 싶고, 가슴이 뛴다.

직무를 선정할 때의 핵심은 반드시 현재 Job Site들에 들어가서 어떠한 Job Title로 인턴/신입을 뽑고 있는지를 확인하고, Job Title 중심으로 직무를 선정해야 한다는 것이다. 특히 채용공고의 자격요건 (Qualification)을 보고 취업 준비를 해야 한다는 것을 알고 있다. 주변 친구들은 이 방법을 모르고 그냥 공통적인 취업 스펙을 올리기 위해 비효율적으로 취업 준비를 하고 있지만, 나는 내가 선택한 Job Title로 채용공고의 자격요건 중심으로 취업을 준비하기로 결정하였다.

우선 사람인, 잡코리아, 피플앤잡, 슈퍼루키, 다음 취업 관련 카페, 네이버 취업 관련 카페들로 HR 인턴/신입을 뽑을 때 어떠한 Job Title 로 뽑는지 조사하기 시작했다.

HR Coordinator, C&B Specialist, Recruiting Specialist, 교육담당자 (L&D Specialist) 등 생각보다 다양한 Job Title로 신입 인재를 채용하고 있었다. 계속 조사를 하다가 'Recruiting Specialist(전문 채용담당자)'라는 채용공고를 확인하게 되었다.

외국계 회사나 국내 대기업 중심으로 인사팀과 채용팀이 철저하게 구분되어 채용의 모든 업무는 채용팀에서 전담을 하고 있고, 그래서 채용팀에서 채용담당자 신입을 뽑고 있었다.

현재 채용을 진행하고 있는 채용공고의 자격요건을 보니, 다음을 중심으로 신입 인재를 채용하고 있었다.

① Search Firm(헤드헌팅 회사) or 기업 채용담당자 실무경력 매우 선호
② 업무상 문제없는 영어회화 실력
③ Sales 성향 (적극성/열정)
④ 오피스 스킬
⑤ Communication Skill

다른 HR 직무들도 다 이렇게 조사를 하였지만, 'Recruiting Specialist(전문 채용담당자)'라는 직무가 내 성향과 가장 잘 맞는 것 같고, 다른 인사직무보다 진입장벽이 낮은 신규 직업이라 Recruiting Specialist로 직무를 선정을 하였다.

이제는 4학년 1학기가 시작되었고, 졸업할 때까지 8~9개월의 시간이 남아있다. 취업을 위해 가장 중요한 이 시기를 가장 잘 활용해야 한다. 앞의 자격요건을 갖추기 위해 체계적으로 계획을 세워야 한다. 그래서 다음과 같이 계획을 세우게 되었다.

① 영어회화 OPIC AL 취득하기
② 방학 때 Search Firm(헤드헌팅 회사)에서 인턴 하기

③ MOS 자격증 취득

④ HR에 도움이 되는 과목 수강하기 (심리, 조직, 인사 등)

⑤ 링크드인 인맥 1,000명 만들기

⑥ 링크드인에 가입하여 현재 채용담당자로서 실무업무를 하고 있는 대학교 선배 만나서 직무 인터뷰하기

욕심을 버리고 앞의 6개의 '나만의 직무 경쟁력을 위한 목표'를 굳건히 선정하였고, 취업 전에 달성할 수 있도록 계획을 세우기 시작하였다.

우선 4학년 1학기 수강 신청을 하기 위해 HR 직무 관련 도움이 되는 강의를 List-Up하여, 그 강의 중심으로 수강 신청을 하였고, OPIC 학원에 바로 등록하여 꾸준히 OPIC 영어회화 공부를 시작하였다. 또한 MOS 자격증을 어떻게 따는지를 확인하고, 자격증 준비를 시작하였다.

그리고 외국계 취업이나 해외취업을 할 때 반드시 가입해야 하는 링크드인에 가입을 하였고, 현재 Recruiting Specialist, Talent Acquisition Partner, HR Manager, HRBP 등으로 실무를 하고 있는 현직자들에게 일촌 신청을 시작하기 시작하였으며, 특히 우리 학교 선배 중심으로 일촌 신청을 하였다.

선배님들 중 현재 채용담당자로 업무를 하고 있는 분들에게 링크드인 메시지를 보내 한 번만 만나 달라고 요청을 하였고, 그중 2명의 선배들이 흔쾌히 찾아오라고 해주셔서 찾아뵙고, 점심과 커피까지 얻어먹으면서 채용담당자가 어떤 업무인지, 어떤 인재를 선호하는지 등

더 깊이 있는 대화와 조언을 통해 채용담당자의 직무를 이해하고 더 어떻게 준비를 해야 하는지를 정확히 파악하였다.

또한 선배님이 멘토가 되어주신다고 해주셨고, 궁금한 사항이나 결정이 어려울 때 링크드인이나 카톡으로 문의하여 바로 연락을 받을 수 있는 관계가 되어 매우 좋았다.

1학기 중간고사가 지나고 기말고사 준비할 때쯤부터 써치펌에서 여름방학 때 인턴 할 수 있는 곳들을 알아보기 시작하였다. 처음에는 취업센터에 가서 인턴 할 수 있는 곳을 알아보기 시작했고, 교수님들께도 부탁을 드렸다. 그리고 기말고사를 볼 때쯤에 한 교수님께서 "써치펌 사장과 개인적 친분이 있는데 인턴을 해볼래?"라고 제안을 주셨고, 흔쾌히 수락을 하여 기말고사가 끝나고 바로 인턴을 시작하였다.

써치펌에서 '리서쳐'로 여름방학 동안 3개월 근무하면서, 다양한 채용 실무업무를 배웠고, 인맥도 쌓고, 직접 인재를 찾고, 인재를 설득하는 업무를 해보면서 '채용담당자라는 직무가 나에게 있어 천직이구나'를 다시 한번 깨달았다. 그리고 4학년 2학기에 내가 더 무엇을 준비해야 할지도 파악을 하는 너무나 소중한 인턴 3개월 시간이었다.

4학년 2학기가 되면서 OPIC 시험과 MOS 자격증 시험을 치르면서 HR 관련 수업 수강 및 졸업을 위한 요건들을 채우기 시작을 하였다. 4학년 2학기 중간고사쯤에 OPIC AL이라는 점수를 받아 영어회화 점수 목표를 달성하였고, MOS 자격증을 취득하였다.

이제는 집중적으로 Recruiting Specialist 직무의 계약직, 파견직, 인턴 등의 채용공고를 모니터링하면서, 국문 이력서, 국문 자소서, 영문 이력서, 영문 커버레터 등의 입사서류를 완벽히 작성하였고, 외국계 회사 중심으로 지원을 하기 시작하였다.

외국계 회사는 공채가 없고, 수시로 인재를 채용하기 때문에 Job Title (Recruiting Specialist) 중심으로 채용공고를 검색하였고, 정규직을 바로 채용하지 않고, 계약직/인턴 등으로 먼저 채용한다는 사실을 알았기 때문에 정규직뿐만 아니라 계약직/인턴 등으로 지원을 시작하였다.

기말고사를 볼 때쯤 누구나 들으면 알 만한 외국계 회사에서 'Recruiting Specialist 1년 계약직 포지션'으로 면접을 보자는 회신을 받았다. 너무나 행복했고, 최선을 다해 회사와 직무에 대해 조사를 하였고, 면접을 진행하였다.

면접 때 최선을 다해서 'Recruiting Specialist'에 대한 '나만의 직무 경쟁력'과 '지원한 회사에 대한 관심도와 애사심'을 최선을 다해 어필하였다. 후회 없이 면접을 끝내고 집으로 돌아왔다.

그러던 중 다른 한 군데의 외국계 회사에서 비슷한 포지션으로 면접을 보자고 연락이 왔고, 최선을 다해서 면접을 보고 돌아왔다.

두 군데 모두 합격통보를 받고, 이제는 어디로 갈지 행복한 고민을 하게 되었다. 연봉은 둘 다 거의 비슷하였지만, 인터뷰 때 대화가 잘되어서 케미가 잘 맞을 것 같은 매니저가 있던 곳으로 마음이 쏠렸으며, 특히 회사의 채용시스템과 툴도 우수해서 정말 많이 배우고 기여할 수 있는 곳이라 판단이 들어 이 회사로 입사를 결정하였고, 다른 회사는 공손하게 거절하였다.

그리고 취업을 하여, 1년 계약직으로 근무를 하다가 중간에 정규직 기회가 있어 지원(Internal Apply)을 하였고, 지금은 Recruiting Specialist 전문 채용담당자로 근무를 하고 있다.

"

서류전형 시 가장 우선적으로 보는 사항은 당연히 직무 관련 사항이다.

직무 관련 사항을 체크하기 위해 가장 좋은 방법은

직무 관련 실무경험이 있는지를 확인하는 것이다.(앞에서도 계속 강조하였듯이

직무 관련 실무경력을 위해 인턴 / 계약직 등을 가리지 말고

꼭 경험 쌓기를 추천하는 것도 이러한 이유에서이다.)

"

PART

2

눈앞에 다가온 취업 돌파하기

01

국문 이력서 vs 영문 이력서

이제는 실전이다. 당신은 어느덧 취업전쟁에 뛰어들어 원하는 기업에 취직하기 위해 이력서를 작성하여 지원하고 있는 자신을 발견했을 것이다. 지원양식이 있는 국내 회사들을 제외하고는 대부분의 외국계 기업과 테크 회사들은 자유 양식의 이력서를 제출하라고 한다. 이때는 하나의 PDF나 Word 파일로 다음의 4개를 준비하는 것이 제일 좋다.

> 영문 이력서   커버레터   국문 이력서   자기소개서

간혹 앞의 4개를 각각 하나의 파일로 따로 모아 보내거나 하나씩 접수를 하는 후보자들이 있는데 이럴 경우 채용담당자 입장에서는 하나의 파일로 합쳐야 하는 불편함이 발생하니 주의하도록 하자.

채용담당자는 서류전형을 시작하기 전에 항상 Hiring Manager(부서에서 인재를 채용하는 매니저)가 어떠한 인재를 채용하고 싶어하는지 다시 한번 확인한다. 그 다음 채용 시작 전 Hiring Manager와 30분 정도 채용전략미팅 (Kick Off Recruiting Strategy Meeting)을 진행하여, 왜 포지션이 열리게 되었는지(신규 충원 or 퇴사로 인한 Replace)를 확인하고, 현재 부서의 상황이 어떤지를 파악한다.

뽑고 싶어 하는 인재의 자격요건(Qualification)을 집중적으로 확인하고, 마지막으로 인터뷰 전형(처음은 누가 인터뷰하고, 그 다음은 누가 인터뷰할지) 및 언제까지 채용하고 싶은지 입사 시기(대부분 최대한 빨리, ASAP)를 물어본 다음, 진행했던 채용전략미팅의 기록을 다시 한번 확인 후 비로소 서류전형을 시작한다.

대부분의 Hiring Manager는 신입 채용을 통해 다음의 요소를 포함한 인재를 발굴하고자 한다.

직무 관련 실무경험
직무 관련 지식
중간에 그만두지 않고 오랫동안 일할 인재
업무상 문제없는 영어실력
태도 : 팀워크, 적극성, 주도성, 성실성
커뮤니케이션 스킬 및 MS Office 스킬

채용담당자는 평가(KPI, Key Performance Indicator)를 위한 다양한 항목들을 가지고 있지만, 가장 중요한 점은 Right Person(적합 인재)

을 Right Timing(적기)에 뽑는 것이다. 그리고 고객을 만족시켜야 한다는 점도 매우 중요하게 작용한다. 채용담당자의 고객은 크게 부서에서 채용을 원하는 Hiring Manager, HR(외국계 및 테크 회사에서 HR을 HR Manager or HRBP, HR Business Partner라고 부른다), 그리고 Candidate(후보자)로, 이 세 부류의 고객들을 만족시킬 수 있어야 한다.

이 중에서 Hiring Manager의 경우, Hiring Manager가 원하는 인재상에 부합하는 후보자를 적어도 5명 정도 추천하여 3명 이상 인터뷰를 진행하도록 하고, 최종적으로 1명의 인재를 채용하도록 돕는 것이 지금까지의 경험상 가장 바람직했다. 그렇기 때문에 채용담당자는 서류전형 전에 다시 한번 Hiring Manager를 만족시키기 위한 채용전략미팅의 노트를 확인하고 서류 전형을 시작하는 편이다.

서류전형 시 가장 우선적으로 보는 사항은 당연히 직무 관련 사항이다. 직무 관련 사항을 체크하기 위해 가장 좋은 방법은 직무 관련 실무경험이 있는지를 확인하는 것이다.(앞에서도 계속 강조하였듯이 직무 관련 실무경력을 위해 인턴 / 계약직 등을 가리지 말고 꼭 경험 쌓기를 추천하는 것도 이러한 이유에서이다.)

직무 관련 실무경험을 상세히 확인한 다음에는 직무 관련 지식이 있는지를 확인한다. 관련 전공 출신인지, 학교에서 어떤 수업들을 들었고, 어떤 과제를 했는지, 학교 수업 외에 외부 관련 수업은 무엇을 들었는지, 관련 자격증은 무엇이 있는지 등을 검토한다.

직무 관련 사항을 파악하였다면, 이제는 영어활용 능력을 확인한다. 외국계 회사뿐만 아니라 이제는 어떤 회사이든 간에 영어를 잘한다면 당연히 플러스 점수를 받는다. 물론 영어회화 실력 관련하여서도 지원한 직무에 따라 차이가 발생한다. 공대 쪽의 R&D, Field Service Engineer, Designer와 각종 Engineer 등을 채용할 경우에는 영어활용이 다른 직무보다는 적게 발생되기 때문에 그만큼 영어회화의 눈높이도 낮아진다. 향후 그 직무의 리더가 되려면 조금 더 나은 영어실력을 지니고 있어야 하겠지만, 신입의 경우는 이메일 커뮤니케이션이나 어쩌다 들어가 는 Global Call에서 본인이 하고 싶은 이야기를 천천히라도 할 수 있는 수준이면 충분하다.

공식 영어점수로 봤을 경우 토익 800점 이상, OPIC IM2 이상, 토익스피킹 Level 5 이상이면 가능할 것 같다.

영어활용이 빈번한 직무일 경우에는 조금 더 높은 수준의 영어점수를 요구한다. Communication 관련, HR, Finance, SCM 등 문과 중심의 전공이 여기에 해당된다. 여기의 포지션일 경우, 공대보다는 조금 더 높은 수준을 기대하여, 토익 900점 이상, OPIC IM3 이상, 토익스피킹 Level 6 이상이 될 것이다.

하지만 이곳의 포지션 또한 리더가 되기 위해서는 더 수준 높은 영어실력이 필요하다. 리더나 매니저가 되면 Global Call 횟수가 많아지고, Global Project가 많아져서 외국인과의 커뮤니케이션이 점점 많이 발생하기 때문에 Global 미팅에서 제대로 이야기를 하지 못할 경우, 같은 팀원들이 고생할 확률이 높다.

채용담당자는 채용팀 인터뷰 때 영어회화 Test를 통해 검증을 하기 때문에 영어점수가 높으면 좋겠지만, 어느 정도 영어점수가 있다면, 회화 중심으로 진행을 하면 된다. 만약 직무 관련 실무경험 및 직무지식이 매우 뛰어난데 영어를 못 할 경우, 정말 너무 아쉽지만 다음 단계로의 진행이 어려울 확률이 매우 높다. 영어실력 때문에 아쉽게도 더 이상 진행이 안 되는 후보자들을 참 많이 봐왔다.

간혹 후보자들 중 영어회화 공인점수가 만료가 되었는데 영어점수를 기입해도 되는지를 질문을 해오는 경우도 있다. 이에 대한 대답은 '기입을 하는 것이 좋다.'라는 말이다. 다만 옆에 유효기간이 언제까지라는 문구를 넣어주면 된다. 어차피 회화테스트를 별도로 진행하기 때문에 이 정도 점수면 어느 정도 수준이겠다고 예측을 하는 용도로 쓰여 문제가 되지 않는다.

또한 '학점이 정말 중요하나요?'라고 질문하는 경우가 있는데, 학점은 성실함을 증명해주는 평가요소로, 학점이 좋으면 당연히 좋겠지만 4.5 만점에 3.0이 넘는다면 크게 문제는 없어 보인다. 만약 4.5 만점 학점에 4.0이 넘지만 직무 관련 경험이나 직무 경쟁력이 전혀 없는 후보자와, 비록 학점은 2점대이지만 직무 관련 경쟁력이 우수한 후보자의 경우, 여러분은 누구를 채용하겠는가?

대부분은 직무 경쟁력이 있는 인재를 채용할 것이다. 혹시라도 학점이 낮다면, 자유 양식의 이력서이기 때문에 학점은 제외하면 될 것 같다. 이력서상의 허위기재를 하지 않으면 될 뿐, 필수가 아닌 정보를 다 넣을 필요는 없기 때문이다.

물론, 학점이 2점대인 후보자에게 학업에 집중하기보다는, 많이 놀았겠구나 하는 생각이 드는 건 어쩔 수 없는 일이다. 따라서 적어도 학점을 3점대로 올려놓고, 나만의 직무 경쟁력을 위해 투자를 하는 것이 더 바람직하다.

　학점과 연관 지어 많은 후보자들이 묻는 질문 중 하나가 학교의 네임 밸류에 관한 것이다. '서류전형 때 학교의 네임 밸류는 가장 중요한 요소 아닌가 요?'라는 질문에 대한 답변은 정말 어렵지만, 나는 이렇게 대답하고 싶다.

　먼저 경력직 채용은 학교의 평판보다는 직전 최근 경력이나 지금까지 쌓아 온 경력이 우리가 뽑고자 하는 직무에 얼마만큼 연관성이 있고, 우리가 이 경력직 후보자를 채용할 경우, 어떤 점들을 이 후보자를 통해 향상시킬 수 있으며, 얼마나 빠르게 조직에 적응하여 회사의 생산성에 기여할 수 있는가 중심으로 채용을 하게 된다.

　신입일 경우에는 앞에서도 언급한 바와 같이, Hiring Manager가 원하는 자격요건과 회사에서 원하는 인재상 중심으로 채용을 하는데, 만약 두 명의 후보자가 나머지 조건과 자격은 거의 비슷한데 한 후보자의 대학 네임 밸류가 더 높다면 당연히 좋은 학교 출신에게 마음이 가는 것이 사실이다.

　하지만 맨 처음에서 언급한 것처럼 회사는 Best Person을 채용하는 트랜드에서 Right Person을 채용하는 트랜드로 바뀌고 있다. 학벌 좋고, 영어 잘하고, 공통적인 스펙이 좋은 Best Person은 정작 퇴사율이 무척이나 높았고, 1년 안에 퇴사하는 신입사원들도 상당수였다.

　가장 많은 퇴사 이유로는 '지금 하고 있는 직무와 나랑은 잘 맞지 않는 것 같다.', '내가 생각했던 일이 아닌 것 같다.' 등이 있었다.

지원한 직무를 정확히 파악하고, 그 직무를 위해 많은 준비를 하여 나만의 직무 경쟁력을 키운 Right Person을 뽑을 경우, 적어도 일반적으로 스펙 좋은 Best Person을 뽑았을 때보다는 퇴사율이 현저하게 낮아지고, 그 직무에 흥미를 가지고 재미있게 일할 확률이 매우 높았다. 그래서 기업 입장에서는 좋은 학교 출신의 인재보다는 오래 일할 수 있고, 즐겁게 일할 수 있는 인재를 선호하고 있다.

아직 상당수의 기업이나 임원들이 좋은 학교 출신을 뽑고 싶어 하는 성향을 보이기도 하지만, 그렇지 않은 사례가 점차 증가하고 있다. 실제로 Engineer의 채용을 요청한 어떤 Hiring Manager는 소위 말하는 SKY 출신이나 유학파 후보자들은 배제해달라고 부탁한 적이 있었다.

이 업무는 여러 고객사에 자주 방문해야 하고, 트러블 슈팅, 부품 오더, 고객 커뮤니케이션 등의 업무가 많은데, 스펙 높은 후보자들을 채용했더니 전반적으로 눈이 너무 높았고, 도중에 버티지 못하고 퇴사를 한 경우가 많았다는 이유에서였다.

따라서 본인 스스로 학교의 네임 밸류가 조금 떨어진다고 하더라도 낙심할 필요는 없다. 나만의 직무 경쟁력과 영어 실력을 키우기 위해 최선을 다하고 자신 있게 도전하면 된다.

외국계 회사의 경우에는 반드시 영문 이력서가 필수이다. 대부분이 한국 Manager가 직접 채용을 하지만, 한국 Manager가 이런 인재를 채용했다고 Global 외국인 Manager에게 보고해야 하는 경우가 있으며, 포지션에 따라 외국인 Manager가 인터뷰를 하게 되는 경우도 발생하기 때문이다. 그럴 경우, 이력서가 한글로만 되어 있으면 보고하기가 어렵고, 대부분의 외국인 임원은 당연히 한국말을 못 하기 때문에 영문 이력서가 필요하다.

이러한 상황들이 생각보다 자주 발생하기에 외국계 기업에 지원할 때는 반드시 영문 이력서를 필수로 제출하도록 한다.

그런데 여기서 매우 중요한 사항이 있다. 대부분의 취준생들은 이력서를 작성해서 완성해 놓으면 아무런 고민 없이 똑같은 파일로 여러 회사에 지원하는 경향이 있는데, 절대 공통양식의 이력서를 여러 회사에 뿌려서는 안 된다.

이력서에는 반드시 지원한 회사명을 언급해야 하고, 제일 중요한 지원직무를 언급하면서 자격요건을 확인하여 중요한 사항을 업데이트 수정한 뒤에 지원 해야 한다.

채용담당자가 가장 싫어하는 이력서는 회사에 대한 언급이 전혀 없고, 특히 지원한 직무에 대한 언급이 없는 이력서이다. '그냥 공통양식으로 지원했구나.'라고 느끼는 순간 해당 후보자에 대한 관심과 흥미를 잃어버리고 만다.

채용담당자가 서류전형을 진행할 때 가장 중요하게 평가하는 요소는 크게 두 가지이다.

첫 번째는 지원한 직무에 대한 이해와 지원한 직무를 위해 어떠한 노력을 하였고, 나만의 직무 경쟁력을 어떻게 잘 어필하고 있는지이다. 지원한 직무와 관련하여 어떠한 언급도 없을 경우, 서류에 통과할 확률은 매우 낮아진다.

두 번째는 지원한 회사에 대한 관심도이다. 관심도를 확인하기 위해서 주로 확인하는 사항은 커버레터와 자기소개서에서 지원한 회사에 대한 언급, 그리고 회사에 대한 조사 수준과 관심도, 입사포부 관련 내용이다.

가장 싫어하는 단어는 '공통적인 양식으로 이력서를 뿌렸구나.', '그냥 한번 지원해봤구나.'라고 생각하게 만드는 '귀사'라는 표현이다. 귀사로 썼다는 것만으로 우리 회사에 관심이 있어서, 정말 입사하고 싶어서 지원했다기보다는 그냥 한번 지원해 봤구나 하고 판단을 내린다. 그렇기 때문에 입사를 지원하기 전 앞의 두 가지 사항을 중심으로 이력서를 작성하길 바란다.

'이 직무에 지원하기 위해 나는 지금까지 이러이러한 실무경력을 쌓았고, 직무 관련 지식을 위해 전공 수업, 관련 자격증 및 외부 교육 수강을 통해 나만의 직무 경쟁력을 키워왔으며, 예전부터 입사하고 싶었던 당신네 회사의 입사 준비를 위해 많은 정보를 획득하고 이러이러한 준비를 해왔다.'를 중심으로 이력서를 작성하자. 그러면서 신입으로서의 적극성, 태도, 솔선수범, 열정 등을 표현하며, 마지막으로 지원한 직무 중심으로 입사포부 등을 통해 꼭 뽑아 달라고 어필하면 된다.

이력서 양식은 앞에서 언급한 것처럼 인터넷을 통해 여러 샘플들을 확보한 후, 가장 본인과 적합한 양식으로 작성하면 될 뿐, 크게 고민하지 않아도 좋다.

이번에는 채용담당자가 실제로 어떠한 시선으로 국문 이력서의 서류전형을 진행하는지 Sample을 통해 알아보자.

이 력 서

인적사항

성 명	김XX
생 년	199×
주 소	서울시 용산구 후암동
전 화	010-XXXX-XXXX
이 메 일	XXXXX@gmail.com

학력사항

2012.03~2017.08	한국대학교 경영학과 (우수 - GPA: 3.81/4.5)
2009.08~2012.02	한국고등학교 졸업

경력사항

201XXX~201XXXX	XXX 제약회사/인사팀/계약직/ 전반적인 HR 및 재용업무 Support
201XXX~201XXXX	XXX 써치펌/리서처/인턴/후보자 Sourcing 및 헤드헌팅 업무 Support

기타사항

어학사항	영어 - TOEIC 9XX점, OPIC AL (회화·상급, 독해·상급, 작문·상급)
보유기술	MS Office Suite (Excel, Word, PowerPoint)
교육사항	XXXX 문화센터 HR직무 교육, XOX 실무 HR 1기
자격사항	한국사능력검정시험인증 1급 [국사편찬위원회 위원장상]

핵심역량

써치펌 3개월 및 In-House 재용업무 3개월, 총 6개월의 재용실무 경험
후보자 Sourcing 능력 (다양한 Job Site 채용공고 및 링크드인을 통한 후보자 소싱 등)
영어(능숙) 및 한국어(원어민)

제시된 이력서는 잘 쓰인 국문 이력서 Sample이다. 만약 채용팀장
이 본인의 팀원을 뽑기 위해 서류전형을 한다고 가정해보겠다. 다른
부서도 아닌 본인의 팀원을 뽑아야 한다면 보다 심혈을 기울여서 채용

에 임할 것이다. 직무는 Recruiting Specialist, 채용팀 사원으로, 채용담당자가 어떠한 시각으로 국문 이력서의 서류전형을 진행하는지 시뮬레이션을 해보겠다.

가장 먼저 서류전형에서 확인하는 사항은 지원한 직무 관련 실무경험이 있는지의 여부이다. 앞의 후보자는 외국계 회사에서 HR 인턴업무를 수행하면서 전반적인 HR 업무와 채용업무를 서포트하였다. 또한 써치펌(헤드헌팅 회사)에서 Researcher로서 직접 후보자를 찾고 공고를 올리는 등 채용의 전반적인 업무를 수행하였다. 이는 신입을 뽑는 포지션에서 지원 직무 관련 경력 부분에 한해 거의 만점을 줄 수 있는 경험이라 볼 수 있다.

채용을 전문적으로 담당하는 포지션이기 때문에 거의 드물게 갖고 있는 써치펌 경험에 큰 점수를 줄 수 있고, 비슷한 환경의 HR 부서에서 전반적인 인사업무 지원 및 채용업무를 지원해 본 경험 또한 매력적이다.

두 번째 사항은 영어 관련이다. 요즘은 외국계 회사뿐만 아니라 국내 기업에서도 영어회화를 잘하는 인재를 선호하는 것은 누구나 알 수 있는 사항이다. 특히 외국계 회사에서는 E-mail 커뮤니케이션을 할 경우 영어를 활용하는 비중이 높으며, 포지션마다 영어를 자주 쓰는 직무와 그렇지 않은 직무로 나눌 수 있다.

채용담당자일 경우나 Hiring Manager가 외국인일 경우, 모든 커뮤니케이션이 영어로 발생하며, 간혹 외국인 후보자가 지원할 경우도 마찬가지로 영어를 주로 써야 하기 때문에 업무상 영어활용 빈도가 많다. 따라서 본인의 의사를 원어민 같은 수준은 아니더라도 영어로 표현할 수 있는 인재를 선호하고 있다.

앞의 후보자 경우, OPIC 점수가 AL이기 때문에 업무상 영어활용에 크게 문제가 없는 수준일 확률이 높을 것이라 판단할 수 있다.

세 번째로는 전반적인 사항에 대한 검토이다.

학교, 학점, MS Office 능력, 직무 관련 과제나 교육경험 등을 확인한다. 앞의 후보자는 전반적으로 무난하게 좋은 점수를 줄 수 있다.

결론적으로 앞의 후보자는 관련 직무경험 우수, 업무상 문제없는 영어실력 및 전반적인 능력이 우수하므로 조금 더 자세한 정보를 확인하기 위하여 자기소개서와 영문서류 등을 확인할 후보자로 선별해 놓는다.

만약 지원한 후보자들 중 직무 관련 경력이 있는 후보자가 많지 않을 경우, 영어점수 및 직무 관련 지식 등을 확인하게 된다. 하지만 영어가 많이 활용되어야 할 포지션에는 다른 능력이나 경험 등이 많다 하더라도 영어가 기준에 도달하지 못할 경우 웬만해서는 통과시킬 수가 없다.

비록 채용팀에서 서류를 통과 시킨다 하더라도 채용팀 영어 인터뷰와 부서 인터뷰가 끝난 뒤 영어 관련 검증 도 안 해보고 후보자를 추천했냐는 불만을 들을 수밖에 없다.

가장 중요한 고객 중의 하나인 Hiring Manager의 불만이 접수될 경우, 채용팀은 큰 타격을 입을 수 있다. 따라서 위에서 언급한 Hiring Manager와 채용을 시작할 때 채용전략 미팅을 통해 Hiring Manager가 정확히 원하는 사항을 다시 한번 확인하고, 후보자들을 선별할 수 있도록 서류전형을 진행하고 있다.

그래서 취준생들에게 강조하고 싶은 사항은 자소서는 서류전형에 거의 합격시키고자 판단한 후보자들을 대상으로 조금 더 자세히 후보자를 알아보기 위해 자소서를 검토한다. 즉 자소서는 서류전형에 있어서 10% 미만의 비중이라고 보면 된다.

그런데 왜 수많은 취업 관련 서적이나 유튜부에서 자소서가 서류전형에 제일 중요한 항목이고 일반적인 질문의 항목에 이렇게 쓰라고 고등학교 때 논술 준비하듯이 가르치는지 이해할 수가 없다.

서류 전형에서 지원한 직무 관련 경쟁력이나 색깔이 전혀 없는 후보자의 자소서를 읽을 시간이 현실적으로 충분하지 않다. 계속 이 책에서 강조하고 있듯이 자소서 중심의 취업방법은 수박 겉핥기식 취업방법이고 나만의 직무 경쟁력이라는 취업의 최신 트랜드를 전혀 따라가지 못하는 점이다.

자소서는 3-5에 자세히 설명하겠지만, 틀만 잡고 그 틀에서 적당히 쓰면 되는 수준이다. 자소서가 중요한 게 아니라 지원한 직무 관련 그동안 나만의 직무 경쟁력을 쌓기 위해 얼마만큼 뼈를 깎는 노력을 했는가가 취업의 핵심이다.

자소서를 잘 쓰려고 시간을 많이 투자하지 말고 그 시간에 영어회화 공부나 실무경험을 어떻게 더 잘 쌓을까에 나의 소중한 시간을 투자해야 한다.

이번에는 영문 이력서의 서류전형은 어떻게 하는지 알아보자.

XXXX Seo

Mailing address: Jongno-gu, Seoul, Republic of Korea
Mobile number: +82 10XXXXXXXX / Email: XXXX@gmail.com

CAREER OBJECTIVE

Seeking Recruiting Specialist position at XXXX group to be a trustful talent acquisition partner. Proactive responsible bilingual team player with soucring & communication skills.

PROFESSIONAL EXPERIENCE

XX XXXXXX Company, HR Intern (July 2020- Sept. 2020)
- Supported general TA(Talent Acquisition) Works
  - Developed new sourcing/job posting channels for direct searches and job announcements
  - Executed screening interview to give hiring managers insights to candidates
- Global XXXX program localization
  - Localized English contents for the better understanding and efficient XXXX for XXXX managers
  - Aligned contents with local market relevancy
  - Supported and facilitated global, regional, affiliate wide efforts and cross-brand initiative XXXX program localization
- Designed internal XXXX Campaign (Inside-Out)
  - Planned and executed campaign ideas such as XXXX and XXXX Photo booth
  - Effectively communicated with external vendors to reduce campaign costs
- Supported trainings for office employees
  - Assisted training programs
  - Arranged and ordered trainees' learning materials and kept track of attendance

EDUCATION

DaeHan University, BA of Psychology (Mar. 20XX- Aug.20XX)
- GPA: 3.68/4.5, Excellence prize in Psychological Research Paper competition

ADDITIONAL SKILLS

- Microsoft OA (proficient)
- Languages: Korean(native) & Ensligh(fluent, OPIC AL)

ACTIVITIES

- A member of Daehan Univ Broadcasting Service (DUBS), Served as an Announcer
- The President of WIN which is a soccer club in Daehan Univ, Achieved the 5th Dahan Univ Soccer Championship
- Awarded with a Grand Prize for the Singing Competition at Dahan Univ, song title is Y2K - 헤어진 후에 with Comic dance

국문 이력서와 마찬가지로 채용담당자는 지원한 직무 관련 경쟁력을 확인한 후 영어실력 및 학교, 직무 관련 지식, MS Office 스킬 등을 확인한다.

영문 이력서는 영어를 어떻게 표현했는지 등의 전반적인 영어실력을 확인하기 위한 서류로, Career Objective를 통해 지원한 직무를 잘 이해하였으며 향후 직무 관련 목표를 구체적이고 현실적으로 잘 표현했는지를 확인할 때 읽게 된다.

그렇기 때문에 지원한 직무중심으로 나만의 직무 경쟁력을 잘 표현하기 위해 집중해야 할 뿐만 아니라 Career Objective의 표현에도 신경 써서 작성해야 한다.

앞 영문 이력서의 Job Objective를 살펴보자.

Seeking Recruiting specialist position at XXXX group to be a trustful talent acquisition partner. Proactive responsible bilingual team player with sourcing & communication skills.

후보자는 채용 담당 신입 포지션으로 지원을 하였다. 앞의 Job Objective는 그냥 한번 지원해 본 후보자가 아닌 채용담당자가 어떠한 목표로 근무하고, 어떠한 자격요건이 필요한지 정확하게 파악하고 있음을 보여준다.

채용담당자는 단순히 채용만 하는 것이 아닌 주요 고객들(Hiring Manager, HR Manager & Candidates)과 강력한 채용파트너가 되는 것이 궁극적인 목표인데 이 점을 정확하게 표현하였다. 또한 채용담당자에게는 Sourcing Skill (후보자를 직접 찾는 기술)과 주요 고객들과의 명확한 커뮤니케이션이 필요하며, 영어를 활용할 일이 많기 때문에 영어회화 실력도 매우 중요하다.

앞의 이력서는 이런 점을 정확히 파악하여 Job Objective를 작성하였으므로, 훌륭한 영문 이력서라고 평가할 수 있다.

이 정도까지 지원하는 직무를 파악한 후보자는 적어도 현직 채용담당자와 미팅을 통해 직무에 대한 파악을 제대로 했거나, 아니면 관련 직무경험이 있는 후보자라 추측할 수 있다.

Job Objective를 잘 쓸 수 있는 노하우를 조금 더 공유하면, 앞에서 언급한 현직자와의 미팅 혹은 직무 관련 경력 외에 유사 직무의 관련 채용공고 등을 확인하고, 채용공고 안의 Job Information, Job Objective, Job Background 등의 정보들을 모아서 가장 써먹을 수 있는 표현들을 정리한 뒤 자기만의 Job Objective를 만들면 더욱 좋은 평가를 받을 수 있다.

Global 채용공고 중 참고할 수 있는 Sample

Role Summary :

You will be a key member of the Executive Recruiting team focused on finding and engaging amazing leadership talent for GE Digital. The right hire for this role will have unmatched customer support experience, strong strategic sourcing knowledge and a proactive approach to meeting client needs. With the Executive Recruiter, you will own the Executive Search process end-to-end for GE Digital. This is an exciting opportunity to have a massive impact on who and how GE Digital hires leaders.

마지막으로 영어표현과 관련하여, 주변에 영어를 잘하는 지인들이

나 Chat GPT 등을 통해 자연스러운 표현이 맞는지, 문법적으로 문제는 없는지 확인하고 마무리 하도록 하자. 사소한 문법적 실수도 채용에서는 마이너스로 작용할 수 있다.

다시 한번 강조하지만, 기업이나 채용담당자가 국문 이력서와 영문 이력서를 통해서 가장 중요하게 확인하고자 하는 사항은 지원한 직무와 관련한 후보 자의 직무 경쟁력이며, 이를 확인하기 위해 관련 실무경험이나 전공 / 자격증을 가장 먼저 체크한다.

그 다음으로 영어 수준을 확인하기 위해 영어 공인점수를 확인하고, 마지막으로 MS Office 혹은 Tech나 스타트 기업에 지원할 경우 Google Docs 등의 문서작성 능력을 확인한다.

여기서 어느 정도 적합한 후보자에 한해 추가 정보를 파악하기 위하여 국문 자기소개서나 영문 커버레터를 확인한다. 그렇기 때문에 항상 앞에서 확인한 사항을 중심으로 국문 이력서와 영문 이력서를 작성해야 한다.

02
국문 자기소개서 vs 영문 커버레터

예전에는 국내 기업 중심으로 다양한 역량과 경험, 애사심 등을 확인하기 위해 자기소개서를 꼼꼼히 읽는 편이지만 요즘은 어느 정도 서류전형에 합격한 후보자에 한하여 자소서나 영문 커버레터를 검토하고 있다. 그래도 자기소개서를 적당히 작성하는 것보다 당연히 서류에 합격하고 면접까지 확실하게 올라가기 위한 확률을 조금이나마 높이기 위해서는 자기소개서도 최선을 다해 잘 작성해야 한다.

실무담당자들은 너무 바쁘기 때문에 모든 후보자의 인터뷰를 다 진행하기는 현실적으로 불가능하다. 그래서 채용담당자들은 약 5~7명의 후보자를 인터뷰하고, 그중 3~5명의 인재를 부서의 Hiring Manager에게 추천하고 있다. 적어도 후보자들 중 5~7명 안에 들어야 인터뷰의 기회를 얻을 수 있기에 자기소개서 작성에도 최선을 다해보자.

다시 한번 강조하지만 요즘 취업 트랜드에서 자기소개서는 어느 정도 인터뷰를 하고 싶은 후보자가 있을 경우에, 정말 인터뷰할 후보자인지 한 번 더 자세히 확인을 하기 위한 용도로써 활용되고 있다. 그렇기 때문에 자기소개서도 마찬가지로 '나만의 직무 경쟁력' 및 '지원한 직무의 역량' 중심으로 작성하면 된다. 이와 상관없이 자기만의 이야기 중심의 성장배경, 동아리 활동 등을 아무리 잘 썼다고 하더라도 채용담당자들은 전혀 관심이 없다는 것을 기억하자.

이제부터 혼자서도 최대한 쉽고 빠르게 자기소개서를 술술 써 내려갈 수 있는, 간단한 자기소개서 작성 노하우를 공유하도록 하겠다.

우선 채용담당자는 자기소개서를 통해 두 가지의 사항을 확인한다.

첫 번째는 지원한 직무와 관련하여 후보자만의 고유한 직무 경쟁력이고, 두 번째는 회사에 대한 관심도와 애사심이다. 그렇기 때문에 자기소개서를 작성하기 위해서 가장 먼저 시작해야 할 사항은 지원한 회사에 대한 철저한 분석이다. 게다가 지원한 회사를 철저히 분석하면 자기소개서뿐만 아니라 면접에 서도 큰 도움이 된다.

그러면 자기소개서를 쓰기 전에 기업 분석하는 방법을 알아보자. 기업 분석의 큰 틀은 기업의 주요 생산품, 서비스, 고객사, 경쟁사, 재무정보 및 성장목표 중심으로 조사하는 것이다. 어려울 것 없이 다음과 같은 방식으로 시작해보자.

첫 번째는 기업의 홈페이지와 기업이 운영하는 SNS를 검색하는 방법이다. 홈페이지에 들어가면 사업 연혁, 비즈니스 사항, 인재상, 각 직무 소개, 복리 후생 등 다양한 정보들이 있다. 이런 정보들을 큰 틀에서 내 것으로 만들기 위해 중요하다고 생각되는 것들만을 모으면서 정리하기 시작한다.

홈페이지를 다 살펴보았으면 이제는 블로그, 페이스북, 인스타그램, 유튜브 등의 SNS 채널들을 살펴본다. SNS는 공식적인 정보뿐만 아니라 조금 더 사적인 사항들, 즉 회사의 관심분야에 대한 정보들을 확인할 수 있다.

예를 들어 Big Tech 회사인 야놀자 채용사이트(https://careers.yanolja.co/r)를 살펴보자.

다양한 채용공고뿐만 아니라 복리후생, 조직문화, 실무자 인터뷰, 최신 회사 정보 등 자기소개서와 면접 때 필요한 정보들이 잘 정리되어 있다. 특히 자소서뿐만 아니라 취업에 있어서 가장 중요한 사항 중

하나는 현직자의 정보를 확보하는 것이다. 특히 내가 가고 싶은 회사, 일하고 싶은 직무의 현직자 인터뷰 내용은 너무나 소중하고 중요한 정보이기 때문에 다음 Peple 파트의 다양한 현직자 인터뷰 내용들을 자소서 작성할 때 잘 참고하면 좋다.

두 번째는 적어도 최근 6개월 동안의 회사 관련 기사들을 검색하는 방법이다. 6개월간의 기사들을 통해 긍정적인 기사들 및 부정적인 기사들을 전부 모니터링하고, 중요하다고 생각되는 정보를 잘 취합하여 정리하면 된다.

세 번째는 앞에서 찾은 정보 중 회사의 Major Product 또는 서비스를 철저히 분석하는 방법이다. 어느 분야의 매출은 얼마이고, 순위는 어느 정도이며, 어떠한 장단점이 있는지 SWOT 분석 등을 통해 파악할 수 있다.

네 번째는 Major 경쟁사를 파악하는 것이다. 현재 시장에서 우리 회사는 어느 정도의 포지션을 가지고 있으며, 경쟁사 대비 어떠한 장단점이 있는지, 경쟁사는 이 분야에서 왜 지원한 회사보다 매출이 좋은지, 다른 차별점은 무엇이 있는지 등을 중심으로 분석해 본다.

다섯 번째는 회사에서 발행한 공식 회사소개서나 지속가능경영보고서 등을 찾아보는 것이다. 또한 국내 회사일 경우 대한상공회의소의 코참비즈, 금융감독원 전자공시시스템 다트, 전국경제인연합회 등의 사이트를 통해 조금 더 깊은 정보들을 취합할 수 있다. 거기에 추가적으로 글래스도어와 잡플래닛을 통해 조금 더 내부적인 사정을 확인해 볼 수도 있다.

또한 블라인드, 잡플레닛, 글래스도어 등 회사에서 근무하는 임직원들이나 그 회사를 퇴사한 사람들이 남긴 Company Review, 소통내용 등을 통해 회사 내부 사정을 확인할 수 있고, 회사의 장/ 단점에 대한 실질적인 평가를 빠른 시간에 파악할 수 있다.

평점이 높으면 그만큼 일하고 싶고 다니기 좋은 회사라고 판단할 수 있고, 평점이 낮으면 지원에 대해 다시 한번 고려해 볼 수도 있으나 퇴사자들이 회사를 비난하면서 안 좋게 평가하거나 회사와 관련 없는 사람들의 글들도 있기 때문에 100% 신뢰해서는 안 되며 그냥 참고하면 된다. 다양한 정보를 많이 습득하면 어쨌든 좋지만 다양한 정보들을 잘 선별해서 활용해야 한다.

여섯 번째는 유튜브의 회사 관련 영상들을 활용하는 방법이다. 검색을 회사명, 지원한 회사 채용, 지원한 회사 전망 등 최근 6개월간의 모든 영상들을 보는 것이 좋다. 가장 빠르고 효율적으로 정보들을 습득할 수 있다.

만약 지원한/지원할 회사가 주식회사일 경우, 주식 관련 영상도 취업 준비하는 데 매우 좋다. 최근 회사정보, 전망, 위험요소, 기대효과, 향후예상 등 생각보다 빠르게 양질의 정보들을 확보하는 데 매우 좋은 꿀팁이다.

언급한 곳 외에도 Chat GPT, 다음 및 네이버의 취업 관련 카페 등에서 기업분석 및 면접을 위한 다양한 정보를 찾아볼 수 있다. 이렇게 기업분석을 철저히 끝마쳤다면 이제는 나만의 직무 경쟁력과 지원회사에 대한 관심도와 애사심 중심으로 자기소개서를 작성해야 한다.

다시 한번 강조하지만, 자기소개서는 논술 시험이 아니다. 즉, 글을 완벽하게 잘 쓸 필요가 없다는 말이다. 다음에서 제시하는 틀을 중심으로 자기소개서를 작성한다면, 다른 도움 없이 충분히 혼자서도 서류전형에서 통과하는 자기소개서를 작성할 수 있을 것이다.

먼저 국내회사 중 자소서 항목이 정해진 회사들을 제외하고는 정해진 자기소개서항목이 없기 때문에 지원한 직무 중심 및 지원한 회사 중심의 항목을 스스로 만들어 정할 수 있다. 계속 강조하지만 자소서를 통해 '나만의 직무 경쟁력'과 '애사심' 그리고 '입사포부', 이 3가지가 자소서의 핵심사항이다.

자소서에 정해진 항목이 없을 경우 다음 문항들 중 3~4개를 선택하여 작성하면 된다.

1) 왜 우리 회사에 입사를 하고 싶습니까?
2) 지원한 직무로 입사하기 위해 그동안 어떤 준비를 하셨습니까?
3) 조직생활에서의 어려움을 극복했던 경험을 이야기해 주십시오.
4) 지원한 직무 관련, 상사나 선배에게 업무적으로 가장 칭찬받았던 경험을 이야기해 주십시오.
5) 입사를 한다면, 단기적 목표 및 장기적 목표는 어떻게 되십니까?
6) 왜 우리가 당신을 뽑아야 한다고 생각하십니까?

❶ 왜 우리 회사에 입사를 하고 싶습니까?

1번 항목은 지원한 회사에 대한 관심도, 즉 애사심을 표현할 수 있는 좋은 문항이다. 그냥 한번 지원해 본 것이 아니라 절실한 마음으로 '다른 회사가 아닌, 반드시 이 회사에 입사하고 싶다.'라는 내용 중심으로 관심도와 애사심을 표현하면 된다. 앞에서 언급한 철저한 기업분석을 통해 단순히 홈페이지의 회사소개나 기사 몇 개 정도를 쉽게 찾아봐서 누구나 알 수 있는 정보가 아닌 현직 실무자들도 놀랄 만한 고급 정보들이 있다면, 회사에 대한 준비를 많이 했다는 점을 인정하여 좋은 점수를 받을 수 있다.

❷ 지원한 직무로 입사하기 위해 그동안 어떤 준비를 하셨습니까?

2번 항목은 지원한 직무의 '나만의 경쟁력'을 어필하면 된다. 원하는 회사의 취업을 위해, 이 한 문항에 제대로 답변하기 위해 지금까지 많은 노력을 했다고 가정해도 무방할 만큼 정말 중요한 항목이다. 그렇기 때문에 나만의 직무 경쟁력을 사정없이 뽐내면 된다.

❸ 조직생활에서의 어려움을 극복했던 경험을 이야기해 주십시오.

3번 항목은 후보자가 조직생활에 잘 적응하여, 업무를 잘해나갈 사람인지를 파악하고, 어려운 업무에 대해 쉽게 포기하지 않고 열심히 해낼 수 있는 후보자인지 파악하기 위한 항목이다. 되도록 구체적인 사례를 통해 어떻게 어려움을 극복했는지 쓰면서, 그로 인해 어떤 결과를 얻었고 무엇을 성취했는지에 대해 같이 적도록 한다.

❹ 지원한 직무 관련, 상사나 선배에게 업무적으로 가장 칭찬받았던 경험을 이 야기해 주십시오.

4번 항목은 직무 관련 실무경험이 있는 후보자에게 가장 좋은 맞춤형 항목이다. 지원한 직무 관련 실무경험 중 본인 스스로 판단했을 때 어필할 수 있는 부분이 있다고 생각된다면 이 항목을 추가해보기를 추천한다. 실무경험이 없는 후보자는 작성할 수 없는 항목이며, 직무와 관련된 구체적인 업무 중 칭찬 받았던 사항을 중심으로 써 내려가면 된다.

❺ 입사를 한다면, 단기적 목표 및 장기적 목표는 어떻게 되십니까?

5번 항목은 지원한 직무를 제대로 파악하고 있는지를 어필할 수 있는 항목이다. 직무에 대한 고민이나 이 직무에 근무하고 있는 현직자와의 미팅을 통해 깊이 있는 정보에 대해 알지 못하고, 직무를 철저히 분석하지 않는다면 쉽게 작성할 수 없는 항목이기도 하다. 이 항목을 잘 쓴다면 이 후보자는 직무에 대해 제대로 파악하고 있는 후보자라고 판단할 수 있다.

❻ 왜 우리가 당신을 뽑아야 한다고 생각하십니까?

6번 항목은 가장 중요한 나만의 직무 경쟁력과 지원한 회사의 애사심을 동시에 보여줄 수 있는 항목이다. 지원한 직무를 위해 뼈를 깎는 노력으로 나만의 직무 경쟁력을 이렇게 길러왔고, 이 회사에 지원하기 위해 다른 후보자보다 오랫동안 분석하고 준비를 하였으며, 입사를 한다면 이러한 목표로 이렇게 하겠다는 포부 중심으로 자신을 어필하면 된다.

'나만의 직무 경쟁력'과 '지원회사에 대한 관심도 및 애사심'에 관련 없는 항목들은 채용담당자들의 입장에서 중요도가 떨어지는 부분이기 때문에 제대로 검토할 확률이 낮으며, 그냥 한정적인 자기소개서의 분량만 낭비하게 된다.

본인의 성장배경, 성격, 동아리 활동을 통한 리더십, 생활신조, 장단점 등의 항목은 절대 자기소개서 항목으로 선정하지 말기를 강하게 충고한다.

이제 나만의 자기소개서 항목을 정했다면, 그 항목에 맞춰서 자기소개서를 써보자. 다음의 자기소개서 핵심구성 8가지를 이해하고, 이를 중심으로 자기소개서를 작성하면 된다.

자기소개서 "핵심구성 8"

❶ 소제목으로 강조
❷ 두괄식으로 정리
❸ Situation
❹ Task
❺ Action
❻ Result
❼ 스토리에서 배운 점 어필

자기소개서 항목을 '지원한 직무 관련, 상사나 선배에게 업무적으로 가장 칭찬받았던 경험에 대해 이야기해 주십시오.'로 선정하였다는 가정하에 보다 쉽게 자기소개서를 작성하는 방법을 살펴보자.

우선 STAR 기법부터 적용하면 된다. STAR 기법은 요즘 면접과 자기소개서 때 가장 많이 쓰는 방법 중 하나로, 더 자세한 사항은 「PART 3. 03 All about 면접! 1. 역량기반 면접(CBI)」을 참고하면 된다.

- Situation[배경 및 상황 설명] : 당신이 처해 있던 상황에 대해서 말씀해 보십시오.
- Task[담당했던 과제 / 과업 및 문제에 대해 설명] : 당신이 수행한 과제 / 과업은 무엇이었습니까?
- Action[과제 / 과업 및 문제를 해결하기 위한 행동] : 어떻게 행동했습니까?
- Result[행동으로 인해 어떠한 결과가 나왔는지 설명] : 그 행동의 결과는 어땠습니까?

Situation

써치펌에서 겨울방학 2개월 동안 근무하며 다양한 업무를 배웠는데, 그중 가장 어려웠던 프로젝트는 제약회사의 법무총괄 임원 포지션으로 후보자를 찾는 업무였습니다. 고객사에서 선호하는 후보자는 제약회사 출신으로 경력 12년 이상, 미국 변호사 자격증을 소지하고, 유명 외국계 회사에서 사내 미국 변호사로 근무한 경험이 있어야 했습니다.

이야기하고자 하는 배경과 상황 중심으로 2~3문장 정도 자신만의 이야기로 작성하면 된다. 어느 포지션이나 마찬가지지만, 지원직무와 관련한 실무경험이 있으면 매우 유리하다. 이 문장을 통해 채용담당자는 후보자가 직접적인 실무경험이 있는 사람이라는 것을 확인할 수 있다.

● Task

후보자를 찾기 위해 채용공고를 작성하여 Job 사이트에 올려 후보자의 지원을 기다렸고, 국내 Job 사이트에 등록되어 있는 이력서들을 검색해 보았지만 추천할 만한 적합한 인재를 찾기 어려웠습니다. 그러던 중 상사 한 분이 영어를 많이 활용하는 외국계 회사의 고객사로 인재를 찾을 때 가장 유용한 채널이 링크드인이니, 링크드인을 통해 후보자를 찾아보라고 조언을 해주셨습니다.

구체적으로 담당했던 과제 / 과업 및 문제에 대해 설명 중심으로 작성하면 된다. 이를 통해 채용담당자들은 국문 이력서나 영문 이력서보다 조금 더 구체적으로 후보자가 맡았던 업무에 대해 알 수 있고, 이 후보자가 채용담당자에게 있어 인재를 찾는 매우 중요한 Sourcing 채널인 링크드인을 직접 다뤄 보고 채용을 진행하였다는 사실을 확인할 수 있다.

● Action

그 당시 링크드인에 대해 처음 들어보았고, 주변에 링크드인을 해보거나 잘 아는 분들이 많지 않아 그날부터 바로 근무시간 외의 자는 시간 등을 줄여가면서 관련 책과 유튜브 강의, 링크드인 자체 교육콘텐츠 등을 보고 배웠습니다. 이후 링크드인을 활용하여 하루 사이에 미국 변호사 출신의 후보자 100명 이상에게 일촌 신청을 하였고, 그중 일촌을 수락한 후보자들에게 바로 연락하여 지원을 유도하였습니다. 최종적으로 3명의 후보자가 지원을 하였습니다.

본인이 직접 진행하였던 과제 / 과업 및 문제를 해결하기 위해 어떻게 행동했는지 중심으로 작성하면 된다. 이 후보자가 링크드인을 배우기 위해 많은 노력과 공부를 하였던 점을 확인할 수 있고, 따라서 다른 후보자들보다 더 수월하게 업무를 이해하여 후보자를 찾는 Direct Sourcing 업무에 투입할 수 있는 인재라 판단할 수 있다.

● Result

같이 일하는 컨설턴트 이사님께 이렇게 확보한 후보자 3명을 보고했고, 이사님께서는 훌륭한 인재를 빠른 시간 내에 잘 찾았다며 칭찬해 주셨습니다. 후보자 3명 모두 인터뷰를 한 후 고객사에 추천하여 그중 한 분이 채용이 되었고, 인턴이 이렇게 큰 딜을 해낸 적은 처음이라며 상사뿐만 아니라 사장님까지 큰 칭찬을 해주셨습니다.

　이로 인해 어떠한 결과가 나왔는지 구체적이고 재미있게 작성을 하면 된다. 여기에서는 직접적인 성과를 내어 짧은 인턴기간 동안 조직에 큰 기여를 했다는 점을 높이 평가할 수 있다.

　이제 STAR 기법까지 완료하였다. 이제는 스토리에서 배운 점 어필과 입사 후 활용방안에 대해 알아보자.

● 스토리에서 배운 점 어필

처음에는 도저히 어떻게 해 나갈 방법이 없어 너무 막막했지만, 링크드인이 라는 해법을 얻어 그것을 잘 활용할 수 있도록 열심히 노력했고, 이렇게 노력을 하면 어떤 일이든 잘 할 수 있다는 자신감을 얻을 수 있었습니다. 링크드인은 지금까지도 계속 공부하고 활용하고 있어서, 이제는 제 또래의 그 누구보다 링크드인 및 링크드인을 통한 인재 써치에 자신 있습니다.

후보자가 과거에 이런 상황에서 이렇게 행동했으니 미래에 비슷한 상황에서도 동일하게 행동할 것이라고 예전의 행동을 통해 예측하는 방법으로 접근한다면, 앞의 내용을 통해 후보자는 입사를 하여 비슷한 상황에서 전과 같이 슬기롭게 문제를 해결하여 업무를 잘 처리할 인재라 판단할 수 있다.

● 입사 후 활용방안

제가 ×× Korea의 채용담당자로 입사를 하게 된다면, 어떠한 어려운 포지션이 주어진다 하여도 어떻게 하면 해결책을 찾을 수 있을지 고민하여 방법을 찾고, 그 방법을 이루기 위해 악착같이 공부하고 활용하여 포지션에서 원하는 업무에서 최적의 결과가 이루어지도록 하겠습니다. 또한 지금까지 링크드인을 많이 활용하고 있는데, 조금만 더 가르쳐 주신다면 빨리 배워서 ×× Korea 채용팀에서 링크드인의 달인을 찾을 때 제 이름이 나올 수 있도록 최선을 다하겠습니다.

자기소개서에서 채용담당자가 가장 관심 있게 확인하는 내용은 바로 '입사 후 활용방안'이다. 지원한 직무와 연관성, 지원한 회사의 애사심 중심으로 어필하고, 지원한 직무의 가장 중요한 자격요건이나 스킬

중 하나의 경험이 있어 위와 같이 작성을 한다면, 채용담당자뿐만 아니라 부서의 Hiring Manager가 인터뷰 전부터 후보자를 만나보고 싶은 기대를 가지게 될 것이다.

마지막으로 신문기사처럼 두괄식으로 앞의 내용을 요약하는 문장을 만들고, 헤드라인을 임팩트 있게 작성하여 채용담당자의 시선을 사로잡으면 된다.

● 두괄식

링크드인은 채용담당자가 후보자를 찾기 위한 가장 중요한 채널입니다. 써치펌에서 인턴으로 근무하면서 링크드인이라는 채널을 잘 활용하여 가장 어려웠던 법무총괄 임원 포지션으로 한 후보자를 발굴하여 채용까지 성공시킨 적이 있습니다.

일반적인 신문뉴스처럼 가장 강조하고 싶은 말을 맨 앞에 두괄식으로 작성해야 한다. 신문에서도 이 기사를 더 읽을지 안 읽을지를 처음 문장을 통해 판단하는데, 자기소개서 또한 마찬가지이다. 채용담당자가 더 읽어 내려갈지 말아야 할지 결정을 하는 가장 중요한 부분이니 모든 내용을 잘 요약하여 임팩트 있게 1~2문장으로 작성하면 된다.

● 소제목

링크드인의 달인이 되다!

드디어 마지막이다. 소제목은 채용담당자의 주목을 끌 수 있는 가장 좋은 방법이므로 가능한 한 쓰는 것을 추천한다. 직무와 관련된 독특한 표현이거나 흥미를 유발하는 표현으로 작성하여 채용담당자가 꼭 읽을 수 있도록 해보자.

이렇게 8가지 방법으로 작성을 하였다면, 이제 다음의 순서로 재배치만 하면 된다.

자기소개서 "핵심구성 8"

❶ 소제목으로 강조
링크드인의 달인이 되다!

❷ 두괄식으로 정리
링크드인은 채용담당자가 후보자를 찾기 위한 가장 중요한 채널입니다. 써치펌 에서 인턴으로 근무하면서 링크드인이라는 채널을 잘 활용하여 가장 어려웠던 법무총괄 임원 포지션으로 한 후보자를 발굴하여 채용까지 성공시킨 적이 있습 니다.

❸ Situation
써치펌에서 겨울방학 2개월 동안 근무하며 다양한 업무를 배웠는데, 그중 가장 어려웠던 프로젝트는 제약회사의 법무총괄 임원 포지션으로 후보자를 찾는 업무였습니다. 고객사에서 선호하는 후보는 제약회사 출신으로 경력 12년 이상, 미국 변호사 자격증을 소지하고, 유명 외국계 회사에서 사내 미국 변호사 로 근무한 경험이 있어야 했습니다.

❹ Task
후보자를 찾기 위해 채용공고를 작성하여 Job 사이트에 올려 후보자의 지원을 기다렸고, 국내 Job 사이트에 등록되어 있는 이력서들을 검색해 보았지만 추천할 만한 적합한 인재를 찾기 어려웠습니다. 그러던 중 상사 한 분이 영어를 많이 활용하는 외국계 회사의 고객사로 인재를 찾을 때 가장 유용한 채널이 링크드인이니, 링크드인을 통해 후보자를 찾아보라고 조언을 해주셨습니다.

❺ Action

그 당시 링크드인에 대해 처음 들어보았고, 주변에 링크드인을 해보거나 잘 아
는 분들이 많지 않아 그날부터 바로 근무시간 외의 자는 시간 등을 줄여가면서
관련 책과 유튜브 강의, 링크드인 자체 교육콘텐츠 등을 보고 배웠습니다. 이후
링크드인을 활용하여 하루 사이에 미국 변호사 출신의 후보자 100 명 이상에
게 일촌 신청을 하였고, 그중 일촌을 수락한 후보자들에게 바로 연락하여 지원
을 유도하였습니다. 최종적으로 3명의 후보자가 지원을 하였습니다.

❻ Result

같이 일하는 컨설턴트 이사님께 이렇게 확보한 후보자 3명을 보고했고, 이사
님께서는 훌륭한 인재를 빠른 시간 내에 잘 찾았다며 칭찬해 주셨습니다. 후
보자 3명 모두 인터뷰를 한 후 고객사에 추천하여 그중 한 분이 채용이 되었
고, 인턴이 이렇게 큰 딜을 해낸 적은 처음이라며 상사뿐만 아니라 사장님까
지 큰 칭찬을 해주셨습니다.

❼ 배운 점

처음에는 도저히 어떻게 해 나갈 방법이 없어 너무 막막했지만, 링크드인이
라 는 해법을 얻어 그것을 잘 활용할 수 있도록 열심히 노력했고, 이렇게 노력
을 하면 어떤 일이든 잘할 수 있다는 자신감을 얻을 수 있었습니다. 링크드인
은 지금까지도 계속 공부하고 활용하고 있어서, 이제는 제 또래의 그 누구보
다 링크드인 및 링크드인을 통한 인재 써치에 자신있습니다.

❽ 입사 후 활용방안

제가 ××Korea의 채용담당자로 입사를 하게 된다면, 어떠한 어려운 포지션
이 주어진다 하여도 어떻게 하면 해결책을 찾을 수 있을지 고민하여 방법을
찾고, 그 방법을 이루기 위해 악착같이 공부하고 활용하여 포지션의 업무에
서 최적의 결과가 이루어지도록 하겠습니다. 또한 지금까지 링크드인을 많이
활용하고 있는데, 조금만 더 가르쳐 주신다면 빨리 배워서 ××Korea 채용
팀에서 링크드인의 달인을 찾을 때 제 이름이 나올 수 있도록 최선을 다하겠
습니다.

자기소개서는 이 정도의 틀로 작성하면 된다. 더 잘 쓰면 좋겠지만, 이 정도의 틀을 잡고 그에 맞게만 작성한다면 충분히 훌륭한 자기소개서이고, 더 잘 쓴다 하더라도 당락에 큰 영향은 없을 것이다. 다시 한번 강조하지만 지원한 직무의 '나만의 직무 경쟁력'과 지원한 회사에 대한 '관심도'와 '애사심' 중심으로 앞의 8가지 틀을 작성하면 된다. 이 정도면 충분하다.

영문 커버레터도 국문 자기소개서와 그 구성이 크게 다르지 않다. 앞에서 언급했듯이, 영문 커버레터를 채용담당자가 확인하는 이유는 크게 '① 지원한 직무 관련 후보자의 직무 경쟁력, ② 우리 회사의 관심도 및 애사심, ③ 영어 실력' 이렇게 3가지이므로 이를 유념하면서 글을 작성하도록 하는데, 신입의 경우는 웬만하면 커버레터를 작성하는 것이 좋다. 아니 웬만해서는이 아니라 반드시 작성하기를 추천한다.

경력직일 경우, 자기소개서와 커버레터보다는 경력기술서가 중요하기 때문에 이를 중심으로 서류전형을 진행하게 된다. 하지만 신입의 경우 제대로 된 실무경력이 충분하지 않기 때문에 커버레터를 통해 제대로 본인을 어필해야 한다. 지원한 회사명을 적지 않고, 공통양식으로 지원했다고 스스로 강하게 티 내는 'Your company'를 사용한다든지, 지원직무를 제대로 적지 않고 'This role'로 작성하는 경우는 차라리 커버레터를 작성하지 않은 것보다 못한 역효과를 일으킬 수도 있다. 성의 없이 '복사해서 붙여넣기'한 커버레터를 본 채용담당자가 쉽게 '이 후보자는 이력서를 그냥 뿌렸구나.'라고 알아차릴 수 있기 때문이다.

앞의 사항을 염두에 두면서 우선 잘 쓰인 커버레터를 살펴보자.

영문 커버레터 Sample

Jongin Kim

+82 10-XXX-XXXX   XXXX@gmail.com

Dear 지원회사's Hiring Manager,

With this letter and the attached resume, I would like to express my keen

perfectly fits my qualifications not only because of my XXXX experience, but also with diverse experience such as XXXX. I am ready to make the best use or my strengths ensure success of 지원회사 business growth to the next
step through successful recruitment.

The enclosed resume highlights my professional strengths and genuine passion for career development. My expertise lies in leading overall XXXX processes from XXXX to XXXX supports as XXXX. While performing such fast-pace roles over years, I could gain my professional growth as a XXXX in such a short amount of time. Also, I had made significant contributions to XXXX by helped assist XXXX for each business unit's needs in spite of obvious obstacles and limitation when it comes to find XXXX.

In terms of my human networks, I have been focused to maintain positive relationship with a variety of partners including partners from XXXX such as XXXX or XXXX. And I believe that all these elements will back up my potential as a XXXX to go even further stage.

From my understanding, 지원회사 business environment is rapidly changing and evolved to many different fields, especially with Information technology, and I believe this trend will continue to near future as well. I would say that
I have learned to be patient and creative to well aware of how to cope wirh such a challenging situation.

If given the chance to work with 지원회사, I will certainly dedicate my career to ensuring success by fulfilling business's needs. At the same time, I would make an effort to learn more about 지원회사 business besides from essential details since XXXX stays at top position in field over many years.

Please accept this letter and enclosed resume as an introduction to my skills and background. For a more detailed presentation of my career and offer conditions, feel free to contact me at your schedule for interview. Thank you in advance for your consideration and I look forward to our conversation.

Sincerely, Jongin Kim

영문 커버레터 작성을 위한 구성은 다음과 같은 틀로 진행하는 것이 좋다.

❶ Contact Information
❷ 수신
❸ 서론
❹ 본론
❺ 결론

❶ Contact Information

커버레터는 한 장 분량으로 임팩트 있게 작성을 해야 하기 때문에 공간 활용을 잘해야 한다. Contact Information 부분의 경우 전혀 중요한 사항이 아니기 때문에 간단히 작성하면 되며, 워드 양식을 사용할 경우라면 공간을 아끼기 위해 '머리글' 부분에 작성해도 된다. 정확한 이름, 이메일 주소, 핸드폰 번호를 쓰면 되고, 주소는 소중한 개인정보이기에 구까지만 써도 충분하다.(예 수원시 장안구 율전동(Yuljeon-dong, Jangan-gu, Suwon-si, Gyeonggi-do, Korea)

동까지 쓰는 이유는 채용담당자가 우리 회사와 후보자가 거주하는 동까지의 주소를 통해 출퇴근이 어느 정도 걸리는지, 거리가 너무 멀지는 않은 지 등을 확인하기 때문이다.

❷ 수신

채용공고에 채용담당자의 이름과 정확한 부서(인사부, 인사팀, 채용팀, etc.) 가 명시되어 있을 경우, 채용담당자의 이름과 부서의 정보를 통해 작성하면 된다.(예 Dear Joey Seo, Recruiting Manager) 만약 정확한 채용담당자의 정보를 찾을 수 없을 경우에는 '채용팀'이나 '채용담당자'로 작성을 하거나 'Hiring Manager(부서에서 채용을 원하는 Manager, 요즘 회사에서는 통상적으로 채용을 원하는 매니저나 팀장을 Hiring Manager라고 칭함)'로 작성을 하면 된다.(예 Dear Recruiting Team / Dear Recruiter / Dear Hiring Manager)

❸ 서론

커버레터에서 가장 중요한 부분은 서론 부분이다. 다음의 사항들을 중심으로 작성해보자.

첫 번째로는 반드시 지원한 회사와 지원한 직무를 명시한다. 생각보다 많은 후보자들이 지원한 회사와 지원한 직무를 제대로 쓰지 않고, 'Your company'나 'This position'이라는 공통문구로 작성하고 있는데, 채용담당자들은 다양한 이력서와 여러 서류들을 봐왔기에 이 후보자가 정말 우리 회사에 입사하여 이 직무의 근무를 간절히 원하는지, 아니면 그냥 한번 이력서를 던져봤는지를 단박에 파악할 수 있다.

두 번째로는 지원한 직무의 자격요건(Qualification) 중심으로 나만의 직무 경쟁력을 적는 것이다. 대표적인 2~3개 정도를 간단히 어필하면 되고, 본론에서 그 항목에 대해 자세히 설명하면 된다. 이 또한 마찬가지로 절반 이상의 후보자들이 공통양식의 획일적인 내용을 작성하고 있다. 제일 효과적인 방법은 지원한 직무마다 나만의 직무 경쟁력을 채용공고의 자격요건과 업무내용 중심으로 항상 'Update 및 수정'을 하는 것이다.

채용공고의 자격요건이 지원하는 회사의 직무마다 조금씩 다를 것이므로, 항상 자격요건의 항목들을 먼저 확인하고 추가적으로 업무내용까지 확인한 다음, 그중 가장 중요하다고 생각하는 사항과 본인이 가장 자신 있는 직무상의 강점 2~3가지를 간단히 어필하도록 한다.

업무 내용 : 인사팀 채용부문 지원

- 채용공고 개시
- 면접 Arrangement 및 Support
- 면접 결과 통보 및 합격자 서류 안내
- 입사자 정보 입력 및 각 부서 안내
- 입사자 파일 관리

1. 학력 : 대졸(4년제) 이상
2. 경력 : 신입 가능/ 관련 인턴 경력/관련 경력 1~2년
3. 필수 및 우대사항
   - 유관 학과 우대
   - 영어 비즈니스(E-mail 커뮤니케이션) 필수
   - OA 활용 능력 보유자(MS office)
   - 근거리 거주자 우대

다음의 공고를 예로 들어 살펴보자.

인사팀(HR)에서 채용업무를 중심으로 서포트할 신입을 채용하는 공고이다.
앞의 포지션으로 지원을 할 경우 업무내용과 자격요건 중심으로 나만의 직무 경쟁력을 어필해야 한다. 우선 HR 관련 실무경험이 있는 경우, HR 실무 경험 중

채용업무 중심으로 나만의 직무 경쟁력을 드러내고, 영어 커뮤니케이션과 OA 능력도 같이 내세운다.

만약 관련 실무경험이 없을 경우, 인사팀 채용부문에 어떤 업무가 있는지 직무 분석을 하여 어느 인재를 선호하는지 확인한 다음 다른 경험들 중심으로 채용담 당자가 요구하는 공통적인 직무역량을 어필하되, 마찬가지로 영어 커뮤니케이션 및 OA 능력도 어필한다. 또한 근거리 거주자 우대라는 사항도 놓치지 말고, 입사를 하게 된다면 근처에서 집을 구하겠다든지 등 나만의 경쟁력을 고민하여 작성해야 한다.

> ※ 채용
>   – 모집 계획에 따른 모집 전사 채용 업무
> ※ 인력관리
>   – 사내 행사 기획 및 진행
> ※ HRD
>   – 사내 직무 교육
>   – 신입사원 입문교육
> ※ 핵심직무역량
>   – 전공 : 무관
>   – 원활한 커뮤니케이션 능력을 지닌 분
>   – 인사업무에 관심이 있는 분
>   – SNS를 잘 다루는 분
>   – 다양한 채널을 활용할 수 있는 분
> ※ 우대사항
>   – 인근 거주자 및 통근 버스로 출퇴근 가능한 분
>   – 유관 업무 경력자

앞의 포지션은 전반적인 HR 업무를 서포트해 줄 신입 인재를 채용하는 직무이다. 관련 실무경험 중 채용, 인력관리, 교육 등의 경험을 전반적으로 어필하면 좋고, SNS 관련 사항도 추가적으로 어필하면 좋다.

세 번째로는 지원한 회사에 대한 강점, 지원한 회사만의 독특한 기업문화 등을 언급하면서, 그냥 한번 지원한 것이 아닌 정말 오랫동안 입사를 하고자 기다린

애절함과 애사심을 보여주면 좋다.

❹ 본론

본론은 서론에서 언급한 나만의 직무 경쟁력 2~3가지를 조금 더 구체적으로 드러내는 부분으로, 서론에서 언급한 직무 경쟁력을 구체적인 상황과 사례 중심으로 작성해 나가면 된다. 앞서 언급한 두괄식이나 STAR 기법을 활용하면 된다.

❺ 본론

마지막으로 나만의 직무 경쟁력을 요약 및 정리하고, 입사를 하게 된다면 이런 나만의 직무 경쟁력을 가지고 어떻게 업무를 수행할지에 대한 입사포부를 작성하면 된다. 커버레터를 다시 한번 정리하자면, A4용지 한 장 분량으로 공통양식으로 쓴 티를 최대한 내지 않게, 지원하는 채용공고를 보면서 수정 및 Update를 해야 하며 항상 지원한 직무로의 나만의 직무 경쟁력과 지원 한 회사의 애사심 중심으로 작성을 하면 된다.

정리하자면, 기업이나 채용담당자가 국문 자기소개서와 영문 커버레터를 통해서 가장 중요하게 확인하고자 하는 사항들은 지원한 직무 관련 후보자의 직무 경쟁력과 회사에 대한 애사심과 관심도이다. 그렇기 때문에 절대로 귀사(Your company)라는 표현이나 This position 이라는 공통양식이 아닌 지원한 회사명과 지원한 직무를 반드시 명시해야 하며(예 Your company → Google Korea / This position → Recruiting Specialist), 지원한 직무의 자격요건(Qualification)을 반드시 확인하여 그중 나를 가장 어필할 수 있는 사항 중심으로 작성해야 한다. 마지막으로 지원한 회사의 애사심과 충성도를 잘 표현하는 입사포부를 작성하면 커버레터는 완성된다.

03
All about 면접

나는 면접에 대하여 한마디로 '면접은 소개팅이다.'라고 표현하곤 한다. 소개팅 자리를 인터뷰하는 장소, 남성을 구직자, 여성을 채용하는 기업, 소개팅 주선자를 기업 채용담당자나 헤드헌터라고 비유해보자.

처음에는 어떤 상대가 나올지 무척 설레고 기대하게 된다. 첫인상 때 받는 느낌이 그날 만남의 50%를 좌우하기도 한다고 하니 우선 대화, 몸짓, 느낌 등을 통해 상대를 더 파악해 나간다. 이후 10분 정도 대화를 나누다 보면 어느 정도 느낌이 온다.

첫 번째, 이 사람은 아니구나. 그럴 경우, 최대한 매너를 갖추고 헤어진다. 주선자와 친한 사이라면 욕을 할 수도 있고, 별로 친하지 않은 경우라면 소개시켜 주셔서 정말 감사하지만 저랑은 안 맞는 것 같다며 형식적인 이야기를 전한다.

두 번째, 상대가 괜찮은 것 같기도 하고 아닌 것 같기도 하다. 그러면 몇 번은 더 만나보고 판단하기로 결정한다. 어쨌든 더 만나보기 위해서는 내 매력을 어필해야 한다. 상대방이 나를 싫어하면 애프터가 없기 때문에 또 만나서 확인할 기회를 놓칠 수도 있다. 그래서 최선을 다해본다.

세 번째, 상대방이 괜찮다. 완전 내 이상형이다. 사귀고 싶다. 하지만 그 자리에서 바로 좋다고 하면 쉬워 보이거나 지고 들어가는 것 같아 내키지 않는다. 포커페이스를 유지하면서도 최선을 다해서 내 매력을 발산해 본다. 사귀자고 말하고 싶다. 느낌이 오면 사귀자고 말할 거다. 지금 말하면 너무 성급할까? 딱 두 번만 더 만나보고 사귀자고 할까? 어쨌든 상대의 호감을 사기 위해 최선을 다해본다.

채용담당자나 헤드헌터로부터 현재 채용을 하고있는 직무와 회사로 면접을 진행해 보자고 연락을 받는다. 구직자는 직무와 회사정보를 꼼꼼히 확인하고, 지원해 볼 만한 포지션이라 판단을 하여 지원해 보겠다고 알린다. 인터뷰 전에 최선을 다해 준비를 한다.

그리고 당일이 되었다. 인터뷰 장소로 안내를 받으면서 근무할 회사와 집과의 거리를 확인해 본다.

면접관이 들어온다. 만약 입사를 하게 된다면 내가 보고해야 할 매니저라고 한다. 배려심이 있는 사람일까? 날카로운 사람일까? 꼰

대일까?

대화, 표정, 제스처, 느낌 등으로 파악하기 시작한다. 인터뷰가 진행될수록 업무량이 너무 많아 보이고, 매니저가 깐깐해 보이고, 나랑은 맞지 않을 것 같다는 판단이 들기 시작한다. 그래도 어떻게 될지 모르니 최선을 다한다. 하지만 나는 결정했다. 더 이상은 진행하기 싫다. 빨리 마무리하고 나가고 싶다.

반대 상황은 어떨까. 인터뷰가 진행될수록 정말 합격하고 싶다. 매니저가 되실 분도 친절하시고, 자상하시다. 회사가 생각보다 훌륭하고, 근무환경 및 복지도 너무 좋다. 집에서의 거리도 40분 정도로 충분히 다닐 수 있을 것 같아 최선을 다해본다. 어느 정도 면접관이 나에게 호감을 느끼는 것 같다. 벌써부터 2차 인터뷰가 언제 누구와 진행될 것이라는 이야기를 하고 있다. 조금씩 궁금했던 점들에 대해 공손하게 물어보면서 순간순간 조금 더 나에 대해 어필한다.

인터뷰가 끝나고, 건물을 빠져나올 때까지 CCTV를 통해 아직도 나를 지켜보고 있을지도 모른다는 생각을 하면서 발걸음을 옮긴다. 지나가면서 떨어져 있는 쓰레기도 주워 본다. 건물 밖으로 나온 뒤, 큰 한숨을 쉬며 긴장을 풀어본다.

이처럼 면접을 소개팅과 비유해 볼 수 있다. 준비를 제대로 하지 않으면 당연히 실패한다. 너무 매달리면 매력 없는 후보자가 된다. 너무 튕기면 인성과 예절이 부족한 후보자가 될 수도 있다. 면접의 궁극적인 목적은 면접관을 사로잡아 Offer Letter(근로 계약서)를 받아내는 것이다. Offer Letter를 받을 확률을 높이기 위해서는 회사의 면접을 전반적으로 이해해야 한다.

국내 회사의 면접은 인성면접, 역량면접, PT면접, 영어면접, 토론면접 등 다양한 형태의 인터뷰가 별도로 진행된다. 하지만 대부분의 Tech 회사나 외국계 회사들은 별도로 진행하기보다 혼합된 형태로 진행된다.

❶ 채용팀 인터뷰
❷ 실무 인터뷰
❸ 임원 인터뷰
❹ HR 인터뷰

이처럼 회사는 평균적으로 3~4단계로 진행되나 회사의 경우, 지원한 조직이 한국만이 아니라 Global에 속한 조직일 경우, 인터뷰가 1~2단계 더 늘어날 수 있다. 총 인터뷰 횟수를 4단계 이내로 진행하라는 권고 사항이 있는 회사도 있고, 횟수 상관없이 7단계가 넘게 인터뷰를 진행하는 회사들도 있다. 우선 가장 많이 진행되는 4단계로 인터뷰 유형을 살펴보자.

❶ 채용팀 인터뷰

규모가 어느 정도 있는 회사에서는 인사부 안에 채용팀이 따로 있어 모든 채용업무를 전담하고 있다. 채용팀을 Global에서는 TA(Talent Acquisition)팀이라 부른다. 채용팀 인터뷰는 현재 채용 포지션을 진행하고 있는 채용담당자가 인터뷰를 진행하며, 평균 약 20~30분 정도 소요된다. 주로 전화나 화상 인터뷰로 진행이 되기 때문에 F2F보다는 시간과 장소에 크게 구애 받지 않는다.

채용담당자는 채용 시작 전 Hiring Manager와의 미팅을 통해 어떠한 인재를 원하는지를 확인하고, 거기에 맞춰 인재를 추천하는데 중점을 둔다. 대게는 지원한 직무에 대한 이해와 지원한 직무 관련 후보자의 경쟁력을 파악하는 데 가장 큰 비중을 두며, 회사에 대한 관심도와 애사심을 파악한다. 또한 영어 인터뷰를 통해 영어회화 실력을 확인하기도 한다. 한마디로, 국문 이력서, 자기소개서, 영문 이력서, 커버레터 등의 내용을 종합적으로 질문하며 인성면접, 직무면접, 영어면접 등이 혼재된 형태라고 할 수 있다.

경력직일 경우에는 전 직장의 퇴사 사유, 이직 사유 및 현재연봉과 희망연봉을 확인하며, 희망연봉이 너무 높을 경우 Expectation을 조절하는 작업까지 한다.

채용담당자들은 제시할 수 있는 채용 Budget을 알고 있는 경우가 많으며, Budget보다 높게 연봉을 받고 있거나 희망연봉이 Budget을 초과할 경우 후보자와 간단히 협의를 해야 한다. 그렇지 않고 무리하게 진행을 하였다가는 마지막에 연봉협의가 되지 않아 다시 채용을 시작해야 하는 경우가 있기 때문이다.

신입의 경우는 대부분의 회사가 신입사원의 연봉이 정해져 있기 때문에 연봉 관련 언급을 거의 하지 않는다.

❷ 실무 인터뷰

채용팀 인터뷰에 합격이 되면 채용담당자는 부서의 Hiring Manager에게 이 후보자를 인터뷰해보라고 추천한다. 그러니 실무 인터뷰를 할 경우, 입사 후 나의 Manager가 될 사람과 인터뷰를 한다고 생각하면 된다.

Manager 입장에서는 본인과 같이 일할 사람을 뽑는 것이기 때문에 심혈을 기울여서 면접을 진행한다. 따라서 가장 중요한 단계의 인터뷰 전형이라 말할 수 있다. Hiring Manager가 채용하고 싶은 후보자를 본인의 매니저와 인사담당자에게 채용해달라고 승인 요청하기 때문이다.

Hiring Manager가 채용하기 싫은데 Hiring Manager의 매니저나 인사담당자가 억지로 뽑으라고 해서 채용하는 경우는 매우 드물다. 본인과 일할 사람을 뽑기 때문에 Hiring Manager 는 자신과 잘 맞고, 같이 일하고 싶은 사람을 뽑는다.

실무 인터뷰에서 면접관 교육을 잘 받는 실무자들은 인터뷰를 Professional하게 잘하겠지만, 간혹 면접관 교육을 받지 않은 실무자 중에서 해서는 안 될 질문이라든지 잘못된 언행을 하여 후보자들에게 비난을 받는 경우가 종종 있다. 이러한 점을 미연에 방지하기 위해서 채용팀이나 인사팀에서는 면접 가이드 배포 및 면접관 교육을 강화하고 있는 추세이다.

실무 인터뷰는 당연히 직무 중심으로 진행되며 면접관 교육을 받은 실무자일 경우 역량기반의 CBI 인터뷰 및 영어 인터뷰 등이 혼재된 인터뷰를 진행한다. 경우에 따라 실무 인터뷰는 Hiring Manager와 한

번으로 끝이 날 수 있고 가장 긴밀하게 일하는 다른 부서의 팀장급과의 인터뷰가 추가로, 혹은 같이 진행되기도 한다.

❸ 임원 인터뷰

대략 Hiring Manger의 Manger(예 Hiring Manger가 부장일 경우, Hiring Manger의 Manger는 이사 및 상무 등의 임원)와의 인터뷰라고 생각하면 된다.

신입의 경우 임원 인터뷰까지 진행되지 않는 경우도 있으며, Hiring Manager가 뽑고 싶은 인재를 뽑겠다고 보고하면 그대로 승인하여 인터뷰가 생략되는 경우도 많다.

외국계 회사의 경우 Hiring Manager의 Manager가 외국인인 경우가 많은 데, 이러한 경우 인터뷰는 당연히 영어로 진행된다. 만약 Hiring Manager의 Manager가 한국인일 경우 국내 회사의 임원면접과 비슷하다고 생각하면 된다. 임원과의 인터뷰는 실무적인 검증보다는 인성 및 우리 회사와 팀에 잘 맞는지, 즉 Culture Fit을 확인하는 경우가 많다. 실무적인 사항은 이미 Hiring Manager가 실무 인터뷰에서 검증했다고 판단하기 때문이다.

❹ HR 인터뷰

HR 인터뷰는 Hiring Manager와 Hiring Manager의 Manager가 인터뷰를 진행한 후 최종적으로 부서에서 채용을 원하는 후보자를 뽑아 달라고 채용 담당자나 그 부서 HR 담당자에게 요청할 경우, HR 담당자(HR Manager or HR Business Partner)가 진행한다. HR 인터뷰의 순서는 실무 인터뷰 때 Hiring Manager와 같이 진행할 수 있고, 임원 인터뷰 때 같이 진행할 수도 있다.

HR 담당자가 마지막에 인터뷰를 하는 이유는 HR 업무가 많기 때문에 모든 후보자를 다 인터뷰할 시간이 없어, 최종적으로 부서가 뽑고 싶어 하는 후보자에 한하여 진행하기 때문이다.

간혹 부서에서 2명의 후보자 중 우열을 가르기 어려워서 HR 인터뷰를 통해 최종 결정을 해달라고 요청하는 경우도 있다.

HR 인터뷰는 임원 인터뷰와 비슷하게 후보자의 인성과 우리 회사와 조직에 잘 맞는지 Culture Fit을 검증한다. 특히 조직에 적합한지를 검증하기 위해 회사의 인재상 중심으로 질문을 많이 한다.

큰 규모의 회사에는 인재상이나 핵심가치가 정립되어 있고, 각 항목마다 가장 효율적인 질문 List가 정해져 있다. 예를 들어 인재상이 4가지이면 각 항목별로 5~10개 정도의 질문 List가 있다. 또한 후보자가 각 질문에 대한 대답하였을 때 이에 대한 평가를 하는 항목들(Score Main Indicators)이 있어, 후보자가 질문에 대답을 하였을 때 그 답변이 긍정적(Positive Indicators)인지 혹은 부정적(NegativeIndicators)인지 면접관이 쉽게 확인할 수 있도록 제시된 가이드라인을 참고하면서 진행한다.

Tech 회사에서 개발자를 채용할 경우에는 실무자 인터뷰 전에 사전 코딩테스트를 먼저 진행하고, 실무면접 시 면접관과 같이 문제를 푸는 라이브 코딩테스트가 진행되는 편이다.

조금 더 자세히 프로세스를 간단히 소개하자면, 사전 코딩테스트는 지원자의 기본적인 코딩 실력과 알고리즘, 문제 해결 능력을 평가하기 위함이다. 온라인 플랫폼을 통해 진행되며, 약 30분 정도의 제한 시간 내에 여러 문제를 해결하는 방식이다. 주로 알고리즘, 자료구조, 수학적 문제, 논리적 사고 등을 테스트하는 문제들로 구성된다.

라이브 코딩테스트는 사전 온라인 코딩테스트에 합격한 후보자에 한하여 진행되며, 지원자의 실무능력, 문제해결과정, 코드 작성방식 및 실시간 소통능력을 더 심도 있게 평가하려고 한다. 주로 회사에 직접 방문하여 f2f로 진행되는 편이며, 실무와 관련된 프로젝트나 문제를 해결하는 과정을 실시간으로 시연하고 코드 품질, 문제 해결 접근법, 디버깅 능력 등을 중점적으로 평가받는다. 또한 라이브 코딩테스트는 지원자가 실제 업무 상황에서 어떻게 문제를 해결하는지, 팀과의 소통이 어떻게 이루어지는지도 중요한 평가 요소이다.

이러한 두 단계의 평가를 통해 기업은 지원자의 기술적 능력뿐만 아니라 실무 적응력과 커뮤니케이션 능력까지 종합적으로 판단하면서 개발자 채용을 진행하고 있다.

이번에는 Global뿐만 아니라 한국에서 유행하고 있는 CBI 역량기반 면접이 대체 어떤 면접인지 알아보자.

03-1
역량기반 면접(CBI)

최근 외국계 기업뿐만 아니라 국내 여러 기업에서도 역량기반 면접(CBI, Competency Based Interview)을 진행하는 비율이 크게 늘어나고 있다. 전통적인 면접방법보다 후보자를 검증하는 타당성이 높고, 잠재능력을 예측하기 쉬우며 채용 실패율도 현저하게 떨어져 채용 관련 비용이 절감된다는 이유에서이다.

기존의 전통적인 면접방법은 면접관들에 따른 후보자 판단기준의 불일치 현상과 첫인상으로 결정짓는 오류, 부정적인 정보에 과도한 민감성을 보이는 점과 편견 / 고정관념(학벌, 지역출신 등)이 발생할 가능성이 높고, 자신과 비슷한 지원자를 선호하는 성향 등이 반영되어 채용에 실패하는 확률이 높아지고 있다. 따라서 변수를 최대한 줄이면서도 일관적이고 체계적이며 구조적인 방법인 역량기반 면접이 크게 증가하고 있는 추세인 것이다.

역량기반 면접에 대해 이해하기 쉽게 설명해보자면, 과거에 후보자가 어떤 상황에서 어떻게 행동을 하였기 때문에 미래에 이 후보자가 입사를 하여 비슷한 상황이 발생하면 과거의 후보자와 비슷하게 행동할 것이라고 예측하는 방법이라 할 수 있다. 조금 더 구체적으로 설명하면 역량기반 면접은 과거의 행동을 기술, 지식 및 능력을 포함한 역량 행동에 초점을 두어 최대한 구체적인 상황에서 취한 조치 및 대응 방법에 대한 구조화된 질문을 통해 행동패턴을 파악하고 역량을 도출하는 것이다.

취준생들의 면접 후기를 살펴보면 '꼬리에 꼬리를 무는 질문을 받았고, 살짝 거짓말을 했는데 나중에 들통 나서 많이 당황했고 힘들었다.'라는 이야기를 볼 수 있는데, 이게 바로 역량기반 면접이라고 이해하면 된다. 그러면 역량은 구체적으로 어떤 의미일까?

역량이란 '성공적인 직무수행을 위해 요구되는 관찰 가능하고 개발 가능한 지식, 기술, 자질 및 행동양식의 조합'이라고 정의할 수 있다.

역량은 크게 4가지의 요소(지식 / 기술 / 자질 / 행동양식)로 구성된다.

지식(Knowledge)은 특정분야에 대한 정보로 교육을 통해 획득될 수 있고, 기술(Skill)은 특정 업무를 수행할 수 있는 능력으로 훈련을 통해 습득될 수 있다. 또한 자질(Traits)은 특정 양식의 행동을 유도하는 내재된 속성이며, 마지막으로 행동 양식(Attitude / Values)은 일을 하는 자세 / 태도 및 중점을 두는 가치이다.

역량을 개발하는 부분에서 기술은 쉽게 습득이 가능하지만, 나머지 자질과 행동양식은 쉽게 향상되기 어려운 특징이 있다.

그렇다면 역량기반 면접의 궁극적인 목표는 무엇일까? 크게 두 가지로 볼 수 있다

첫 번째는 우리 회사만의 인재상이나 핵심가치에 부합되는 인재인지를 판단하기 위함이고, 두 번째는 지원한 직무 관련 역량에 충분한지를 확인하는 것이다.

꼬리에 꼬리를 무는 역량기반의 질문과 단답형 중심의 인성면접을 비교해보면 쉽게 이해할 수 있다. 예를 들어 '우선순위' 관련 질문을 할 때, 인성면접의 질문은 "일의 우선순위를 어떻게 결정하나요?"라고 하나의 질문을 한 후 후보자가 답변을 하면 다음 질문으로 넘어가는 확률이 높은 반면, 역량면접의 질문은 "처리해야 할 업무가 많아서 우선순위를 정해야 했던 경험을 이야기해주세요."라고 시작되어 'S(Situation) - T(Task) - A(Action) - R(Result)' 중심으로 꼬리에 꼬리를 무는 질문이 계속된다.

역량기반 면접을 잘 진행하기 위해 면접관들을 교육하는 중점적인 틀은 다음과 같다.

- '인상'이 아니라 '행동사례'로 판단해라.
- 에피소드를 통해 행동을 확인해라.
- 5W1H 중심으로 STAR 기법의 틀로 질문해라.
- 선입견과 같은 주관을 최대한 배제해라.

궁극적인 역량확인 방법은 반드시 후보자의 과거 행동의 상기를 통해 질문에 답하게 하는 것이다. 따라서 후보자의 즉흥적 생각이나

의견을 듣는 것이 아니라, 과거 경험 사례 중에서 실제로 경험한 구체적인 행동, 의도, 결과 등을 떠올려 답할 수 있도록 질문하여 역량을 확인해야 한다. 그렇다면 어떻게 역량기반 면접에 대비할 수 있을까? 다음 4가지 방법을 중심으로 준비해 볼 수 있다.

❶ 역량기반 면접의 질문 메커니즘 이해하기
❷ 역량기반 면접에 자주 등장하는 질문들 중 지원한 직무 중심으로 예상 질문 List-Up해보기
❸ 과거 나만의 경험들을 나열해보고, 적용할 수 있는 경험들 선정하기
❹ 과거 경험 중심의 예상 답변을 작성하고, 모의 면접이나 거울을 보면서 연습해보기

역량기반 면접의 질문형태는 '도입(경험 / 사례 시작) → 초점(Situation / Task) → 심층탐색(Action / Result)'으로 진행된다. 후보자가 질문을 받다가 다음의 도입질문이 시작되면 역량기반 면접이 시작되었다고 판단하면 된다. 도입(Intro) 부분의 시작은 대부분 '…한 것을 발휘한 경험에 대해 이야기 해주십시오.' 혹은 '…했던 사례를 간단히 설명해주십시오.'이다.

- Situation[배경 및 상황 설명] : 당신이 처해 있던 상황에 대해서 말씀해 보십시오.
- Task[담당했던 과제 / 과업 및 문제에 대해 설명] : 당신이 수행한 과제 / 과업은 무엇이었습니까?
- Action[과제 / 과업 및 문제를 해결하기 위해 행동] : 어떻게 행동했습니까?
- Result[행동으로 인해 어떠한 결과가 나왔는지 설명] : 그 행동의 결과는 어땠습니까?

그런 다음 초점(Focusing) 부분으로 넘어가서 Situation과 Task 중심으로 질문을 한다. 질문의 시작은 다음과 같다.

'어떤 상황이었습니까?', '어떤 과제를 담당하였습니까?', '언제 / 어디서…?'

여기서부터 꼬리에 꼬리를 무는 질문이 시작된다.

'방금 답변하신 점에 대해 구체적으로 이야기해 보기로 합시다.'

마지막으로 심층탐색(In-depth Probing)의 질문으로 넘어가서 Action과 Result 중심으로 질문을 한다.

'구체적으로 어떻게 행동하셨습니까?', '처음 대응을 어떻게 하셨습니까?', '그 다음 어떻게 행동하셨습니까?', '그때 어떤 생각과 감정이 들었습니까?'

다음으로 위에서 제시한 역량기반 면접의 질문 메커니즘 중심으로 실제 면접이 어떻게 진행되는지 알아보자.

채용담당자(Recruiting Specialist) 직무의 신입을 뽑는 포지션으로 채용담당자의 직무역량 중 '성과중심(Performance oriented person)' 관련 역량을 확인할 목적이라 가정을 해보고, 구체적으로 어떠한 질문과 답변으로 진행되는지 살펴보자.

면접관 : 이력서에 채용 관련 실무경험이 있네요. 혹시 채용업무를 하면서 상사에게 칭찬을 받았던 경험이 있다면 간단히 말씀해주실래요?

후보자 : 4학년 1학기를 마치고 전문 채용담당자(Recruiter)가 되겠다는 직무목표를 정했고, 직접 실무경험을 하기 위해 ×× 써치펌(헤드헌팅 회사)에서 인턴 경험을 하였습니다. 그때 상사로부터 어려운 포지션인데도 불구하고 후보자를 잘 찾았다는 칭찬을 받았습니다.

면접관 : 그 당시 구체적으로 어떤 업무를 담당하셨는지 이야기해 주실 수 있으신가요?

후보자 : 제 업무는 Researcher로서 후보자를 찾는 역할이었습니다. 상사는 Consultant로 주로 고객사와 커뮤니케이션 및 신규고객 발굴 업무를 하였고, 저는 상사와 미팅을 통해 고객사는 어떤 회사이고 어떠한 포지션으로 어떠한 인재를 채용하기를 원하는지 설명을 듣습니다. 이후 제가 고객사가 원하는 인재를 찾기 위해 다양한 Job 사이트에 채용공고를 올리고, Job 사이트에 등록된 후보자들의 이력서를 검색하는 등의 업무를 통해 제가 생각하기에 적합하다고 생각되는 후보자들을 상사에게 보고하는 업무를 담당하였습니다.

면접관 : 칭찬을 받았던 채용 포지션은 구체적으로 어떤 인재를 뽑는 포지션이 었나요?

후보자 : 고객사는 제약회사였고, 법무를 총괄하는 변호사 임원을 채용하는 포지션이었습니다. 고객사에서 선호하는 후보자는 제약회사 출신으로 경력 12년 이상, 미국 변호사 자격증을 소지하고, 유명 외국계 회사에서 사내 미국 변호사로 근무한 경험이 있어야 했습니다.

면접관 : 그 당시 어떤 점이 힘들었나요?

후보자 : Job 사이트에 공고를 올렸지만, 적합한 인재가 지원을 하지 않았고, Job 사이트에 등록된 이력서를 정말 열심히 찾았지만, 적합한 인재를 찾기 어려웠습니다. 하루 종일 인재를 어떻게 찾을지 고민하였고, 다른 선배들에게 상담을 하고 조언을 구하였습니다. 그중 한 선배가 링크드인으로 검색보라는 조언을 해주었습니다.

면접관 : 조금 더 구체적으로 그 다음에 취한 행동을 말씀해보실래요?

후보자 : 그 당시 링크드인을 처음 들어보았고, 주변에 링크드인을 잘하는 분들도 많지 않아 그 날부터 바로 관련 책, 유튜브 강의, 링크드인 자체 교육 콘텐츠 등을 퇴근 이후 시간을 쪼개가며 배우고 공부하였습니다. 이후 미국 변호사 출신의 후보자들에게 링크드인 일촌 신청을 하루 사이에 100명 이상 신청하였고, 그중 1촌을 수락한 후보자들에게 바로 연락하여 지원을 유도하였습니다.

면접관 : 그 행동의 결과는 어땠나요?

후보자 : 그중 3명의 후보자가 지원을 하였습니다. 그리고 상사에게 이렇게 확보한 후보자 3명에 대해 보고하고, 후보자 3명 모두 인터뷰를 한 후 고객사에 추천하였으며, 그중 한 분이 채용이 되었습니다. 당시 인턴이 이렇게 큰 성과를 낸 적은 처음이라며 상사뿐만 아니라 사장님까지 큰 칭찬을 해주셨습니다.

면접관 : 이력서에 그 경험으로 어떤 점을 가장 많이 배웠다고 생각하나요?

후보자 : 처음에는 도저히 어떻게 해 나갈 방법이 없어 너무 막막했었는데, 한 가지의 방법을 정하고, 그 방법을 위해 뒤를 돌아보지 않고, 완전히 매달려 최대한 노력을 하면 어떤 일이든 잘할 수 있는 자신감을 얻을 수 있었습니다. 링크드인을 지금까지도 계속 공부하고 활용하면서 이제는 제 또래의 그 누구보다 링크드인 및 링크드인을 통한 인재 써치 방법에 자신감이 생겼습니다. 제가 만약 ×× Korea의 채용담당자로 입사를 하게 된다면, 어떠한 어려운 포지션이 주어지든 간에 어떻게 하면 인재를 찾을 수 있을지 완전히 몰입하여 방법을 찾고, 그 방법을 이루기 위해 악착같이 공부하여 AI도 찾지 못하는 인재를 최적의 시기에 발굴할 수 있도록 하겠습니다. 또한 지금까지도 링크드인을 많이 활용을 하고 있는데, 조금만 더 가르쳐 주신다면, 빨리 캐치업하여 ×× Korea 채용팀에서 링크드인 달인을 찾을 때 제 이름이 나올 수 있도록 최선을 다하겠습니다.

위에 제시된 틀과 유사하게 역량기반 면접이 진행되기 때문에 흐름과 느낌을 이해하고 준비하면 된다. 면접관은 후보자가 과거 특정 상황에서 구체적으로 어떻게 행동했는지를 파악하였고, 만약 후보자가 입사하여 비슷한 상황에서도 이렇게 행동할 것이라고 예측을 할 수 있을 것이다. 위와 같은 경우에서는 채용담당자의 직무역량 중 '성과중심'의 인재라는 사실을 충분히 확인할 수 있고, 추가적으로 링크드인 활용 스킬도 확인할 수 있다.

이렇게 역량기반 면접에 대해 답변을 하기 위해서는 다음의 사항을 중심으로 대답을 하도록 노력하고 준비하면 된다.

- Data, 숫자 등 구체적으로 언급하여 신뢰감을 높일 것
- 5W1H 육하원칙 중심으로 STAR 기법을 활용할 것

역량기반 면접의 질문 메커니즘을 이해하였으니, 이번에는 역량기반 면접에서 자주 등장하는 질문들 중 지원한 직무 중심으로 예상질문

을 뽑아 연습을 해보자.

우선 역량기반 면접에서 자주 등장하는 질문들을 모아놓은 사이트를 공유하고 싶다. Totaljobs에서 제공하고 있는 Charlotte Seager 컨설턴트가 작성한 글(https://www.totaljobs.com/insidejob/most-common-competency-based-interview-questions)이다.

여기뿐만 아니라 구글에서 'CBI interview questions' 또는 'CBI questions example' 등으로 검색하면 유용한 정보들을 확인할 수 있다. 여기에서 정리된 30가지의 항목들 중 지원한 직무와 연관된 항목들을 살펴보면 된다.

The 30 competencies most commonly questioned at interview

1. Managing a quality service
2. Communication skills
3. Delivering at pace
4. Making effective decisions
5. Collaborating and partnering
6. Leading and communicating
7. Building capability for all
8. Good customer service
9. Strategic thinking(seeing the bigger picture)
10. Teamwork
11. Changing and improving
12. Organisational skills
13. Working and improving
14. Attention to detail
15. Handling a difficult decision or situation
16. Adaptability
17. Adapting your style within a group to get the best outcome
18. Delivering value for money
19. Resilience
20. Integrity
21. Conflict between others
22. Motivation
23. Taking control of situation
24. Problem solving
25. Creativity
26. Sales
27. Team leader
28. Manager
29. Stakeholder management
30. Dealing with a difficult customer(customer service)

요즘 자주 선택되는 항목은 다음과 같지만 늘 지원한 회사와 지원한 직무를 중심으로 5개 정도 List-Up하여 나만의 과거경험 중심으로 미리 준비해보는 것을 추천한다.

#2 Communication Skill(커뮤니케이션 스킬), #4 Making effective decisions (효율적인 의사결정), #10 Teamwork(팀워크), #15 Handling a difficult decision or situation(어려운 결정이나 상황 처리하기), #21 Conflict between others(갈등 해결), #24 Problem solving(문제 해결)

만약 지원한 직무가 Sales Specialist(영업담당자)일 경우, 26번 Sales 항목으로 준비를 해 본다고 가정해보자.

"당신이 결과를 도출하기 위해서 능력 이상의 최대치를 발휘하면서 본인을 희생했던 경험에 대해 이야기해주십시오."

이렇게 예상 질문 List를 선정하여 작성해볼 수 있다. 그 다음은 과거 나만의 경험들을 나열해보고, 적용할 수 있는 경험들을 선정하는 작업이다. 앞서 「PART 2. 02 자기분석, 취업 준비의 서막」을 중심으로 경험들을 쭉 나열해보고, 예상 질문에 적용할 수 있는 경험들을 도출해 보면 된다.

구분	경험 나열	느낀 점 / 교훈	역량
최근 1년 이내			
대학교 고학년			
대학교 저학년			
고등학생			
중학생			
초등학생 및 유년기			

마지막으로 예상 답변을 작성하고, 모의 면접을 해보거나 거울을 보면서 연습을 해보면 된다. 여기서 가장 중요한 것은 예상 답변을 달 달 외우는 것이 아니다. 어느 정도 틀을 잡는다고 생각하면 된다. 꼬리에 꼬리를 무는 역량기반 면접에서 질문이 외운 대로 나올 확률은 거의 제로에 가깝다. 나만의 경험과 예상 질문의 틀 속에서 어떤 방식으로 대답을 할지 얼개를 설정하고, 틀의 흐름에 맞춰 자연스럽게 답변할 수 있도록 준비를 하면 된다.

가장 효과적인 방법은 면접 스터디를 통해 면접관 역할, 후보자 역할을 팀원들과 바꿔가면서 실전과 똑같이 진행해보는 방법이다. 면접관의 역할을 할 경우에는 후보자의 입장이 아닌 면접관의 입장에서 어떤 답변은 좋아 보이고, 어떤 답변은 잘못된 답변인지 대략적인 느낌을 확인하여 간접 체험을 할 수 있어 실전에서 면접에 들어갔을 때 큰 도움이 될 것이다.

면접 스터디가 어려울 경우, 실전처럼 거울을 보고 답변을 하면서 표정과 말투 등을 모니터링하여 실전과 똑같이 답변을 연습하는 것도 도움이 된다.

03-2
직무중심 면접

앞에서도 언급하였지만, 외국계 기업의 면접은 인성, PT, 영어, 역량기반 면접 등으로 분류되어 있지 않고, 혼재되어 있는 형태가 대부분이다. 계속해서 강조하고 있지만, 기업의 취업을 위한 핵심 키워드는 지원한 직무와 관련한 '나만의 경쟁력'이며, 그렇기 때문에 직무중심의 질문 비중이 매우 높아지는 추세이다.

다음의 질문 List는 지금까지 면접을 진행하면서, 또는 Hiring Manager와 면접을 같이 진행하면서 가장 많이 질문했던 List를 간추려 본 것이다. 외국계 기업에서 면접을 볼 때는 적어도 다음의 7가지 질문 중심으로 철저히 준비를 해보면 좋겠다. 철저하게 준비를 하지 않으면 제대로 답변할 수 있는 항목이 생각보다 많지 않을 것이다.

직무중심 면접질문 LIST

❶ 평상시 우리 회사에 대해 어떻게 생각하고 있는가?
❷ 지원한 직무는 어떤 업무라고 생각하는가?
❸ 지원한 직무로 입사하기 위해 그동안 어떻게 준비를 하였는가?
❹ 지원한 직무를 수행하는 데 따른 귀하의 장 / 단점은 무엇인가?
❺ 입사를 한다면 단기적 목표 및 장기적 목표는 어떻게 되는가?
❻ 지원한 직무 관련, Role Model은 누구인가?
❼ 지원한 직무 관련, 가장 감명 깊게 본 책은 무엇인가?

❶ 평상시 우리 회사에 대해 어떻게 생각하고 있는가?

　회사에 대한 애사심과 충성도를 확인하는 매우 중요한 질문이다. 생각보다 많은 후보자들이 이 질문을 쉽게 생각하고, 수박 겉핥기식으로 대답을 한다. 그러나 내가 생각하기에 이 질문을 준비하기 위해서는 적어도 사흘 정도의 기간이 필요할 것 같다.

1. 회사 홈페이지 및 SNS 확인
2. 최근 6개월간 기사 스크랩 및 Study
3. 회사의 Product 또는 서비스 분석
4. 고객 분석
5. 경쟁사 분석
6. 재무사항 및 향후 비전 등 전반적인 SWOT 분석

　지원한 회사에 대한 분석은 면접뿐만 아니라 자기소개서에서도 반드시 필요한 사항이기 때문에 앞서 언급했지만, 다시 한번 간단히 기

업 분석 방법에 대해 정리하고자 한다.

다음의 방법에 따라 분석한다면, 지원한 회사와 관련한 질문이 나오기를 오히려 손꼽아 기다릴지도 모른다.

첫 번째 방법은 가장 기초적인 것으로 회사 홈페이지와 회사 SNS 또는 블로그 등 다양한 채널을 통해 정보를 취합하는 방법이다. 이 채널들을 통해 회사에 대한 기본적인 정보들은 모두 확인할 수 있다.

두 번째 방법은 회사명과 주요 제품 또는 서비스 관련 기사를 검색하는 방법이다. 적어도 최근 6개월, 시간이 된다면 1년까지 검색을 하여 정보를 취합 하고 정리하면 된다.

세 번째 방법은 첫 번째와 두 번째 방법을 통해 확보한 정보들을 중심으로 주요 제품이나 서비스를 중점적으로 분석하는 방법이다. 제품명이나 서비스의 명칭을 국내뿐만 아니라 Global 홈페이지나 구글링을 통해 번역하여 적어도 주요 제품이나 서비스가 주로 어디에 쓰이는지, 어떠한 경쟁력이 있는지, 어떻게 Sales / Marketing / PR 등을 하고 있는지를 확인할 수 있다.

네 번째 방법은 고객 분석이다. 주요 제품이나 서비스의 메인 고객은 누구이며, 어떻게 Sales를 하고 있고, 고객 확보를 위해서 어떻게 활동을 하고 있는지 확인할 수 있다.

다섯 번째 방법은 주요 제품이나 서비스마다 경쟁사는 어디이며,

지원한 회사가 시장에서 어느 정도의 위치를 차지하고 있는지, 경쟁사 대비 장단점은 무엇인지를 조사하는 것이다.

마지막으로 여섯 번째 방법은 재무사항, 재무재표 등을 확인하는 것이다.

국내 회사의 경우 대한상공회의소 코참비즈, 금융감독원 전자공시시스템 DART, 전국경제인연합회, 각종 주식 어플 등으로 파악할 수 있고, 한국에 상장되어 있지 않는 외국계 기업일 경우, https://www.google.com/finance로 검색하여 관련 기사를 찾아보면 된다. 특히 Finance / 재무 관련 지원자는 반드시 재무 관련 사항을 철저하게 분석해서 면접을 준비해야 한다.

또한 지원한 회사의 향후 비전 및 앞으로의 전략 등을 확인한다면 입사포부 관련 질문 또는 자기소개서 항목에 적용하여 쉽게 대응할 수 있다.

이렇게 전반적으로 SWOT 분석을 통해 틀을 잡고 준비한다면 1번 문항에 대한 충분한 답변을 할 수 있다.

❷ 지원한 직무는 어떤 업무라고 생각하는가?

2번 문항 또한 너무나 중요한 질문이다. 나만의 직무 경쟁력을 어필하는 것이 취업의 핵심인데 직무를 제대로 이해하지 못한다면, 당연히 제대로 된, 그리고 가장 중요한 핵심을 답변하기 어렵다. 제대로 직무 파악조차 못한 포지션에 그냥 한번 지원해본다면 취업에 성공할 확률은 한없이 낮아진다.

이 책에서 계속 강조하듯 지원할 포지션을 미리 선정한 뒤 적어도 6개월 이상 나만의 직무 경쟁력을 갖추기 위해 뼈를 깎는 노력을 해가며 지원한 후보자들을 상대로, 아무런 직무 파악 없이 그냥 지원해서 합격을 기대하기는 정말 어렵다.

「PART 2. 04 직무 선정 Ⅱ - 현장에서 듣는 직무 이야기」를 참조하여 실무자를 만나보는 방법이 가장 빠르고 정확한 방법이지만, 시간적 여유가 없을 경우에는 직무와 관련된 정보를 최대한 많이 찾도록 노력해야 한다.

지원한 포지션의 채용정보를 여러 번 읽고, 하나라도 이해 못 하는 부분이 없도록 철저하게 해석하고 분석한다. 간혹 지원한 회사만이 쓰는 전문용어들을 이해하지 못할 수도 있지만, 그런 점들을 제외하고는 채용공고를 완벽하게 이해해야 한다.

지원한 채용공고의 Job Title(Position Title) 중심으로 인터넷을 활용해 직무 분석을 빠르게 끝맺고, 관련 도서뿐만 아니라 모든 방법을 동원하여 직무를 정확히 이해한다. 혹시라도 인터넷에 그 직무에서 일하고 있는 선배들의 인터뷰나 이 직무가 어떤 업무인지 설명하는 글들을 찾을 수 있다면, 훨씬 쉽게 직무를 이해하고 파악할 수 있다.

❸ 지원한 직무로 입사하기 위해 그동안 어떻게 준비를 하였는가?

내가 생각하는 가장 중요한 질문이다. 어쩌면 이 책은 취준생들이 이 질문에 대한 답변을 가장 잘할 수 있도록 하는 데 목적이 있다고 해도 과언이 아니다. 비슷한 질문인 '왜 우리 회사가 당신을 뽑아야 합니까?'에 대한 답변이 될 수도 있다.

좋은 답변이 되기 위한 핵심은 지원한 직무와 관련하여 '나만의 직무 경쟁력'을 어떻게 조리 있게 어필하느냐이다.

지금까지 이 책에서 제시한 프로세스로 준비를 한 후보자일 경우 크게 어렵지 않게 답변할 수 있다. 만약 나만의 직무 경쟁력에 대해 자신이 없다면 지원한 직무를 철저히 파악한 후, 내가 가지고 있는 경험과 지원한 직무의 역량을 잘 매칭하여 대답해야 한다.

쉽게 이야기해서 나보다 스펙 좋은 경쟁 상대와 같이 면접을 진행할 경우 나 스스로 납득할 수 있는 '나만의 직무 경쟁력'을 자신 있게 어필해야 한다는 것이다. 예를 들어 경쟁자가 최고의 학교인 하버드 대학교를 막 졸업한 스펙을 가지고 있고, 당연히 영어도 원어민 수준으로 잘한다고 하자. 비록 이런 경쟁자와 면접에서 만나더라도 나만의 직무 경쟁력을 자신 있게 어필하면서 회사에 대한 애사심과 충성도를 보여주면 그 면접은 성공할 수 있다는 것이다.

책의 첫 부분에서 언급한 것처럼 기업의 채용 분위기는 이제 스펙만 좋은 Best Person을 뽑는 대신 직무 중심의 Right Person을 뽑는 흐름으로 바뀌고 있다. 스펙만 좋은 후보자보다 지원한 직무를 위해 열심히 노력하여 지원한 후보자는 1년 안에 퇴사할 확률이 훨씬 적고, 적극적으로 업무에 적응하기 때문이다.

사실 이 질문에 대한 좋은 답변은 정형화될 수 없으며, 그 누구보다 본인이 가장 잘 답변할 수 있어야 한다. 가끔 자주 물어보는 질문에 모범답안이랍시고 정형화된 대답을 하는 후보자들이 있는데, 질문 대부분은 모범답안을 달달 외워서 답변할 경우 도리어 악영향이 발생할 수 있다. 그렇기에 이 책은 절대 모범답안을 제시하지 않고, 틀을 잡아 본인이 납득할 수 있는 답변을 만들 수 있도록 하는 데 그 목적이 있다고 볼 수 있다.

문구가 조금 틀리면 어떻겠는가? 앞뒤의 말이 조금 엉키면 어떻겠는가? 대세에는 지장이 없다. 내가 납득하고, 자신 있게 나만의 직무 경쟁력을 어필하면 그게 최고의 답변이 되는 것이다.

❹ 지원한 직무를 수행하는 데 따른 귀하의 장/ 단점은 무엇인가?

장점은 앞의 3번 문항을 통해 준비하면 되지만, 단점을 대답할 경우에는 주의해야 할 점이 있기 때문에 이 문항을 추가했다. 만약 면접을 면접관과 후보자 간의 전쟁이라 비유해본다면, 면접관은 후보자의 단점을 확인하기 위해 다양한 질문을 통해 공격하고, 후보자의 경우 본인의 단점을 최대한 밝히 지 않으면서 방어해야 한다.

면접관이 단점과 관련된 질문을 할 때 후보자는 지원한 직무를 수행함에 있어 직무 관련 핵심역량이나 자격요건과 크게 관련 없는 약점을 잘 돌려서 답변해야 한다. 예를 들어 HR 직무의 C&B(Compensation&Benefit), 혹은 Payroll(급여)을 담당하는 업무나 재무팀 직무에서 가장 중요한 자격요건이나 역량 중 하나는 꼼꼼함 (Detail Oriented Person)이다.

이 직무로 면접을 볼 때 본인의 단점이 '성격이 급하고 실수가 많다.'라는 식의 답변은 치명적일 수 있다. 또한 Sales나 Recruiter 직무로 지원을 하는데 '내향적이고 부끄럼이 많다.'라고 답변하는 것도 치명적일 수 있다. 상식적으로 지원한 직무에서 중요하고 필요한 역량이 어떤 것인지 먼저 생각을 해보고, 채용공고의 JD(Job Description)를 꼼꼼히 살펴보고 분석하여 지원직무의 핵심역량이나 자격요건에 크게 지장 없는 단점을 답변할 수 있도록 준비해야 한다.

어떤 후보자들은 '단점이 없다.'라며 대응하기도 하는데, 이 또한 좋은 답변이 될 수 없을 것 같다. 모든 사람에게는 반드시 장점과 단점이 있기 마련인데 본인의 단점을 모른다는 것은 그만큼 자신에 대한 분석이 부족한 것으로 보이기 때문이다.

본인의 단점을 이야기해야 한다면 Minor(사소한) 답변을 이야기하고, 반드시 그 단점을 극복하기 위해 어떻게 노력하고 개선하기 위해 노력하고 있다는 내용을 중심으로 답변해야 한다.

❺ 입사를 한다면 단기적 목표 및 장기적 목표는 어떻게 되는가?

이 질문은 지원한 직무를 제대로 파악하고 있는지, 또는 더 나아가 지원한 직무 관련 Career Path를 이해하고 있는지를 확인하기 위함이다. 채용담당자는 이에 대한 대답을 통해 그냥 지원한 후보자인지, 아니면 정말 절실히 이 직무를 위해 많은 노력을 한 후보자인지를 쉽게 파악할 수 있다.

이 질문에 가장 잘 준비할 수 있는 방법은 「PART 2. 04 직무 선정 Ⅱ - 현장에서 듣는 직무 이야기」에서 제시한 방법을 활용하는 것이다. 현직자와의 미팅 중 '이 직무의 Career Path는 어떻게 되나요?'와 같은 질문을 중심으로 정보를 습득하여 준비하면 훨씬 수월하고 탄탄하게 대비할 수 있으니 말이다. 조금 더 쉽게 설명을 하기 위해 예시를 들어보겠다.

만약 당신이 재무팀의 AP(Account Payable), 즉 기업의 비즈니스를 위해 지불해야 하는 업무를 담당하는 부서에 지원하였을 경우에는 다음과 같이 대답해 볼 수 있다.

"제 단기적은 목표는 처음 AP(Account Payable) 업무를 3개월 안에 혼자서도 수행할 수 있도록 하는 것입니다. 또한 1년이 지나면 AP 업무에서는 우리 회사에서 가장 유능한 실무자가 되어 믿고 맡길 수 있는 인재로 성장하고, 다른 협업부서에 이 업무에 대해서는 저에게 문의하면 쉽게 처리할 수 있다는 신뢰를 심어줄 수 있도록 최선을 다하겠습니다.

또한, 향후 5년 후의 장기적인 목표는 AP 업무뿐만 아니라 AR(Account Receivable), FP&A(Finance Planning & Analysis), Treasury / Banking 업무까지 범위를 넓혀 수행하고, 그 다음으로 Financial Controller 중간급 관리자가 되어 전반적인 Controller 업무를 수행하는 것입니다. 그리고 최종적으로 재무팀에 입사하면 누구나 목표를 삼는 CFO가 되어 우리 회사의 재무를 책임지는 재무임원이 되고 싶습니다. 이러한 목표를 이루기 위해 최선을 다하겠습니다."

이렇게 대답하는 후보자가 있다면 해당 질문에서 최고의 점수를 얻을 확률이 매우 높다. 이런 세세한 지원직무의 Career Path는 인터넷으로 쉽게 얻을 수 없는 정보이기 때문이다. 그러기에 현직 실무자를 만나는 것이 얼마나 큰 도움인지를 충분히 이해할 수 있다.

대부분의 후보자들은 이에 대한 답변으로 직무와 관련 없는 자기만의 내용만을 이야기한다. 하지만 채용담당자가 듣고 싶은 것은 자기만의 이야기가 아니라 직무와 관련된, 또는 자신의 회사와 관련된 내용이다. 이러한 가려운 부분들을 긁어줄 수 있어야 한다.

의외로 흔히 하는 최악의 답변은 '장기적인 목표로 향후 자기만의 사업을 하겠다.'고 말하는 것이다. 설마 이런 답변을 할까 생각되겠지만, 실제로 이렇게 대답하는 후보자들이 꽤 있다. 기업에서 인재를 뽑을 때 직무 연관성 다음으로 중요하게 생각하는 사항은 오랫동안 근무할 수 있는 후보자를 뽑는 것인데, 후보자가 자기 사업을 하고 싶다고 대답할 경우 여러분이 사장이나 Hiring Manager라면, 이 사람의 능력이 아무리 뛰어나다고 하더라도 채용하는 데 망설임이 생길 것이다. 여기서의 경험을 쪽 빼내어서 나중에 자기 사업을 위해 이용하려는 목적이 분명한 사람인데, 여러분은 이 후보자를 뽑겠는가?

❻ 지원한 직무 관련, Role Model은 누구인가?

이 질문 또한 지원한 직무에 관심이 많고, 면접을 잘 준비했는지를 검증하기 위한 질문이다. 후보자가 해당 직무에서 한국뿐만 아니라 Global에서 정말 잘하고 있는 Role Model을 생각하고 있다면, 직무를 위해 많은 관심과 준비를 하고 있다고 판단할 수 있다. 예를 들어 전문비서(Executive Assistant or Secretary)로 면접을 진행하고 있다고 가정했을 때, 현직 직무와 관련한 Role Model을 이야기하였을 경우 높은 점수를 얻을 수 있다.

"제 Role Model은 국내 ××기업, ××팀의 ○○○ 상무님입니다.

그분은 처음 고등학교를 졸업한 뒤 ◇◇ 업무로 입사를 하였지만, 평상시 성실하고 열심히 일을 하여 한 임원의 눈에 들었고 그 임원의 비서로 제안받아 비서 업무를 시작하셨습니다. 비서 업무를 하면서 야간 대학교 비서과를 졸업하고, 그 임원분이 회사의 대표가 되는 데 큰 기여를 하였던 분입니다. 지금도 비서실장으로 20년 넘게 근무하고 있는 ○○○ 상무님이 제 Role Model입니다."

이처럼 지원한 직무 중심으로 대답을 하면 좋은 답변이 될 수 있다. 아직 지원한 직무의 Role Model을 정하지 않았다면, 직무와 관련하여 성공한 분들의 자서전이나 기사를 통해 Role Model을 정해볼 수 있고, 아니면 링크드인을 활용하여 현재 그 업무의 Leader가 되어 있는 분의 프로파일 등 관련 기사를 확인하면서 Role Model을 정할 수도 있다.

❼ 지원한 직무 관련, 가장 감명 깊게 본 책은 무엇인가?

지원한 직무와 관련하여 자기개발을 꾸준히 하고 있는 후보자인지를 확인하는 질문이다. 생각보다 이 질문에 제대로 답변하는 후보자가 많지 않다. 지원한 직무와 관련하여 책 한 권 읽지 않았다면 어떻게 제대로 된 직무 경쟁력을 준비했다고 이야기할 수 있을까? 아직까지 업무와 관련하여 책 한 권 읽지 않았다면 지금이라도 시작하자.

최신 면접 트랜드는 단언코 CBI(역량기반 면접) 중심으로 진행되며, 기업과 직무에 관련 없는 질문을 웬만하면 하지 말라는 Global Guideline, 즉 권고사항이 내려오고 있고 거기에 따라 면접관들이 면접관 교육을 받고 있는 추세이다.

그렇기 때문에 국내 기업에서 흔히 접할 수 있는 가치관, 공격형 질문, 황당형 질문 등은 기업에서 점차 지양하는 분위기이며, 국내 회사들도 추후 선진 외국계 채용 프로세스를 벤치마킹하여 도입하고 있으며 직무나 회사에 관련 없는 질문들을 지양하게 될 확률이 높다. 그러므로 지원한 회사나 지원한 직무와 관련 없는 질문들을 List-Up하여 예상 답변을 달달 외우는 방식은 완전히 잘못된 방식이라고 단언할 수 있다. 항상 나만의 직무 경쟁력과 애사심 중심으로 예상 질문을 List-Up하고, 틀을 잡고 준비하는 방법으로 면접을 준비하도록 한다.

04
떨지 말자, 영어 인터뷰

예전 국내 회사들은 대부분 영어면접 전형이 따로 있는 경우가 많지만 요즘의 영어 인터뷰는 면접 중간중간에 영어로 질문을 하고, 대답하는 방식으로 진행되고 있다.

채용팀 인터뷰나 실무 부서 인터뷰에서 면접관이 한국인이라면 대부분의 한국어로 질문이 이루어지고, 중간이나 끝 무렵에 영어로 대화하는 방식이라고 이해하면 된다. 또한 실무 인터뷰를 통과하고 Hiring Manager의 Manager 인터뷰가 간혹 진행될 경우가 있는데 그 면접관이 외국인이면 자연스럽게 영어면접이 진행된다고 보면 된다.

영어 인터뷰에 필요한 영어 레벨은 '외국인과 영어 인터뷰를 할 때 질문을 알아듣고, 그 질문에 대해 천천히라도 본인이 하고 싶은 말을 표현할 수 있는 수준'이라고 하면 될 것 같다.

수많은 영어 인터뷰를 직접 진행하면서 영어를 잘하는 후보자도 만나고, 정말 못 하는 후보자도 만났는데, 합격한 후보자의 공통적인 특징은 영어에 대한 자신감을 가지고 있다는 점이었다. 영어에 익숙한 후보자들과 비교했을 때, 최선을 다해 영어로 답변해보겠다는 의지로 문법이 다소 틀리고 단순한 표현을 반복하지만 자신감 있게 천천히 답변하는 후보자들이 생각보다 높은 점수를 받았다. 그렇다면 성공적인 영어 인터뷰를 위해 어떤 준비를 해야 할까?

　　취업 준비를 할 때 가장 오래 걸리는 부분이 영어회화 실력을 향상하는 것이다. 그렇기 때문에 꾸준히 공인 회화시험인 토익스피킹 혹은 OPIC 중 하나를 선택하여, 영어 인터뷰와 회화 실력을 동시에 향상시키는 것이 가장 효율적이다.

　　토익스피킹은 적어도 Level 6(130~150점) 이상, OPIC은 IH(Intermediate High) 이상이면 충분히 국내뿐만 아니라 외국계 회사에도 지원할 수 있다.

　　Minimum 자격요건을 이 점수로 잡되, 목표를 높게 잡는다면 토익스피킹 Level 7(160~180점), OPIC을 AL(Advanced Low)로 설정하고 최선을 다해 준비해야 한다.

　　필자는 취업 준비를 하는 취준생들에게 항상 영어회화의 중요성을 강조하고 있고, 70% 이상은 영어회화 향상을 위해 자기개발을 하라고 조언하고 있다. 예를 들어 하루 10시간이 취업 준비에 쓸 수 있는 시간이라고 가정한다면 그중 7시간 이상은 영어회화 공부를 통해 자기개발을 하는 것이 가장 효율적이라고 말한다.

많은 취준생들이 채용공고를 검색하고 지원하는 데에만 시간을 소비하고 있다. 그러면서 정작 자기개발에 대한 시간은 소홀히 한다. 영어회화에 올인하여 자기개발 시간에 집중하면서 쉬는 시간이나 하루에 딱 1시간만을 정해 취업공고를 보고 지원하는 후보자와, 자기개발은 하지 않고 종일 앉아서 채용공고를 찾고 지원하는 후보자를 3개월이 지난 시점에서 비교한다면, 누가 더 경쟁력 있는 후보자가 될까?

취준생들은 취업을 준비하는 시기가 자기개발을 할 수 있는 최적의 시기임을 명심해야 한다. 회사에 입사를 하게 되면, 자기개발을 할 시간을 내기가 지금보다 어려워진다.

처음에는 업무를 배우고 적응하느라 바쁘고, 퇴근하면 너무나 피곤하기 때문에 영어공부를 하기가 쉽지 않다. 이때의 시기를 놓치고 취업을 하게 된다면, 영어회화 실력 향상이 생각보다 오래 걸릴 수도, 혹은 영원히 늘지 않을 수도 있다.

만약 발등에 불이 떨어져서 다음 주에 영어 인터뷰가 잡혔다면, 어떻게 해야 할까?

- 예상 질문 10개 정도 List-Up하기
- 10개에 대한 본인만의 답변을 한글로 정리하기
- 잘 정리된 한글 답변을 영어로 번역하기
- 최대한 쉽고 간단히 작성하여 틀 외우기

당연히 달달 외운 답변은 금방 티가 난다. A라는 질문을 했는데 동문서답으로 대답을 하거나 질문과 관련 없이 외운 답변만을 답하는 후보자가 생각보다 많다. 면접관들은 그런 점을 금방 눈치채고, 회화실력을 더 확인하기 위해 다양한 질문을 할 수 있다. 그렇기에 모범답안을 달달 외우겠다는 생각은 하지 말고, 크게 틀을 잡고 그 틀 안에서 나만의 방식으로 답변을 할 수 있도록 준비해야 한다.

크게 틀을 잡는다는 의미는 예상 질문을 10개 정도 선정하여 한글로 우선 정리한 후 최대한 쉽고 본인이 이해하기 쉬운 방식의 영어로 번역하여 좋은 표현과 단어, 문장들을 우선 암기해보는 것을 뜻한다.

이후 암기된 사항들을 틀로 잡고, 질문에 따라 그 틀을 중심으로 대답하면 큰 도움이 된다. 취업 스터디에서 실전처럼 연습을 해볼 수 있고, 거울을 보면서 꾸준히 연습을 하면 관련 질문이 나와도 당황하지 않고, 비록 조금은 서툴더라도 본인의 생각을 표현할 수 있도록 하면 된다. 예상 질문은 당연히 준비하겠지만, 지원한 직무 관련 및 지원한 회사 중심으로도 준비해야 한다.

다음 10개는 좋은 질문이라 생각하여 자주 묻는 질문들을 List-Up한 것으로 참고하면 좋을 것 같다.

❶ Tell me about yourself?

❷ What do you think about our company?

❸ What interests you about this role and our company?

❹ What do you think about key 3 core competencies for this role?

❺ What are your strength and weakness for this role?

❻ How do you see yourself in 3 years and in 10 years?

❼ What is your greatest professional achievement for this role?

❽ Tell me about a challenge or conflict you've faced, and how you deal with it?

입사할 수 있는 최소한의 영어 실력을 갖추기 위해 최선을 다해보자. 더도 말고 딱 6개월만 정말 고생해보자. 6개월 정도 꾸준히 최선을 다해 노력만 한다면 외국계 회사에도 충분히 지원할 수 있고, 즐기면서 인터뷰할 수도 있다. 나아가 해외에서 근무할 수 있는 곳에 지원하여 합격한다면, 해외에서 근무를 할 수도 있다.

만약 누구나 알만한 유명한 외국계 회사의 해외 본사에서 여러분의 링크드인 프로파일을 확인하여 면접을 제안했다고 가정해보자. 이런 훌륭한 기회가 왔는데 정작 영어에 대한 자신이 없어서 그 소중한 기회를 날려버리면 얼마나 안타깝겠는가. 이런 기회는 나에게 올 수도 있다.

미국 본토 실리콘밸리의 한 유명회사에 취업하여, 커피를 들고 출근하는 내 모습을 상상해보자. 그 누구도 아닌 나 스스로가 원한 영어를 해야지만 이렇게 훨씬 더 많은 기회가 생길 수 있다는 생각으로, 업무상 외국인과 대화를 하였을 때 내 의견을 표현할 수 있는 수준만이라도 넘길 수 있도록 최선을 다해보자. 이 한 곳만 넘기면 해외에서 근무하면서 대한민국의 자긍심까지 키울 수 있는 훌륭한 인재로 성장할수도 있다. 목표를 최대한 높게 잡고, 지금부터라도 최선을 다해보자. 여러분은 할 수 있다.

05
1분 동안 면접관을 사로잡는 자기소개

요즘 면접 후기들을 보면 첫 질문으로 '1분 동안 자기소개를 해주십시오.'라는 질문을 받았다는 사람들이 많다. 그러면 면접관들은 왜 후보자에게 1분 자기소개를 시키는 것일까?

면접 전에 후보자의 이력서와 자기소개서를 꼼꼼히 읽는 면접관들도 있지만, 현업이 바빠 미팅이 끝난 다음 부랴부랴 겨우 시간에 맞춰서 면접에 참석하는 면접관들도 생각보다 많다. 그렇기 때문에 후보자가 1분 자기소개를 할 때, 이력서와 자기소개를 한 번 더 읽기 위해 시간을 벌려고 하는 목적도 있다.

나도 수많은 면접을 진행하면서 1분 자기소개를 시켜볼 때가 있고, 시키지 않고 진행을 할 때도 있었는데, 지금은 웬만하면 1분 자기소개를 시키는 편이다. 이를 통해 후보자 본인 스스로를 요약 및 강조해주기 때문이다.

예를 들어 미팅에 들어가기 전에 미팅 관련 자료들이 너무 많은 경우 간략 요약본이 정리되어 있다면, 훨씬 더 쉽고 빠르게 자료들을 확인할 수 있어서 미팅을 준비하는 시간이 크게 단축될 것이다. 그런 면에서 1분 자기소개는 요약본의 역할을 하는 효율적이고 훌륭한 질문이다. 그렇다면 어떻게 1분 자기소개를 준비할까?

성장배경, 성격, 동아리 활동 등을 1분 동안 잘 배분해서 쓰고, 문구 하나하나 고쳐서 완벽하게 써야 한다는 동영상 강의나 취업 서적들을 본 적이 있을지 모르겠다.

과연 기업에서는 후보자의 출생지역, 성장배경, 어학연수, 동아리 활동 등에 관심이 있을까? 이러한 후보자의 개인적인 이야기가 1분 자기소개와 자기소개서에 나열되어 있다면, 채용담당자나 면접관은 듣기 싫을 것이다.

1분이라는 너무나 소중한 시간과 자기소개서에 전혀 도움이 되지 않는 자기만의 내용을 쓰는 후보자들이 왜 이렇게 많은 것일까? 자기소개서를 보면 절반 이상은 본인은 어디서 태어났고, 가정환경은 어땠으며, 어떤 동아리에 들어서 회장이 되어서 리더십을 발휘했다는 내용으로 점철되어 있다.

나만의 이야기를 하는 것이 아니라 면접관들이 듣고 싶은 이야기를 하는 것이 자기소개의 핵심이다. 면접관이 듣고 싶은 것은 후보자가 지원한 직무에 대한 후보자만의 직무 경쟁력과 진심으로 회사에 입사하고 싶어하는 후보자의 의지이다. 제발 앞의 두 가지 사항과 관련 없는 나만의 이야기를 하지 말자.

1분 자기소개의 핵심을 파악했다면, 이제는 다음의 4가지 흐름을 통해서 1분 자기소개를 준비해보자.

❶ 인사말
❷ 서론(지원한 직무에서 필요로 하는 핵심역량과 나만의 직무 경쟁력 2~3개 강조)
❸ 본론(구체적인 나만의 직무 경쟁력 2~3개 어필)
❹ 결론(입사포부)

❶ 인사말

인사말은 대부분 '안녕하세요. ×× 직무에 지원한 홍길동이라고 합니다. 이렇게 인터뷰 기회를 주셔서 정말 감사드립니다.'라는 식으로 시작하기 때문에 특별한 멘트를 준비할 필요는 없다. 하지만 동시에 후보자의 첫인상에 영향을 주는 매우 중요한 시작이기 때문에 자신감 있게, 아이콘택트를 하면서 시작해야 한다. 긴장을 하면 나만 손해다.

❷ 서론(지원한 직무에서 필요로 하는 핵심역량과 나만의 직무 경쟁력 2~3개 강조)

서론에서 가장 중요한 점은 지원한 직무만의 핵심역량이나 핵심자격 요건 을 파악하고, 거기에 맞는 나만의 직무 경쟁력 2~3가지를 간단히 이야기하는 것이다. 대부분의 후보자들은 지원한 직무에 대한 고민과 분석 없이 직무와 크게 관련 없는 나만의 장점으로 이야기를 시작한다. 지원한 직무의 핵심역량의 답이 채용공고에 나와 있는데도 전혀 확인을 하지 않는 것이다. 채용공고에서 어떤 업무를 하는 직무이고, 자격요건은 어떤 것들이 있다는 것이 다 나와 있으니 꼭 확인하고 대답하자. 당연히 출제자의 의도를 파악하고, 예상 문제를 풀어본 학생들의 성적이 훨씬 더 좋다.

면접에서 많이들 놓치는 부분이기도 한데, 항상 지원한 회사와 지원한 직무 중심으로 지원할 때마다 1분 자기소개와 자기소개서를 수정하면서 진행을 해야 한다는 점을 명심해야 한다.

[담당업무]
FP&A, 재무계획, 분석, 마감 등 리포팅 Cash, 현금 Cycle 관련 오퍼레이션 업무 Treasury, 뱅킹 관련 업무

[자격요건]
재무팀 인턴이나 계약직 경험 선호 Finance 관련 자격증 소지자 선호 Good Excel Skill
Reasonable level of English(Global Communication이 많이 발생)

앞에 제시된 채용공고를 보고, 핵심역량 3개를 정해보는 연습을 해보자. 업무 내용은 전반적인 재무 관련이고, 자격요건을 보면 관련 직무경력, 관련 자격증, 엑셀 및 영어회화가 가능한 후보자로 채용하길 원하는 것을 확인할 수 있다.

만약 앞의 4개 중 본인의 직무 경쟁력을 어필할 수 있는 사항을 고민해보고 정해보자. 비록 관련 자격증은 없지만, 직무 관련 인턴십 경험과 엑셀에 자신이 있다고 가정해보면, 본인만의 핵심역량을 관련 경험과 엑셀 스킬에서 강조할 수 있다. 이렇게 채용공고를 매번 확인하면서 이 직무에서 가장 중요하게 생각되는 핵심역량 중 자신이 어필할 수 있는 사항을 제시하면 된다.

❸ 본론(구체적인 나만의 직무 경쟁력 2~3개 어필)

앞에서 선택한 핵심역량 2~3개를 조금 더 구체적으로 어필하면 된다. 공통적이고 누구나 어필할 수 있는 내용이 아닌, 나만의 핵심역량을 숫자나 구체적 사례를 통해 언급하면 다른 후보자들과 비교했을 때 신뢰감을 얻을 수 있다. 단, 1분이라는 시간이 한정되어 있기 때문에 너무 장황해서는 안 되며, 핵심적인 사항 중심으로 잘 요약해야 한다.

❹ 결론(입사포부)

앞에서 어필했던 나만의 직무 경쟁력을 통해 이 회사에 입사하면 남들보다 빨리 배워서 업무에 기여하겠다는 사항 중심으로 적극성, 열정 등을 표현하면 된다. 그리고 마지막으로 회사에 대한 충성도와 애사심 및 정말 절실히 입사를 하고 싶은 점을 표현하면 훨씬 더 효과가 있다.

다시 한번 강조하지만, 지원한 직무와 관련 없는 나만의 과거사를 읊지 말고, 항상 지원한 직무의 채용공고를 확인하여 2~3개의 핵심역량을 정한 후 거기에 맞춰서 나만의 직무 경쟁력을 어필하되, 마지막으로 입사포부 및 '이 회사에 입사하고 싶다.'는 마음을 중심 틀로 잡고 준비하면 된다. 1분이라는 시간에 적당한 답변인지 타이머로 체크를 하면서, 거울 앞에서 실전처럼 연습하면 큰 도움이 될 것이다.

66

대학원 진학의 목적이 뚜렷하고, 장학금까지 받는다면

석사 학위를 따기 위한 시간과 돈을 투자하는 것은 분명 가치가 있다.

하지만 별 고민 없이 대학원 진학이나

자격증 취득을 위해 천만 원 이상의 돈과 2년 이상의 시간을 보냈는데,

그 시간과 돈이 전혀 취업에 도움이 안 된다면 정말 심각한 문제이다.

99

PART 3

갈팡질팡 취준생!
자주 물어보는 Q & A

서류전형에 탈락한 이유?

요즘은 대부분 수시채용으로 진행되며, 채용이 시작되자마자 바로 마감되는 경우가 흔하다.

채용담당자나 기업에서 서류전형을 하는 가장 중요한 기준은 Hiring Manager(부서에서 채용을 원하는 매니저, 마케팅팀에서 사원을 뽑는다면 마케팅 팀의 팀장이 Hiring manager)가 어떠한 인재를 채용하기를 원하는지를 정확히 파악하고, Hiring Manager의 Needs에 부합하는 인재를 추천하기 위함이다.

항상 채용담당자는 채용공고를 올리기 전에, Hiring Manager와 채용전략 Kick Off 미팅을 통해서 어떠한 인재를 채용하기를 원하는지를 파악하고, Job Description을 수정하고, 특히 Job Qualification을 명확하게 정리하여 채용공고를 올려야 한다.

후보자가 서류전형에 탈락하는 이유는 크게 2가지로 나눌 수 있다.

> ❶ Job Qualification에 적어도 70% 이상 부합되지 못하였을 경우
> ❷ 늦게 지원한 경우

❶ Job Qualification에 적어도 70% 이상 부합되지 못하였을 경우

채용담당자는 Job Description 중에서도 Qualification(자격요건)을 가장 중요하게 생각을 하고, 고민해서 Job Description을 수정하고 작성한다.

자격요건이 모호할 경우, 너무 많은 후보자들이 지원을 해서 서로 기분이 나쁠 수 있다. 기업 입장에서는 Reject 통보를 하는 것도 미안하고, 후보자 입장에서는 괜히 이력서를 제출하여, 내 개인정보를 노출하는 것과 탈락 통보를 받는 경우는 기분이 좋지 않다.

그렇기 때문에 채용담당자는 자격요건을 제대로 명확히 작성한 후 적어도 자격요건에 70% 이상 부합되는 후보자를 선별하려고, 서류전형을 하고 있다.

만약 Marketing/HR/Sales/Logistics/RA 등 너무나 인기 있는 직종으로 포지션이 오픈되었을 경우, 지원자들이 너무나 많을 수 있고, 그럴 경우는 자격요건의 눈높이가 70%에서 90% 이상으로 올라갈 수도 있다.

후보자 입장에서는 자격요건을 확인하고 스스로 판단을 하였을 때 70% 이상은 자신이 이 채용공고에 자격을 갖추었다고 스스로 납득할 수 있을 때에 지원을 하면 좋다.

생각보다 많은 후보자들이 그냥 한번 지원을 해보는 경우가 생각

보다 많은 것 같다. 별 고민 없이 지원하면서 이력서를 뿌린다면, 내 소중한 개인정보가 그만큼 노출될 확률이 높다.

신입일 경우, 관심 있는 직무의 자격요건에 제대로 된 나만의 직무 경쟁력이 나 스스로 납득되지 않는다면, 바로 큰 회사의 정규직으로 지원하는 것보다는 관심 있는 직무로 실무경험(계약직/인턴/파견직)을 쌓고, 외국계 기업일 경우는 영어회화 점수까지 확보하여, 향후 6개월이나 1년 후에 다시 비슷한 직무로 지원할 수 있도록 차근차근 준비하면서 훗날을 도모하는 것이 훨씬 효율적인 방법이다.

❷ 늦게 지원한 경우

진행하고 있는 채용공고가 닫히는 경우는(더 이상 Job Site에 노출이 안 되는 경우) 채용하고자 하는 후보자가 Offer Letter에 사인을 하는 순간이다. 즉 연봉협상 중이거나 후보자에게 Offer Letter를 보내고, 최종 결정을 기다리는 순간에도 아직 채용 공고가 Open되어 있다. 이런 시기에 후보자가 이 채용공고를 보고, 이제야 지원을 하였다고 한다면, 제대로 된 서류전형을 하지 못하고, Reject 통보를 받을 수 있다.

채용시스템에서 채용을 완료하기 위해서는 반드시 외부에 노출되어 있는 Job Posting을 닫아야 하고, 나머지 모든 후보자의 Status를 Reject로 변경해야지만 채용을 완료할 수 있다.

많은 후보자들이 이런 타이밍에 지원을 하였을 경우, 제대로 된 서류전형을 받지 못한 채 Reject 통보를 받는 경우가 생각보다 많이 발생하고 있다.

조금 더 자세히 이야기를 하면, 최종 후보자에게 회사 직인이 찍힌 오퍼 레터를 발송을 하였다. 그러다가 문득 최근에 지원한 다른 후보자를 클릭하여 이력서를 검토하는데, 서류상만 보면 최종 후보자보다 더 뛰어난 자격요건을 가지고 있다. 하지만 채용담당자는 최종 후보자가 오퍼 레터에 사인을 하면, 채용을 완료하기 위해 그 후보자에게 채용시스템을 통해 Reject 통보를 한다.

이상적으로는 그런 후보자들에게 연락을 하여 상황을 설명하고, 기존 지원한 후보자로 진행되어 서류전형을 하지 못했고, 향후 관련 포지션이 오픈되면 먼저 연락드리겠다고 개별 연락을 하고 싶지만, 채용업무가 생각보다 바쁘기 때문에 그럴 여유나 여력이 쉽지 않다.

정리를 한다면, 내가 반드시 이 회사와 이 포지션에 부족하거나 딸려서라기보다는 지원 타이밍이 안 맞아서 떨어졌을 수 있다고 생각해도 된다. 한 번 떨어진 회사를 무작정 싫어하거나 다시는 지원하지 않겠고 생각하지 않았으면 좋겠다. 그냥 운이 없고, 타이밍이 안 맞았을 수도 있다.

추후 비슷한 포지션이 열린다면, 최대한 빨리 다시 지원을 해보는 것도 나쁘지 않다.

취업이 잘 안 되는데 대학원에 가거나 자격증을 따야 할까요

취업 안 된다고 함부로 대학원을 가거나 자격증 따지 마라

채용설명회나 취업 멘토링 때 간혹 대학원생들과 만나는 경우가 있고, 다양한 고민을 털어놓으면서 도움을 구하는 경우가 있다.

결론은 대학원에 진학한 이유가 뚜렷한 목적이 없고, 취업도 잘 안 되고, 대학원을 가면 취업에 훨씬 유리하다고 판단을 해서 진학을 했다고 한다.

대학원 진학의 목적이 뚜렷하고, 장학금까지 받는다면 석사 학위를 따기 위한 시간과 돈을 투자하는 것은 분명 가치가 있다. 하지만 별 고민 없이 대학원 진학이나 자격증 취득을 위해 천만 원 이상의 돈과 2년 이상의 시간을 보냈는데, 그 시간과 돈이 전혀 취업에 도움이 안 된다면 정말 심각한 문제이다. 그 아까운 시간과 돈을 누가 보상해줄

것인가?

　회사에서 뽑고 싶은 인재는 각 직무마다 석/박사 학위를 선호할 수도 있고, 직무 관련 자격증을 선호할 수 있지만, 전반적으로는 지원한 직무 관련 실무경험과 업무상 문제없는 영어회화 실력을 갖춘 인재를 훨씬 더 선호하고 있다.

　예를 들어 본인이 만약 인사직무로 외국계 기업에 취업을 하고 싶다고 가정을 해보자.

　그러면 우선 취업에 유리하기 위해 자격증을 따야 하나 라고 혼자 고민을 하게 된다. 그러면서 자격증을 알아보기 시작한다.

　경영지도사 안전자원관리 분야, 공인노무사, HRM 전문가, 사회보험전문가, 인적자원개발 관리사, 인적자원개발사, ERP 정보관리사, SHRM 등 다양한 자격증이 있다. 또한 인사 관련 대학원을 가야 하나 하고 대학원의 인사 관련 전공을 알아본다.

　분명 HR 관련 자격증이나 HR 관련 석/박사 학위가 있으면 나쁘지는 않다. 하지만 대학원 진학이나 관련 자격증을 따기 위해서는 너무나 많은 시간과 돈이 필요하며, 이게 정말 취업에 있어서 효과가 있는지를 반드시 확인해야 한다.

　대학원 진학이나 자격증을 따기 전에 반드시 선행되어야 할 사항은, 내 성향에 맞는 직무를 선정하고 정립해야 하는 점이다.

　또한 내가 관심 있어 하는 직무로 현재 근무하고 있는 선배나 지인을 직접 만나는 조언을 구하는 방법이 가장 효과적인 방법이다.

　마지막으로 내가 관심 있어 하는 직무의 채용공고의 자격요건에 석/박사 학위를 선호하는지 특정 자격증을 선호하는지를 철저하게 확인을 하는 방법이다.

직무 선정을 인사, 재무, 영업, 마케팅 등 이렇게 큰 분야로 선정해서는 안 되며, 현재 Job Site에서 어떠한 Job Title로 인재를 채용하고 있는지를 확인하고, Job Title 중심으로 직무를 선정해야 한다.

그렇게 Job Title 중심으로 희망하는 직무를 2~3개 내로 선정을 하였다면, 이제는 Job Qualification (자격요건) 중심으로 어떻게 취업을 준비해야 하는지 틀을 잡아야 한다.

다시 인사 직무 중에 Recruiting Specialist, 채용담당자라는 직무를 선택하였다면, 자격요건들을 살펴보고 다음과 같이 정리했다고 가정해보자.

소프트웨어 스킬

Sales oriented person(세일즈 성향)
Great communicator(커뮤니케이션 능숙자)
Multiplayer(멀티플레이어)
Detail oriented person(꼼꼼한 성향)
Managing stress(스트레스를 잘 관리할 수 있는 자)
Very positive person(매우 긍정적인 성향)

하드웨어 스킬

채용 관련 실무경험 매우 선호
업무상 부담 없는 영어회화 실력
MS Office 능숙자

아무리 찾아봐도 HR 관련 자격증이나 석/박사 학위 소지자를 선호하는 문구는 찾아보기 어렵다. 그렇다면 채용담당자를 지원하기 위해서 HR 관련 자격증을 따거나 대학원에 진학하지 말고, 앞의 자격요건에 만족하기 위한 다른 노력을 해야 한다.

예를 들어 영어회화 시험 중 오픽 점수를 AL 받고, 헤드헌팅 회사에서 헤드헌터로 3개월 인턴을 한다면, 훨씬 더 채용담당자 직무로 지원할 때 매력적인 후보자가 될 수 있다.

결론은 내가 평생 먹고살 수 있는 직무를 선정한 후 직무 관련 채용사이트에서 어떠한 자격요건으로 인재를 뽑고 있는지 확인을 하고, 그 자격요건에 부합하기 위해서는 대학원 진학이 좋은지 자격증을 따면 좋은지를 먼저 반드시 확인해야 한다.

이게 중심이고 핵심이다. 그냥 무작정 대학원 가볼까? 이 자격증 따볼까? 하고 고민 없이 생각해서 실행하면 너무나 많은 돈 낭비와 시간 낭비를 하는 것이다.

다시 한번 강조하지만 직무선정 후 이 직무의 자격요건에 석/박사 선호나 무슨무슨 자격증 선호의 항목을 반드시 확인하고 결정해야 한다.

제발 남들 대학원 가니까, 남들이 이러이러한 자격증을 따니까 남들이 어학연수 가니까 나도 해야겠다고 절대 판단하면 안 된다.

직무마다 자격요건이 천차만별이고 취업 준비하는 방법이 다 다르다. 항상 지원하고자 하는 자격요건에 부합하기 위해 취업 준비를 해야 한다.

취업 준비생의 입장에서 기업의 채용 프로세스(과정)와 채용담당자가 각 단계에서 어떠한 업무를 하는지 알고 있다면, 조금 더 체계적이고 현실적으로 취업을 준비할 수 있다. 또한 향후 전문 Recruiter(채용담당자)를 꿈 꾸는 분들이라면 채용담당자가 어떤 업무를 하는지 이해하고 준비하는 데 도움이 될 것이다.

　　경제전문지인 포춘(Fortune)이 발표하는 500위 안의 기업들이나 포브스(Forbes)가 발표한 100대 기업의 기업들 중 대부분은 다음과 같은 프로세스를 중심으로 채용을 진행하고 있으며, 최근 국내 대기업들 중에서도 이를 벤치마킹하여 개선하고 적용하려는 회사들이 많아지고 있는 상황이다.

❶ 공고 오픈

　채용을 원하는 부서에서 신규채용이나 기존직원의 퇴사로 인해 채용을 해야 하는 상황이 되면, 담당 HR Manager(or HR Business Partner)에게 채용을 원한다고 알린다. 그 부서를 담당하는 HR Manager는 Hiring Manager(채용을 원하는 부서의 Manager)와 미팅을 하고, 뽑을 수 있는 상황인지를 확인하기 위해 채용 Budget(예산), 헤드 카운트 등을 살펴본 뒤, 이슈가 없을 경우 승인을 한다.

　채용진행이 확정되면, Job Description(JD)을 어떻게 올릴지 HR Manager와 Hiring Manager가 논의를 하여 최종 Job Description으로 신규 포지션을 HR System에서 Open한다. 그러면 채용팀장에게 알람 메일이 오고, 채용팀장(Talent Acquisition Leader)은 담당 HR Manager와 컨택하여 전반적으로 어떤 포지션인지 확인한다. 그 후 문제가 없을 경우 채용팀장은 신규채용을 승인하고, 이 업무를 담당할 Recruiter(채용담당자)를 지정하면서 채용이 본격적으로 시작된다.

❷ 채용전략미팅(Kick Off Recruiting Strategy Meeting)

　담당 Recruiter는 채용을 원하는 부서 Hiring Manager와 컨택하여 채용 전략미팅을 잡고, Hiring Manager가 어떠한 인재채용을 원하는지 확인한다. 이때 Job Description에 나와 있는 것 외에 어떠한 자격요건을 갖춘 인재를 원하는지도 구체적으로 확인한다.

　채용팀에 있어서 채용전략미팅은 너무나 중요한 과정으로, 채용팀의 고객이라 할 수 있는 Hiring Manager, HR Manager, 그리고 Candidates(후보 자)를 모두 만족시키기 위해 노력해야 하는데, Hiring

Manager에게는 Right Person(적합한 인재)을 Right Timing(적기)에 채용하여 좋은 인재를 뽑았다고 만족을 시켜야 하고, HR Manager에게는 부서에서 인재를 제때 채용하지 못해 Business Impact가 생기는 것을 막고, 좋은 인재를 뽑아 기업의 생산성에 기여를 할 수 있게 채용을 진행해서 만족을 시켜야 하며, Candidate(후보자)에게는 기업의 첫 번째 Contact Person이 채용담당자이기 때문에 기업의 긍정적인 이미지를 줄 수 있도록 노력해야 한다.

특히 지원한 후보자들이나 탈락한 후보자들에게도 최선을 다해 Update 및 통보를 해야 하며, 합격한 후보자가 전반적인 채용과정에서 불만이 없이 편하게 입사를 할 수 있도록 중간에서 조율하여 긍정적인 피드백을 받기 위해 최선을 다해야 한다.

이 미팅을 통해 신규 채용 포지션의 자격요건, 입사 후 주요 담당 업무 뿐만이 아니라 채용배경, 현재 조직의 상황 등 전반적인 채용 상황을 이해하여 Hiring Manager의 채용 니즈를 충분히 파악해야 한다.

❸ 채용공고

채용담당자는 채용전략미팅을 통해 어떠한 인재를 채용해야 하는지를 정확히 이해하고 숙지를 한 후, 조건에 맞는 인재들을 채용하기 위한 채용공고문을 작성한다.

업계에서 통용되지 않고, 회사 내부에서 쓰는 전문용어나 중복된 사항들은 적절히 삭제하여 최대한 많은 사람들이 이해할 수 있게, 쉽게 채용공고문을 작성한 후, Target Candidates들이 가장 많이 볼 수 있는 Job 사이트에 공고를 올린다.

채용이 시작되면 기본적으로 각 회사 자체의 Job 사이트에 정식으로 공고가 개시되며, 채용담당자들은 매뉴얼대로 피플앤잡, 원티드, 사람인, 잡코리아 등 다양한 잡사이트들에 공고를 올린다. 추가로 채용 포지션에 관심 있어 할 후보자들이 많은 커뮤니티 등에도 알릴 수 있도록 한다.

예를 들어 PR(홍보) 담당자를 채용할 경우 PR인들이 가장 많이 찾고 있는 한국PR협회의 채용 게시판에 공고를 올리며, 변호사를 채용할 경우 대한변호사협회 취업정보센터에 채용공고를 개시한다. 이처럼 채용담당자는 채용공고를 어느 채널에 올려야 효율적인지를 항상 고민하며, Target Candidate가 쉽게 공고문을 이해하여 '나도 한번 지원해 볼 수 있겠는데?'라는 생각이 들 수 있도록 해야 한다.

❹ 후보자 Search

후보자를 찾는 것은 채용담당자들에게 있어 가장 중요한 업무 중 하나로, 채용담당자의 실력을 가늠할 수 있는 가장 중요한 요소이다. 실력이 부족한 채용담당자는 단순히 채용공고만을 올리고, 후보자들이 지원할 때까지 기다린 후, 지원한 후보자들 중에서 가장 적합한 후보자를 부서로 추천한다. 이 경우, Hiring Manager가 지원한 후보자들 중에서 선택을 해야 하는 상황이 발생하는데, 빨리 인재를 채용하고 싶은 Hiring Manager는 후보자들이 썩 마음에 들지 않음에도, 급한 마음에 섣부르게 인재를 결정해 버리는 경우가 있다.

실력 있는 채용담당자가 되기 위해서는 단순히 공고를 보고 모여든 지원자 중에서 후보자를 뽑는 것보다는 Market에서 이 직무를 가장 잘하고 있는 Market Best Person을 채용할 수 있도록 노력해야 한다.

물론 말이 쉽지, Market Best Person을 매번 뽑을 수는 없다. Market Best Person을 뽑기 위해 직접 후보자를 찾아내는 방법을 통상 Direct Search라고 부른다. 과거 Direct Search를 잘하는 Recruiter의 대부분은 헤드헌터 출신이었기 때문에, 기업에서 채용담당자를 뽑을 때 Direct Search를 잘하는 헤드헌터 출신을 선호하기도 했다.

후보자를 찾는 방법은 정말 여러 가지가 있지만 간단히 몇 가지만 소개하자면, 우선 링크드인을 통해 후보자를 찾는 방법이 있다. 링크드인에 등록되어 있는 후보자들의 프로파일을 보고, 컨택하여 지원 유도하는 방법은 매우 효율적이다.

두 번째 방법은 리멤버, 사람인, 잡코리아, 피플앤잡 등 Major Job 사이트에 등록된 이력서를 검색하여 적합한 후보자를 발견하여 컨택 후, 지원 유도하는 방법이다.

세 번째 방법은 내부추천을 통한 방법이다. 채용팀은 정기적으로 전 직원들에게 현재 진행 중인 채용 포지션 및 간략한 자격요건을 공유하여 추천을 해달라고 추천안내 메일을 송부하고 있다.

또한 채용을 원하는 부서나 관련 부서 직원들에게 직접 추천을 요청하는 방법도 있다. 임직원이 추천을 해서 추천인이 채용이 될 경우, 보너스를 주는 회사도 많이 있으며, 내부 임직원의 추천을 통해 입사를 한 후보자들은 일반적으로 입사한 후보자들보다 1년 안의 퇴사율이 현저히 떨어지고 만족도가 높다는 기사들을 많이 접할 수 있다.

이 외에는 관련 행사나 세미나에 참석하여 명함이나 정보를 습득해 연락하는 방법이나 Target Company에서 유사업무를 하는 인재를 스카우트하는 콜드콜 등이 있다.

❺ 사전인터뷰(채용팀)

채용담당자가 서류전형 및 사전인터뷰를 통해 후보자를 스크린하는 목적은 크게 두 가지이다.

첫 번째는 채용전략미팅 때 Hiring Manager가 뽑고 싶어 하는 후보자를 자격요건(Job Qualification) 중심으로 선별하는 것이며, 두 번째는 우리 회사의 인재상이나 핵심가치 중심으로 조직에 적합한 인재를 선별하기 위함이다.

채용담당자는 평균적으로 서류전형을 통해 7~10명의 후보자를 선별하고, 채용팀 면접을 통해 3~5명을 선발한다. 항상 언급하고 있지만 지원한 직무 관련 후보자만의 직무 경쟁력과 회사에 대한 충성도 및 애사심이 가장 중요한 평가요소이다.

❻ 프레젠테이션

채용담당자가 Hiring Manager에게 후보자를 추천하는 과정을 뜻한다. 여기에서는 나만의 법칙인 '5-3-1 법칙'을 적용하고 있다. Hiring Manager에게 후보자 5명을 보내서 그중 3명을 인터뷰하고, 1명을 채용하는 것을 의미한다.

7명 이상의 후보자를 보내면 Hiring Manager가 별로 좋아하지 않는다. 그들은 현업만으로도 바쁘기 때문에 채용팀에서 스크린하여 엄선된 소수의 후보자로 인터뷰를 진행하는 것을 원한다.

만약 채용담당자가 5명을 보냈는데 한 명도 인터뷰를 하지 않았다고 하면, 그 채용담당자는 채용팀장에게 Hiring Manager의 요구사항을 만족시키지 못했다고 지적받을 확률이 매우 높다. 이럴 경우 Hiring Manager와 다시 미팅을 해야 하고, 한 번 더 정확하게 Hiring Manager의 기대사항을 확인해야 한다. 그렇기 때문에 Hiring Manager에게 추천하는 후보자 한 명 한 명은 채용담당자의 자존심이고 얼굴이다. Hiring Manager의 기대수준을 만족시키지 못한다면 Hiring Manager에게 신뢰를 얻을 수 없다.

때문에 채용담당자는 늘 자신들의 고객들에게 신뢰를 주는 채용 파트너가 되고자 노력해야 한다. 반대로 채용담당자가 가장 기분 좋을 때는 추천한 후보자들이 다 마음에 들어 Hiring Manager가 모두 인터뷰를 진행하는 경우이다. 채용이 시작되고 적어도 2주 안에 후보자 3명 이상을 추천해야 하며, 2주 안에 후보자를 확보하지 못했을 경우는 'Hiring update', 즉 현재 어떻게 후보자를 찾고 있으며, 몇 명과 컨택했고, 몇 명과 논의를 하고 있다는 사항을 중심으로 Hiring Manager에게 진행 상황을 Update해야 한다. 그렇게 하지 않을 경우, Hiring Manager가 왜 후보자를 추천해주지 않느냐며 불만을 표현할 확률이 높기 때문이다.

❼ 인터뷰(부서)

채용담당자는 후보자들과 면접관들의 시간을 조율하여 인터뷰 일정을 조율하고, 후보자가 면접을 위해 방문하였을 경우, 친절히 안내한다. 채용담당자는 회사의 얼굴이고, 첫인상을 크게 좌우하기 때문에 항상 친절하고, 밝게 후보자를 대해야 하며, 사소한 말 한 마디 한 마디가 중요하기 때문에 항상 Professional하게 보일 수 있도록 노력해야 한다.

인터뷰는 1차 Hiring Manager 인터뷰, 2차 HR or 협업부서 리더들과 인터뷰, 3차 임원인터뷰 등 상황에 따라 전형이 줄어들거나 늘어난다.

❽ 연봉협상

실무, 임원, HR 면접이 모두 끝나고 Hiring Manager가 최종합격자를 결정하여 채용팀에 입사를 요청한다. 담당 채용담당자는 합격자가 신입일 경우에는 바로 합격통보를 하지만, 경력직일 경우에는 바로 통보를 하지 않는다. 미리 합격통보를 하는 경우, 후보자들의 연봉에 대한 눈높이가 올라갈 수 있기 때문이다.

신입일 경우에는 웬만해서는 연봉협상이 쉽지 않으며, 회사의 내규에 따르는 편이다. 반면 경력직일 경우는 후보자와 연봉협상이 대부분 진행된다. 채용 담당자는 우선 후보자들의 현재 연봉을 확인하기 위해 작년 원천징수영수증과 최근 6개월의 급여명세표를 요청한다.

현재 연봉 관련 정보를 수령하였으면, 후보자가 고정급으로 받는 금액과 변동급으로 받는 금액 등을 확인하고, 후보자와 한 번 더 통화하여 정확히 현재 연봉수준을 파악한다. 그리고 Offer Proposal을 담당 HRM에게 송부한다.

Offer Proposal은 현재 후보자의 연봉이 얼마이고, 비슷한 경력의 내부 임직원의 연봉 범위 및 직무와 관련한 한국 Market Data 등을 고려하여 이 정도의 연봉을 제시하면 좋겠다는 사항이다.

여기에서 제시한 연봉을 HR Manager와 Hiring Manager가 그대로 동의를 하여 후보자에게 최종 Offer 금액으로 처음 제안하였던 금액과 동일하거나 거의 비슷하게 나오게 한다면, 그 채용담당자는 유능한 담당자이다. 하지만 현재 연봉을 제대로 파악하지 못하고, 제시한 금액이 터무니없이 높거나 낮을 경우, HR Manager나 Hiring Manager에게 충분한 신뢰를 얻지 못하게 된다.

HR Manager와 Hiring Manager가 협의하여 최종금액이 나오면, 이제 채용담당자는 이 최종 제시금액을 가지고 후보자와 연봉협상을 시작한다. 여기에서 채용담당자는 최대한 빨리 후보자가 만족하여 제시한 연봉에 수락할 수 있도록 협상을 성공시켜야 한다.

❾ 오퍼 & ❿ 입사(On-Boarding)

후보자가 회사에서 제시한 모든 사항을 수락할 경우, 채용담당자는 오퍼레터(근로계약서)를 생성하고, 모든 정보가 완벽하게 맞는지 확인한 후 HR Manager에게 확인받고, 후보자에게 오퍼레터를 송부한다.

만약 채용담당자가 Base Salary(기본급)이나 직급, 식비, 교통비 등에서 1원이라도 틀리게 Offer Letter를 작성한다면…. 생각만으로도 끔찍한 일이 일어날지도 모른다. 그렇기 때문에 Offer Letter를 작성할 때에는 모든 신경을 곤두세우고 3번, 4번 다시 확인해야 한다.

후보자에게 Offer Letter를 송부하고, 후보자로부터 서명된 Offer

Letter를 수령하면 모든 채용 과정이 끝난다. 이후 Hiring Manager와 HR Manager에게 채용이 마무리되었음을 알리고 입사를 담당하는 팀에게 입사 준비를 하기 위한 후보자의 정보를 제공하여 모든 채용 프로세스를 마무리한다.

채용담당자가 정말 바쁠 때에는 담당하는 채용 포지션이 20개가 넘어가는 경우도 있는데, 앞의 모든 과정을 한 포지션마다 똑같이 진행해야 하기 때문에 정신없이 바쁘다. 이 포지션으로 후보자를 찾다가 다른 포지션으로 인터뷰를 정리하고, 다른 포지션으로 연봉협상을 하다가, 새롭게 채용 포지션이 열리면 Hiring Manager와 미팅하는 등 숨가쁘게 하루가 지나간다.

채용담당자는 Hiring Manager에게 좋은 인재를 뽑아줘서 정말 고맙다는 칭찬을 받거나 신규 입사자에게서 입사가 잘 진행되도록 많이 도와줘서 고맙다는 인사를 받을 때 채용업무에 보람과 희열을 느낀다. 또한 쉽지 않은 포지션을 맡아 어떻게 후보자를 찾을까 고민하다가 경쟁사에서 딱 그에 맞는 후보자가 지원한다고 하였을 때의 기분은 짜릿하기까지 하다.

채용담당자는 다양한 Hiring Manager들을 만나면서 각 부서의 상황과 업무 등을 하나둘씩 알아감으로써 지루할 틈 없이 일하는 재미를 느낄 수 있고, 시간이 지나 같이 채용을 진행했던 임직원들을 만나서 인사하는 횟수가 늘어나고 친해질 때에는 보람된 기분과 함께 행복함을 느낄 수 있다.

04
채용담당자의 구체적인 일과가 궁금해요

어느 채용담당자의 하루

09:00~09:30, 서류전형

가장 먼저 여느 직장인처럼 메일 체크를 하고, 오늘 어떤 일을 해야 할지 계획을 세우고 List Up을 한다. 그런 다음 가장 먼저 회사의 채용시스템에 접속한다. 밤새 채용시스템으로 지원한 지원자들의 서류전형을 진행한다. 하루 업무를 채용시스템의 지원자 확인을 하는 주된 이유는 후보자들이 지원을 하고 결과를 기다리기 때문이다.

내가 만약 이직을 하려고 어느 회사에 지원을 하였다면, 그 결과를 애타게 기다리는 것이 당연하기 때문이다. 채용담당자의 주요 고객은 부서의 Hiring Manager, HR Manager 그리고 Candidates이기 때문에 외부 Main 고객인 후보자에게 최대한 빨리 서류전형 합격이면 합격, 탈락이면 탈락이라는 점을 알려줘야 하기 때문이다.

현재 내가 담당하고 있는 채용 포지션이 10개가 넘어가는 순간부터 바쁨이라는 단어가 항상 입 밖에 나온다. 10개 미만이면 그냥 할 만하다 하는 정도이다.

서류전형의 기준은 항상 Hiring Manager와 채용 시작되기 전 채용전략 미팅에서 Hiring Manager가 원하는 자격요건 중심이다. 각 진행하고 있는 포지션마다 서류전형을 하고 채용팀 인터뷰를 할 후보자들을 선별한다.

09:30 ~ 10:00, 채용전략 미팅

신규 채용 포지션이 오픈되면, 시스템에서 알람 메일이 온다. 메일을 확인하고 Hiring Manager와 Job Description을 확인한다. 미리 HR Manager가 이런 채용포지션이 곧 열릴 것이라고 알려주면 어떤 포지션인지 아는 경우도 있고, HR Manager도 바쁘기 때문에 못 알릴 경우도 있다. 적어도 4시간 내에는 Hiring Manager(부서에서 인재를 뽑고자 하는 Manager)에게 채용전략 미팅 일정 조율 메일을 보내야 한다.

채용담당자의 가장 중요한 KPI 중의 하나는 채용 전체 Cycle Time을 줄여야 하는 Target이 있기 때문이다. 채용전략 미팅이 늦어지면 늦어질수록 채용이 늦어지기 때문이다. 이렇게 어랜지된 채용전략 미팅은 30분 정도 진행되며, Hiring manager와 미팅을 통해서 정확히 어떠한 인재를 뽑고 싶어 하는지, 현재 상황이 어떤지 등을 철저히 파악하고, 포지션을 완벽히 이해하고 그 부서의 상황도 정확히 파악을 해서 그 조직에 어울리는 가장 적합한 인재를 채용될 수 있도록 노력을 해야 한다.

채용담당자의 가장 중요한 고객은 채용 Need가 있는 부서의 Hiring Manager이기 때문에 Hiring manager의 Needs에 맞는 인재를 Right timing에 Right Person을 채용해야 한다.(그렇다고 해서 Hiring Manager가 원하는 대로 채용을 끌려다니면 안 된다. 우리는 단순 Recruiter가 아니라 Talent Acquisition Partner이며, 채용에 있어 Hiring Manager에게 인사이트를 제공하고 채용을 리딩해야 한다.)

만약 제대로 된 채용전략 미팅을 하지 않는다면, 제대로 니즈를 파악하지 못하기 때문에 한 달 안에 끝낼 채용이 3개월 이상 미뤄지는 확률이 매우 높아진다.

10:30 ~ 11:30. 채용공고 올리기

채용공고를 최대한 빨리 올려야 한다. 채용전략 미팅이 끝나자마자 바로 올리는 것이 제일 좋다. 채용전략 미팅이 끝나고 하루가 지나도 중요한 것들을 잊어버릴 수 있기 때문에 최대한 빨리 채용공고를 올려야 한다.

11:30 ~ 12:00. 서류전형 합격자와 채용팀 인터뷰 어렌지하기

아까 서류전형을 통해 각 채용을 진행하고 있는 포지션으로 서류전형에 합격한 후보자들을 List-Up하고, 채용팀 인터뷰를 위해 후보자에게 연락하여 채용팀 인터뷰를 어렌지한다. 정말 중요한 포지션일 경우, f2f 인터뷰로 진행을 하지만 대개는 Phone Screen Interview를 진행한다. 인터뷰 어랜지의 경우, 급할 경우는 채용담당자가 직접 할 수도 있지만, 만약 Global Recruiting Support 팀이 있다면, Recruiting Coordinator가 어랜지를 진행해주기도 한다.

13:00 ~ 13:30, 후보자 안내

13:30분에 부서의 Hiring Manager와 인터뷰 예정인 후보자를 30분 먼저 불러서 채용팀 전화 인터뷰에서 진행했던 내용 외에 전반적으로 가벼운 대화를 진행한다. Tea time 성격으로 후보자의 질문사항에 대해 답변을 해주고, 우리 회사와 면접 볼 부서 관련 정보를 공개할 수 있는 범위 내에서 공유하면서 후보자와 라포를 형성하면서 긴장을 풀어준다. 그리고 면접 장소로 안내한다.

13:30 ~ 14:30, 후보자 찾기 (Direct Search)

Recruiter, 채용담당자의 가장 중요한 Skill이다. 채용담당자는 지원한 후보자들 중에 한 명을 뽑는 것보다는 마켓에서 잘 나가는 후보자들 중 한 명을 뽑을 수 있도록 노력을 해야 한다. 현재 오픈된 채용 포지션 중, Cycle Time이 가장 오래되었는데 마땅한 후보자가 없는 포지션 중심으로 후보자를 찾기 시작한다. 다양한 채널들을 통해 다양한 방법으로 후보자를 Sourcing 한다.

14:30 ~ 15:00, Global Call 준비

잠시 후 15:00부터는 채용팀 Weekly Global Call (주간 팀 회의)이다. 내 매니저는 외국인이고, 아시아 각 나라의 채용담당자들이 들어

오는 콜이기 때문에 영어로 진행된다. 매번 영어로 진행되지만, 진행
될 때마다 영어에 대한 부담이 없다면 거짓말이다. 무슨 말을 할지를
미리 고민하고, 이 표현이 맞는 표현인지, 쉽고 정확하게 전달할 수 있
는 표현인지 미리 정리하고, 검색해야 할 말을 대략적으로 정리하면서
회의 준비를 한다. 항상 Global Call 전에 준비를 미리 하고 안 하고는
하늘과 땅 차이다.

15:00 ～ 16:30, 채용 프로젝트 회의 진행

회사의 채용담당자는 채용업무뿐만 아니라 채용 프로세스 고도화
나 채용 관련 사항들을 개선하기 위해 채용 프로젝트에도 참여한다. 예
를 들어 어떻게 하면 채용의 어떤 Process를 개선할까? 어떻게 하면 채
용 System을 개선할까? 어떻게 하면 입사 예정자가 조금 더 편하게 Soft
Landing 하는데 도움을 줄 수 있을까? 등의 주제로 Project에 참석한다.

16:30 ～ 17:00, 후보자와 연봉협상

부서에서 모든 인터뷰가 끝나고 인터뷰했던 후보자 중 한 명을 선
정하였고, HR 최종 인터뷰까지 합격한 후보자를 채용하기로 결정되
었다. 이제는 후보자와 연봉협상을 하여 회사에서 제시한 금액과 후보
자가 원하는 희망연봉 사이에서 채용담당자는 조율을 잘해서 후보자
가 만족하고, 입사/이직의 Motivation을 높일 수 있도록 협상을 잘해야
한다. 절대 후보자의 연봉을 깎는 게 채용담당자의 KPI(평가)가 높아
지는 것이 절대 아니다.

연봉협상 단계에서의 채용담당자는 적당한 시간에 우리 회사에서

제시한 연봉을 후보자가 만족하여, 행복하게 입사시키는 것이 가장 중요하다.

17:00 ~ 17:30, 채용팀 인터뷰

서류전형에서 합격한 후보자들과 채용팀 인터뷰를 진행한다. 채용담당자는 후보자와 가장 먼저 Communication을 하는 직원이기 때문에 회사를 대표할 수도 있고, 회사의 얼굴일 수 있다. 그렇기 때문에 이 점을 명심하고, Professional하게 후보자와 communication과 채용팀 인터뷰를 진행해야 한다. Jr. 포지션일 경우 30분 정도 소요되며, 직급이 높을수록 인터뷰 시간이 늘어날 수 있다.

17:30 ~ 18:00, 후보자 추천

서류전형 및 채용팀 인터뷰가 끝나면, 채용담당자는 Hiring Manager와 처음 채용전략 미팅 때 Hiring Manager가 원하는 인재인지, 자격요건 중 적어도 70% 이상 부합된 후보자인지 판단하여, 인터뷰 해 볼만한 후보자라 판단을 하면, 부서의 Hiring Manager에게 후보자를 추천한다. 적어도 채용전략 미팅한 지 2주 안에 후보자를 적어도 3명 이상 보내는 것이 1차 목표이다. 후보자 한 명 한 명은 채용담당자의 자존심이고, 얼굴이기 때문에 정말 적합하다고 생각되는 후보자만을 부서의 Hiring Manager에게 추천을 한다.

벌써 퇴근 시간이 되었다. 하루가 너무나 빨리 흘러간다. 이제 퇴근 준비를 해야겠다.

*최종면접*에서 합격한 후보자와 연봉협상을 했는데 잘 안 돼서 부러지는 경우는 그나마 양호한 편이다. Silver Medalist, 2순위 후보자로 진행을 하면 되기 때문이다.

채용담당자가 가장 싫어하는 경우, 생각만 해도 너무나 짜증 나는 경우는 입사하기로 했던 후보자가 입사 날짜를 며칠 남겨두고, 입사를 포기한다고 하는 경우이다. 이럴 경우는 우선 온보딩(입사 준비를 서포트해주는 팀)에 입사가 취소되었다고 최대한 빨리 알려야 한다. 왜냐하면 입사예정자를 위해 준비했던 노트북, 사원증, HR System의 인사정보 등을 취소할 수 있기 때문이다.

그리고 바로 부서의 Hiring Manager(신규 입사자가 입사할 경우 Reporting해야 할 직속 상사)에게 알려야 한다. 그래야지 부서에서도 신규 입사자를 위해 계획한 사항들을 (환영회, 점심식사, OJT 등) 취소할 수 있다.

　이때 채용담당자의 잘못은 없지만, 뭔가 Hiring Manager에게 미안한 느낌이 강하게 든다. 입사예정자에게 안부 전화라도 한 번 더 했어야 했나 하는 후회가 밀려오기도 한다.

　채용을 완료한 지 벌써 3~4주가 흘러가 버린 시기이기 때문에 Silver Medalist 후보자도 이 포지션에 관심이 떨어졌거나 다른 곳으로 이직을 했을 확률이 높다. 그래서 다시 처음부터 채용을 시작해야 한다.

　만약 이 포지션으로 국내에 적합한 인재가 많지 않거나, 경쟁사에서 겨우 데려오면서 두 달 넘게 걸려서 겨우 힘들게 채용했던 포지션일 경우라면 그냥 누가 말 걸어도 짜증이 밀려온다. 또한 채용담당자에게 가장 중요한 KPI(평가지표) 중의 하나가 Cycle Time이다. 즉 채용이 오픈되고, 후보자가 근로계약서에 사인하는 시점까지 날짜가 카운트되고, 대략 40일 안에 채용을 해야 한다. 쉽게 이야기하면 채용을 오픈하고 한 달 내로 채용을 시키면 된다고 생각을 하면 된다. 하지만 이럴 경우, Cycle Time이 배로 늘어나면서 내 성과를 갉아먹는다. 이게 쌓이면 내 성과급이 쥐꼬리만큼 나올 수도 있다.

　마음을 추스르고 최대한 빨리 Hiring Manager와 다시 채용전략 미팅을 하면서 Job Description, 특히 Qualification 자격요건 등을 논의하고 다시 채용공고를 올리고 채용을 시작해야 한다. (업계에 후보자가 너무 없는 자격요건을 Hiring manager가 고집할 경우는 과감히 자격요건을 완화시켜서 조금 더 빨리 채용해서 가르치자고 Hiring Manager에게 직접 제안을 할 수 있다.)

　이런 힘든 경우는 체감상 5% 수준으로 발생이 되는 것 같다.

입사 날짜가 얼마 안 남았는데 입사예정자에게 갑자기 전화가 올 경우, 몹시 긴장을 하게 된다. 단순 질문이었으면 좋겠다고 애타게 빌고, 전화를 받는다. 단순 질문일 경우, 가슴을 쓸어내린다.

후보자가 아무리 근로계약서(Offer Letter)에 사인을 하더라도 입사 전에 취소할 수 있다. 취소한다고 해서 법적으로 문제 될 것이 없다. 만약 부동산에서 집을 계약하고, 계약금을 내면, 계약금이라도 받을 수 있지만, 채용에 있어서는 어떠한 제재를 할 수 없다. 하지만 회사 내부적으로는 이 후보자를 Black List에는 올릴 수는 있다. 입사를 포기하기 위해 많은 후보자들이 고민을 하고, 어떠한 사정이 있을 수 있다. 어쨌든 포기하기로 결정했다면 최대한 빨리 채용담당자에게 알려줬으면 너무나 좋겠다.

06
커리어를 시작할 때 계약직이나 파견직으로 시작해도 될까요

*요즘 기업*의 신입 채용공고를 살펴보면 약 80% 이상이 정규직이 아닌 인턴이나 계약직 혹은 파견직으로 인재를 채용하고 있다. 신입을 채용할 경우 실무를 가르치고 육성해야 하는 시간이 필요하기 때문에 빨리 업무에 성과를 낼 수 있는 적어도 2년 이상의 경력직 인재를 채용하기를 원한다.

정규직 신입을 뽑는 경우는 대부분 경력직과 비교하더라도 크게 업무성과를 내는 데 큰 차이가 없는 직무이거나 인건비가 타이트하여 경력직을 뽑을 수 없을 때 신입을 채용하고 있다.

그래서 대부분 경력직을 많이 뽑으려고 하며, 신입을 뽑을 때는 인턴 혹은 계약직이나 파견직으로 인재를 채용하는 경우가 많다.

그렇다면 취준생 입장에서 내가 원하는 직무의 정규직이 잘 안 나오는데 정규직만을 주야장천 기다리면 될까?

나는 본인이 하고 싶은 직무와 관련, 계약직이나 파견직 직무를 발견하면 망설임 없이 지원을 하라고 강하게 추천하고 싶다. 정규직 채용이 나올 때까지 마냥 기다리는 것보다는 본인이 정립한 직무로 하루 빨리 입사하여 실무능력을 키우는 것이 커리어를 시작하는 데 있어 훨씬 유리한 방법이다.

요즘 기업에서 신입을 채용할 때 '지원한 직무 관련 실무경력'을 매우 매우 선호하고 있다. 때문에 일단은 직무에 실무경력을 쌓을 수 있는 곳이라면 어디든지 입사해서 열심히 일한 뒤 지금 회사의 정규직 포지션이 오픈되면 지원해서 정규직으로 전환을 하든지 Job Market에서 경력 2년 이상을 원하고 있으니 적어도 2년의 실무경력을 쌓고 내가 원하는 회사의 정규직(가능하면 대리급)으로 이직하라고 조언하고 있다.

Job Market에서 적어도 2년 이상의 경력직을 원하고 있고, 정규직으로 이런 인재를 뽑고 있으니 거기에 맞춰 내가 평생 먹고살 직무 관련 2년의 경력을 쌓으면 된다.

링크드인에서 정말 커리어가 멋진 리더들의 프로필을 보면 사회 초년생부터 3년 이하까지 인턴, 계약직 or 파견직을 하면서 경력을 쌓은 후 정규직으로 이직하여 화려한 커리어를 쌓고 있는 리더들을 쉽게 확인할 수 있다 .

나 또한 잘 들어보지 못한 써치펌(헤드헌팅 회사)에서 3년 동안 밑바닥에서 신나게 배운 후 4년 차에 국내 대기업으로 이직할 수 있었고, 3년의 경력을 모두 인정받을 수 있었다.

대부분의 취준생들은 남들이 들으면 알만한 유명하거나 큰 회사의 정규직 포지션에만 도전하며, 계약직이나 파견직의 채용공고에는 크게 관심을 두지 않는다. 그래서 취업이 어려운 거다. 정규직에 비해 계약직이나 파견직은 훨씬 쉽게 회사에 입사하여 실무경험을 쌓을 수 있다. 내가 목표로 하는 회사와 직무에 정규직으로 일하는 방법은 당연히 신입 정규직으로 들어가면 좋겠지만 잘 안 뽑고 경쟁률이 너무 높은데 어떻게 할까?

실무경력 2~3년을 만들어 내가 원하는 회사와 직무에 정규직으로 이직을 하는 것이 지금 최신 채용 트랜드에 있어 일반적인 커리어 트랙이라고 자신 있게 이야기하고 싶다. 그러니 평생 먹고살 직무 관련 인턴, 계약직 or 파견직 구분 말고 적극적으로 지원하여 적어도 2년 이상의 실무경력을 쌓기를 강력하게 추천한다.

07
채용공고를 어디서 확인하면 좋을까요

*기업 채용*은 수시채용으로 진행되는 경우가 대부분이다. 기업은 공고가 열리면 최대한 빨리 인재를 채용하길 원하는데, 채용을 원하는 부서 Hiring Manager들의 현업이 바쁘기 때문이다. 그렇기 때문에 적합한 후보자가 지원을 할 경우 바로 인터뷰를 진행한다. 채용 공고에서 다음의 문구들을 쉽게 찾아볼 수 있는 이유도 바로 이 때문이다.

채용 일정
20XX년 XX월 XX일~채용 시 마감(서류 제출 순으로 검토되며, 빠르게 채용이 마감될 수 있습니다.)

따라서 취준생들은 원하는 직무 중심으로 채용공고를 모니터링하여 제때 지원할 수 있도록 노력해야 한다. 수많은 채용을 진행하면서 인기가 많은 Hot Job들은 2주 안에 채용 전형이 끝나서 입사자가 확정되는 경우도 보았다.

따라서 후보자에게 합격통보를 하고 얼마 지나지 않아 합격한 후보자보다 서류상으로 더 적합한 후보자들이 문의하고 이력서를 보내는 경우도 허다하다. 만약 이런 후보자들이 제때 지원을 하였다면 최종합격자가 바뀔 확률도 분명히 존재했을 것이다. 그렇기 때문에 정말 지원하고 싶은 직무의 공고를 발견했다면 기다리지 말고 바로 지원해야 한다.

정말 가고 싶은 회사의 원하는 직무 관련 채용공고를 놓치지 않기 위해 다음과 같은 방법 중심으로 채용공고를 모니터링해두면 많은 도움이 될 것 같다.

❶ Target Company들의 채용 사이트 모니터링
❷ 관심 직무의 취업커뮤니티 모니터링
❸ 네이버에서 채용공고 검색
❹ 피플앤잡, 링크드인, 원티드, 슈퍼루키, 자소설, 인디드, 사람인, 잡코리아 등 모니터링

❶ Target Company들의 채용 사이트 모니터링

기업에서 가장 먼저 채용공고를 올리는 곳은 어디일까? 바로 기업이 자체적으로 가지고 있는 채용 사이트이다.

채용담당자가 처음 채용공고를 올리는 곳은 채용시스템과 연계된 자체 채용 사이트이다.

그리고 채용담당자는 여기의 Direct URL 링크를 활용하여, 다양한 Job 사이트와 Job Community들에 채용공고를 올린다.

기업들은 자체 채용사이트를 통해서만 지원접수를 받는 경우가 대부분이다. 과거에는 채용담당자의 E-mail로 접수하는 방법도 있었지만 '채용 절차의 공정화의 관한 법률'이 강화되면서 후보자의 개인정보가 중요해졌기 때문에 채용담당자의 E-mail보다는 개인 회원가입을 통해 개인정보 동의를 받고 자체 채용홈페이지로 이력서를 지원하거나 Global Job 사이트를 통해 이력서를 접수받는 경우가 점점 많아지는 추세다.

빅테크 기업 '네카라쿠배당토직야몰두센'의 채용 사이트 예시

네이버 (Naver): https://recruit.navercorp.com/
카카오 (Kakao): https://careers.kakao.com/
라인 (Line): https://careers.linecorp.com/ko/
쿠팡 (Coupang): https://www.coupang.jobs/kr/
배달의민족 (Woowa Brothers): https://career.woowahan.com/
당근마켓 (Karrot Market): https://about.daangn.com/jobs/
토스 (Toss, Viva Republica): hhttps://toss.im/career/jobs
직방 (Zigbang): https://career.zigbang.com/open
야놀자 (Yanolja): https://careers.yanolja.co/
몰로코 (Moloco): https://www.moloco.com/ko/open-positions
두나무 (Dunamu, Upbit): https://www.dunamu.com/careers/jobs
센드버드 (Sendbird): https://sendbird.com/ko/careers

우선 본인이 가고 싶은 회사를 5~10개 정도 List-Up하고 클릭 한 번으로 검색할 수 있는 Direct URL까지 정리한 후, 주기적으로 들어가

서 본인이 관심 있는 포지션의 관련 공고가 떴는지를 모니터링하는 방법이 효과적이다.

❷ 관심 직무의 취업커뮤니티 모니터링

채용공고를 확인할 때는 먼저 직무 중심으로 검색을 하고, 그 다음 가고 싶은 업계 / 산업군 중심으로 검색을 하면 된다.

많은 후보자들이 가고 싶은 업계 / 산업군이나 회사를 가장 우선순위로 정하고, 직무를 후 순위로 미루는 경우가 있다. 항상 강조하고 있지만 나만의 직무 경쟁력이 우선이지 패션업계나 어느 회사에 가고 싶다는 욕구가 우선이 되면 안 된다.

만약 희망하는 직무를 PR/홍보라고 정했을 경우, 한국PR협회 Recruit 게시판(https://www.koreapr.org/recruit-contest)이 활발하며 변호사 채용일 경우, 대한변협 취업정보센터(https://career.koreanbar.or.kr/) 사이트가 유명하다. 즉 잡사이트 뿐만 아니라 직무 관련 채용공고나 커뮤니티가 잘 형성된 곳도 모니터링을 잘하면 좋다.

❸ 네이버 채용공고 검색

네이버에서 원하는 Job Title을 검색하면 본인이 생각했던 것보다 훨씬 다양한 채용공고를 한 눈에 검색할 수 있다. 따라서 네이버에서 본인의 희망직무를 List-Up해서 주기적으로 모니터링하면 매우 유용하다. 예를 들어 검색창에서 'Marketing 신입'을 검색해보자.

마케팅 신입   Q

춘   지역 ∨   직종 ∨   고용형태 ∨   경력 ∨

채용정보 ⓘ   • **관련도순** • 등록일순 • 마감순

에코마케팅

[에코마케팅] 재무팀 신입사원 채용

│ 서울 송파 · 정규직 · 신입

│ 11.28.(목)까지

🔵 캐치 채용정보

┌──────┬──────┬──────────┐
 대졸   캐치   에코마케팅
└──────┴──────┴──────────┘

(주)에코마케팅

[에코마케팅] 마케팅 영상 PD 신입/경력직 채용

│ 서울 송파 · 정규직 · 신입

│ 12.1.(일)까지

🔵 링커리어 채용정보

┌────────┬──────┬────────┬──────────────┐
 오전,오후   대졸   링커리어   (주)에코마케팅
└────────┴──────┴────────┴──────────────┘

포컴퍼니

[포컴퍼니] [채용연계형인턴] 해외 마케팅 (일본권) (신입) 채용

│ 서울 강남 · 인턴/기타 · 신입

│ 12.1.(일)까지

🔵 캐치 채용정보

┌────────┬──────┬──────────┐
 학력무관   캐치   포컴퍼니
└────────┴──────┴──────────┘

비나우

[비나우] [신입/경력]일본마케팅_일반직 채용

│ 서울 서초 · 정규직/인턴 · 신입/경력

🔵 캐치 채용정보

　　채용정보 더보기를 클릭하면 다양한 잡사이트에서 다양한 공고들을 확인할 수 있다. 각 잡사이트도 방문하고 공고들을 확인해보면서 채용공고들을 잘 확인해보면 된다.

08
대체 왜 링크드인, 링크드인 하나요

링크드인(Linkedin)은 미국의 비즈니스 기반 소셜네트워크서비스로, 세계 최대의 글로벌 비즈니스 인맥 사이트이다. LinkedIn은 전세계 200개 이상의 국가와 지역에서 9억 5천만 명 이상의 회원을 보유하고 있으며 미국이 2억 명으로 가장 많은 회원을 보유하고 있다. 그 뒤를 이어 인도의 9,900만 명, 브라질의 6,300만 명, 중국의 6천만 명이 따르고 있고 영국은 3,500만 명, 프랑스는 2,600만 명의 회원을 보유하고 있다. 한국에도 무려 약 350만 명의 LinkedIn 회원이 있다.

링크드인은 쉽게 말해 페이스북, 인스타그램, 트위터와 같은 개인 SNS가 아니라 비즈니스용 SNS라고 할 수 있다. 본인의 커리어를 프로파일에 등록하고, 비슷한 직무나 동종업계 중심으로 일촌을 맺어 인맥을 늘리고 비즈니스 교류를 하는 목적이 Main이다. 또한 직무 관련 커뮤니티 및 채용공고 등도 매우 활발히 운영되고 있다.

요즘 기업의 채용담당자들이나 헤드헌터들이 후보자를 찾을 때 가장 많이 쓰는 채널 중의 하나이며, 요즘 채용담당자의 평가 요소항목 중 링크드인을 얼마만큼 잘 활용하느냐의 다양한 사항들이 있다. 그만큼 링크드인 활용이 채용담당자 입장에서는 매우 중요하다. 취준생 입장에서 링크드인을 사용했을 때의 이점은 다음과 같다.

❶ 본인을 채용담당자나 헤드헌터에게 노출시킬 수 있다.
❷ 관심 직무의 실무자들과 커뮤니케이션을 할 수 있다.
❸ 관심 직무의 Role Model을 정할 수 있다.
❹ 면접관의 정보 및 전반적인 회사 정보를 확인할 수 있다.
❺ 국내뿐만 아니라 해외에서의 취업 정보를 확인할 수 있다.

❶ 본인을 채용담당자나 헤드헌터에게 노출시킬 수 있다.

우선 링크드인에 접속한 후 회원가입을 하고, 본인의 영문이력서 상의 내용을 중심으로 최대한 자세히 영어로 프로파일을 등록한다. 국문으로 올려도 되지만, 혹시 모를 취업의 기회를 놓칠 수 없으므로 영어로 올리는 것을 추천한다.

만약 한 외국계 기업의 미국 본사에서 여러분 같은 인재를 급히 채용을 해야 하는 상황이라고 가정해보자.(현실적으로 자주 발생하는 경우이다.)

그러나 링크드인에 프로파일을 올려놓지 않으면, 어떻게 그들이 여러분을 찾을 수 있겠는가? 각 대학교 과 사무실에 전화를 해서 여러분의 연락처를 받아서 연락하는 방법이 있지만, 현실적으로 손이 많이 가고, 시간도 많이 걸린다. 하지만 링크드인에 최대한 자세히 프로파일 정보를 올려놓는다면, 클릭 한 번으로 여러분의 프로파일을 확인하여 바로 연락을 할 수도 있다.

❷ 관심 직무의 실무자들과 커뮤니케이션을 할 수 있다.

취업하는 가장 효율적인 방법 중 하나는 관심직무로 현업에서 일하고 있는 실무자를 만나는 방법이다. 현장에서 듣는 직무 이야기(현직자 만나기)에서도 언급을 하였지만, 막연히 혼자 취업 준비를 하면 내가 제대로 준비를 하고 있는지 아닌지에 대한 기준을 잡기가 매우 어렵다. 그럴 때 링크드인을 통해 직무로 검색을 할 경우, 많은 실무 선배들의 정보를 확인할 수 있다.

뒷일은 두려워하지 말고, 일촌 신청을 신나게 클릭하면 된다. 일촌이 아닐 경우는 무료로 연락을 할 수 없으므로 일촌 신청을 요청할 분들을 최대한 많이 확보하는 것이 좋으며, 일촌이 수락되면 메시지를 통해 직접 연락하면 된다.

❸ 관심 직무의 Role Model을 정할 수 있다

본인이 재무 쪽에 관심이 많아서 향후 커리어 최종목표를 CFO(Chief Finance Officer)로 정했다고 가정을 해보자. 링크드인에서 CFO로 검색을 하면, 700명이 넘는 이들의 프로파일이 검색된다.

여기서 프로파일을 확인한 뒤 일촌 신청을 해보자. 현재 CFO로 일하고 있는 분들이 어떻게 커리어를 쌓았는지를 확인해보고 Role Model을 정할 수 있는 데다 그분들께 메시지를 보내 도움을 요청할 수도 있다. 특히 더 좋은 방법은 모교인 같은 대학교 선배님들을 찾아서 연락하는 것으로, 아무 연고 없는 사람에게 보내는 것보다 효율적이다.

'선배님 안녕하세요. ××대학교 후배 ×××라고 합니다. 저도 선배님처럼 한 회사의 CFO가 되는 것이 제 목표입니다. 바쁘시겠지만, 선배님 사무실 근처로 찾아뵐 테니 잠깐 커피 한잔 가능하신가요?'라고 메시지를 보낸다면 회신을 받을 수 있는 확률이 조금은 높아지지 않을까?

❹ 면접관의 정보 및 전반적인 회사 정보를 확인할 수 있다.

만약 본인이 Netflix에 면접을 볼 예정이라면 누구와 면접을 보는지 또한 링크드인을 이용해서 확인할 수 있다. 물론 면접 안내문에 면접관 정보가 나와 있을 경우에는 안내문을 통해 더 정확한 정보를 검색할 수 있지만, 면접관 정보가 없다 하더라도 채용담당자라는 직무를 검색해서 대략적인 정보를 찾아볼 수 있는 것이다. Netflix의 채용담당자를 찾을 경우, 검색에 Netflix, Recruiter, Korea를 입력하여 결과에 나온 29명 중 현재 채용을 담당하는 분들을 찾아서 일촌 신청을 하고, 그분들의 프로파일을 확인할 수 있다.

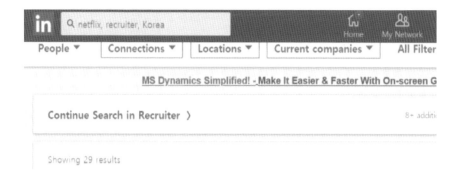

이렇게 미리 면접관들의 프로파일을 확인하면, 면접을 준비하는 데 어느 정도 도움이 될 수 있다. 공통 관심사를 찾는다든지, 학교가 동문이라든지, 같은 외부 교육을 들었다든지, 취미가 같다든지 등 면접을 볼 때 공통 관심사를 슬쩍 이야기한다면 나에 대한 관심도를 조금 더 높일 수 있다.

또한 링크드인에서 회사를 검색하면 회사 페이지를 통해 다양한 정보들을 확인할 수 있으므로, 회사 관련 정보를 최대한 많이 확보하여 면접 때 유용하게 써먹을 수 있도록 하자.

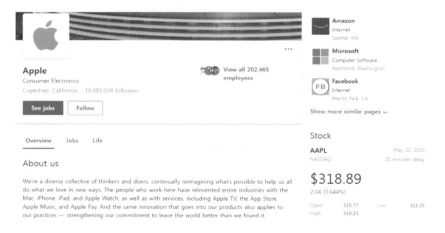

❺ 국내뿐만 아니라 해외에서의 취업 정보를 확인할 수 있다.

링크드인을 통해 국내 외국계 기업뿐만 아니라 한국인을 해외에서 뽑는 채용공고를 손쉽게 확인하여 바로 지원해 볼 수도 있다.

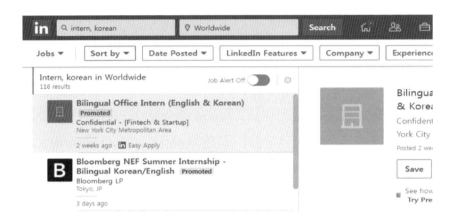

만약 해외에서의 인턴십을 알아본다고 하면 앞과 같이 Intern, Korean, Worldwide 키워드를 검색하여 채용공고를 확인할 수 있고, 손쉽게 Easy Apply를 통해 지원해 볼 수 있다.

이처럼 취준생 입장에서 링크드인을 활용할 경우, 기대 이상의 정보를 확인할 수 있으므로 링크드인을 사용해보는 것을 강하게 추천한다.

09
외국계 기업 정보를 어떻게 확인하나요

항상 강조하지만, 자신만의 직무 중심으로 채용공고를 검색해야지 특정 회사나 산업군이 우선이 되어 채용공고를 검색하면 안 된다. 우리나라에 들어와 있는 외국계 기업은 생각보다 많다. 산업통상자원부 홈페이지의 외국인투자기업 정보를 확인하면 약 18,000개의 외국인투자기업 정보를 확인할 수 있다.

취준생들 입장에서는 B2C 중심의 유명 소비재 기업을 약 20개 이상만 알아도 많이 알고 있는 편일 것이다. 하지만 우리나라에는 여러분들이 알지 못하는 B2B 외국계 기업이 더 많이 존재하며, 그중에는 정말 아는 사람만 아는 알짜배기 회사들도 많다.

취준생들에게 가고 싶은 기업을 List-Up해보라고 하면, 누구나 알 수 있는 B2C 외국계 기업을 중심으로 많으면 10개 정도 나열한다. 그러니 이름을 알 만한 유명한 회사의 채용공고가 열리면 많은 후보자들이 몰리고, B2B 알짜배기 외국계 기업에서 공고가 나더라도 잘 모르기 때문에 지원을 하지 않는 현상이 발생하는 것이다. 하지만 직무 중심으로 채용공고를 검색하면서 처음 들어본 기업일지라도 앞에서 공유하였던 기업 정보들을 파악해 가면서 지원을 한다면, 더 적은 경쟁으로 훨씬 매력적인 기업에 입사할 수 있다.

한 분야에서 세계 최고의 성과를 내고 있거나 정말 매력적인 연봉과 복리후생을 가지고 있는 수백 개의 외국계 기업들이 한국에 존재한다. 이런 기업을 찾기 위해 직무와 관련 없는, 이름을 들어본 것 같은 기업만을 찾아 List-Up 하는 것은 정말 시간 낭비이다. 직무 중심의 Target Company를 정할 때 도움이 되도록 다음과 같이 외국계 기업 정보들을 확인할 수 있는 방법을 공유하고자 한다.

❶ 산업통상자원부가 공개하는 외국인투자기업 정보 확인하기
❷ 포브스 & 포춘 기업순위 확인하기
❸ 외국계 기업 취업박람회 참석하기

❶ 산업통상자원부가 공개하는 외국인투자기업 정보 확인하기

산업통상자원부 홈페이지에 가면 누구나 다운받을 수 있는 외국인투자기업 정보를 통해 건실한 외국계 기업들을 확인할 수 있다. 먼저 산업통상자원부 홈페이지에 접속해「정책·정보 → 통계정보 → 외국인투자기업 정보」를 클릭하면 된다. 그리고 맨 아래를 보면 엑셀파일로 다운받을 수 있으므로, 정렬 및 검색을 활용하여 업종별, 지역별 등 전

반적인 사항을 확인해보면 된다.

❷ 포브스 & 포춘 기업순위 확인하기

미국의 양대 경제전문지 포브스(Forbes)와 포춘(Fortune)에서는 매년 기업순위를 발표하고 있으므로 다음의 사이트를 방문하여 기업 순위를 확인하면 된다. 특히 외국계 기업에 지원하기 전이나 면접이 잡힐 경우, 지원 기업의 순위 등을 확인하면 도움이 된다.

RANK ∧	NAME	COUNTRY/TERRITORY	SALES	PROFIT	ASSETS	MARKET VALUE
1	JPMorgan Chase	United States	$252.91 B	$50.05 B	$4,090.73 B	$588.09 B
2	Berkshire Hathaway	United States	$368.96 B	$73.42 B	$1,070.04 B	$899.14 B
3	Saudi Arabian Oil Company (Saudi Aramco)	Saudi Arabia	$489.07 B	$116.95 B	$661.54 B	$1,919.26 B
4	ICBC	China	$223.85 B	$50.38 B	$6,586.01 B	$215.2 B
5	Bank of America	United States	$183.28 B	$25.03 B	$3,273.8 B	$307.26 B
6	Amazon	United States	$590.74 B	$37.68 B	$530.97 B	$1,922.1 B
7	China Construction Bank	China	$199.84 B	$47.01 B	$5,403.8 B	$187.5 B
8	Microsoft	United States	$236.58 B	$86.18 B	$484.27 B	$3,123.13 B
9	Agricultural Bank of China	China	$193.5 B	$37.38 B	$5,832.95 B	$170.94 B
10	Alphabet	United States	$317.92 B	$82.41 B	$407.35 B	$2,177.68 B

Forbes, The World's Largest Public Companies(Forbes, The World's Largest Public Companies - https://www.forbes.com/global2000/list)

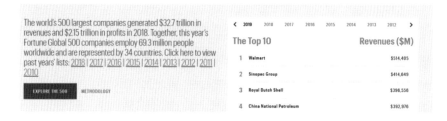

Fortune, Global 500(Fortune, Global 500 – https://fortune.com/
ranking/global500/)

❸ 기업 취업박람회 참석하기

　취업박람회에 참석하면, 기업 브로슈어, 채용정보 등 짧은 시간에
정말 많은 정보를 얻을 수 있다. 또한 관심 기업의 부스에 방문을 하
면, 현직자인 채용담당자나 인사담당자, 혹은 현직부서의 실무자에게
직접 상담 을 받을 수 있다.

　실무자로부터 궁금한 사항에 대한 답변을 직접 듣는 것이 그 어느
인터넷의 정보보다 확실하다. 이를 통해 현재 진행하고 있는 채용 포
지션 및 향후 열리 게 될 채용 포지션, 복리후생, 교육, 면접 전형, 기
업문화 등 다양한 질문을 하여 답변을 들을 수 있다.

　취업박람회에 참석하는 외국계 기업들이 정말 많기 때문에 잘 알
려져 있지 않은 알짜배기 기업들도 발견할 수 있으며, 현재 채용이 진
행 중인 기업에도 바로 지원 할 수 있는 포지션을 찾게 된다면 그 자리
에서 이력서를 접수하거나, 채용담당자가 있는 경우에는 간단히 면접

을 보고 나중에 실무 면접 일정까지 잡히는 기대 이상의 혜택을 얻기도 한다.

다양한 외국계 기업 취업박람회들이 있지만, 그중 규모가 가장 큰 박람회는 산업통상자원부 주최 및 KOTRA가 주관하는 '외국인투자기업 채용박람회'이다. 이곳뿐만 아니라 다양한 취업 행사들의 정보를 확인하고 직접 참석해본다면 생각보다 많은 정보를 얻을 수 있을 것이다.

10

관심 있는 공고가 떴는데 마감까지 기다릴까요, 아니면 바로 지원해야 할까요

요즘 회사는 인재를 뽑을 때 수시로 인재를 채용하고 있다. 즉, 인재가 필요할 경우, 즉시 수시로 채용을 한다.

회사에서 채용을 하는 배경은 크게 다음과 같다.

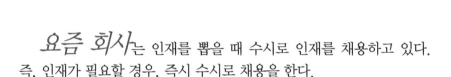

❶ 신규 T/O (헤드 카운트) 승인을 받았을 때
❷ 직원이 그만두어서 Replace를 해야 할 때
❸ 내부 직원이 Promotion 되거나 다른 업무로 이동을 하게 되어 그 자리로 신규 충원할 때

❶ 신규 T/O (헤드 카운트) 승인을 받았을 때

업무가 많아질 것이 예상되거나 조직개편을 통해 신규 헤드 카운트를 승인을 받았을 때의 경우이다. 회사에서 헤드 카운트 승인을 받

는 것이 생각보다 까다롭고, 전반적으로 인력을 Tight하게 운영을 하기 때문에 신규 헤드 카운트 승인을 받으면 Manager는 기분이 너무나 좋다.

❷ 직원이 퇴사하여, Replace를 해야 할 때

갑자기 팀원이 퇴사를 하겠다고 통보를 하면 눈앞이 캄캄해진다. 하지만 팀원의 커리어 개발을 위해 억지로 이직을 만류할 수도 없다. 이럴 경우, Replace 승인을 빨리 요청을 하여 승인을 받아야 한다. 하지만 비즈니스 상황이 좋지 않을 경우, Replace 요청 승인이 거절될 수 있다. 이럴 경우가 부서 Manager에게는 생각하기도 싫은 최악의 경우이다. 그렇기 때문에 항상 인재를 뽑을 때 오래 일할 수 있는 인재를 뽑고 싶어 한다. 웬만하면 Replace 승인을 받기 때문에 Replace 승인이 날 경우, 최대한 빨리 인재를 채용하고 싶어 한다. 사유는 팀원이 나가기 전에 신규 Replace 인재가 들어와서 인수인계를 받기를 원하기 때문이다.

대한민국은 대부분 퇴사 통보를 한 달 전에 미리 하게 되어 있는 경우가 많다. (1 Month Notice) 그렇기 때문에 한 달 전에 팀원의 퇴사를 알게 되고, Replace T/O 승인을 받는데 일주일 정도 시간이 걸린다. 그러면 앞으로 3주 안에 신규 입사자를 뽑아야 한다. 그렇기 때문에 채용팀 채용담당자에게 최대한 빨리 인재를 뽑아달라고 한다.

그래서 회사의 수많은 채용공고를 보면, 채용 시 바로 마감이라는 문구를 쉽게 확인할 수 있다.

❸ 내부 직원이 Promotion 되거나 다른 업무로 이동을 하게 되어 그 자리로 신규 충원할 때

팀원이 Promotion(진급)이 된 경우 당연히 축하를 해줘야 한다. 하지만 Promotion이 되었다는 의미는 그 업무를 정말 잘했던 팀원이고, 다른 부서로 내부 이동을 할 경우 엄청난 공백이 생길 수 있다. 이럴 경우, 최대한 빨리 Right Person을 채용해서 공백을 최소화해야 한다.

회사의 조직관리 개념으로 접근을 할 경우, 과장이 일을 잘하여 인정을 받고 차장으로 프로모션이 되어 다른 부서로 이동할 경우, 그 밑의 대리가 과장 Role로 프로모션이 되고, 대리급을 외부에서 신규 충원하는 경우가 가장 이상적이다. 회사에서는 이렇게 인력을 운영하는 경우가 많다. 그래서 회사에서 경력직 인재를 채용하는 직급이 대리(Assistant Manager)에서 과장(Manager)급이 많은 이유이다.

앞의 3가지 사유의 공통점은 어찌 되었든 간에 최대한 빨리 인재를 채용하고 싶어 한다.

즉 T/O(헤드 카운트) 승인이 확정되면, 부서의 Hiring Manager은 최대한 빨리 HR Manager와 논의 후 채용 진행 확정이 결정되면, 채용팀의 채용팀장에게 채용을 진행해달라고 요청이 온다. 그러면 채용팀장은 채용담당자를 지정하고, 채용담당자는 최대한 빨리 채용 의뢰한 부서의 Hiring Manager와 채용전략 미팅을 시작하면서 채용이 시작된다.

그리고 채용담당자는 2주 안에 후보자를 부서의 Hiring Manager에게 후보자를 보내야 하는데 Urgent 할 경우, 일주일 안에 후보자 3명을

보내야 하는 상황도 있다.

그래서 회사에서 채용공고가 오픈이 되었고, 본인이 지원해 볼만한 채용공고라면 고민하지 말고 바로 지원을 해야 한다. 당연히 지원하기 전에 지원한 회사와 지원한 채용공고 중심으로 입사서류를 Update 해야 한다.

실제 사례

Urgent한 포지션이라 2주 만에 채용이 끝났고, 합격한 후보자에게 Offer Letter를 보냈다. 그러던 중에 한 후보자가 지원을 하였는데 서류상으로 합격통보를 한 후보자보다 훨씬 더 적합해 보였다. 하지만 이미 Offer Letter가 발송되었기 때문에 추가로 진행할 수 없었다. 늦게 지원한 후보자는 이런 상황을 알 수 없고, 그냥 서류에서 탈락했구나 하고 본인 스스로 자책할 수 있다.

66

연봉협상 시, 채용담당자가 진심을 보여주고,

최선을 다해 Max Budget을 제시하였는데도 불구하고,

말도 안 되고 터무니없는 희망연봉을 계속 요구할 경우,

웬만하면 그 후보자를 탈락시킨다.

면접 때 본인이 했던 말과 다르거나 오로지 돈을 위해서 이직을 하는 후보자는

매력적이지 않기 때문이다.

99

PART

4

이직에 관심 있는 사회 초년생!
자주 물어보는 Q & A

이직을 어떻게 준비해야 하나요

어느 순간 우리는 경력직이 되어 있다. 주변에서 슬슬 이직하는 사람들을 그리 어렵지 않게 볼 수 있다. 훨씬 더 좋은 회사에 더 좋은 조건으로 이직을 하는 동료들을 보면 부럽기 시작한다.

예전 아버지 세대 때는 회사에 한번 입사하면 정년퇴직할 때까지 평생직장이라는 단어가 익숙했지만, 이제는 전략적인 이직을 통해 스스로 몸값을 올리는 커리어 시대가 왔다.

예를 들어 12년 동안 한 직장에서만 근무하여 차장까지 승진한 A라는 사람과, 3년마다 전략적으로 이직을 한 B라는 사람을 비교해본다면, 필자의 체감상 B 후보자가 A 후보자보다 대략 20%의 연봉이 높은 것 같다.

LinkedIn을 통해 Global에서 외국인들의 이직률은 생각보다 무척이나 높다. 한 직장에 만 3년 넘게 근무하는 경우보다는 3년이 안 되는 시점에 이직을 하는 비율이 훨씬 높다는 것을 쉽게 확인할 수 있다.

한국에서는 적어도 한 직장에서 3년 이상 경력이 있는 경력직 후보자를 선호한다. 이직의 가장 훌륭한 타이밍은 3~7년 사이지만, 요즘 체감은 이직 타이밍이 2~5년 사이로 빨라지는 것 같다..

만약 한 직장에서 10년 이상 오래 근무를 하고 있는 후보자가 지원을 한다면, 우리 회사에서 이 후보자를 뽑으면 한동안은 중간에 퇴사할 확률이 다른 후보자에 비해 현저히 떨어질 것이라는 긍정적인 시각이 있는 반면, 한 회사에 너무 오랫동안 근무를 하여, 새로운 환경의 우리 회사에 잘 적응할 수 있을지, 현실에 안주하면서 도전정신이 조금 부족한 후보자일지 등의 부정적인 시각도 존재한다.

이제는 전략적으로 이직을 해야 하는 커리어 시대이다. 본인이 만 2년이 넘어가는 3년 차 시점부터 내가 하는 업무로 다른 회사에서 경력직을 어떻게 채용하고 있는지 내 직무와 연관된 채용공고 등을 확인하고, 특히 어떠한 자격요건(Qualification) 중심으로 경력직 인재를 채용하고 있는지 조사하고, 모니터링을 해야 한다. 그러면서 앞으로 6개월 후에 비슷한 채용공고로 지원하겠다는 목표를 정립하고, 자격요건 중심으로 부족한 점을 보완할 수 있도록 준비를 해야 한다.

자격요건 예시

필수 경험과 역량

* 관련 경험/ 역량을 보유하시고 있다면, 서류에 필수적으로 작성 부탁드립니다.
- 데이터 및 머신러닝 관련 프로젝트 진행 경험을 2년 이상 보유하신 분
- 데이터 분석에 주로 사용되는 소프트웨어 언어를 작성하실 수 있는 분(Python, SQL, R etc)
- 데이터 분석 또는 통계학, 컴퓨터 공학, 산업 공학 등 연관 분야에서의 석사학위를 보유하신 분
- 머신러닝 관련 최신 알고리즘을 활용하여, 실제 비즈니스 문제 해결 경험을 보유하신 분
- 원활한 비즈니스 영어 활용이 가능하신 분

우대 사항

* 관련 경험/ 역량을 보유하시고 있다면, 서류에 함께 작성 부탁드립니다.
- 데이터 분석 또는 통계학, 컴퓨터 공학, 산업 공학 등 연관 분야에서의 박사학위를 보유하신 분
- Dynamic Pricing 도메인에 대한 이해와 데이터 분석, 모델링 경험을 보유하신 분
- 데이터 분석의 방향을 스스로 설정하고, 프로젝트 내 리더십을 발휘하실 수 있는 분
- 데이터 분산 처리 및 엔지니어링에 대한 지식을 보유하신 분

만약 자신이 영어회화가 부족하다고 느낀다면, 평상시 영어회화를 꾸준히 공부한다든지, 관련 자격증을 선호한다면 퇴근하고 그 자격증을 따기 위해 자기개발을 할 수 있다.

경력직일 경우, 자기개발을 하지 않으면, 전략적으로 이직을 하여 자신의 몸값을 올릴 수 있는 확률이 조금씩 떨어질 것이다.

결론은 경력 2년이 넘어가면서부터는 슬슬 전략적으로 이직을 준

비하기 시작해야 하며, 내가 하는 업무가 어떠한 Job Title로 다른 회사에서 경력직 인재 채용을 하는지 확인하고, 특히 자격요건 중심으로 향후 6개월 후에 지원할 때 더 적합한 후보자가 될 수 있기 위해 자격요건 중심으로 자기개발을 해야 한다는 점이다.

02
헤드헌터를 통한 이직방법을 알려주세요

필자는 헤드헌터를 정말 잘 안다고 생각한다. 왜냐하면 나는 첫 직장생활을 헤드헌터로 3년 동안 써치펌에서 근무를 했기 때문이다. 처음 사회생활을 헤드헌터로 시작하면서 너무나 행복하게 일을 했고, 일이 즐거웠기 때문에 주말에도 회사에 간 적이 있으며, 일요일 밤에 개그콘서트가 끝나도 심란하지 않았다. 내일 회사 가는 게 즐거웠기 때문이었다. 나는 아직도 헤드헌터라는 직업을 사랑한다.

또한 In-House(기업 내) 채용담당자가 되면서 간혹 업무가 너무 많을 때라든지 경쟁사의 임원급을 스카우트하는 업무를 헤드헌터들과 협업하면서 다양한 채용을 진행하였다. 헤드헌터들과 업무를 진행할 때 너무 신경을 안 써도 안 되며, 너무 간섭을 해도 안 된다. 적당히 파트너십을 맺으려고 노력을 하였지만, 분기별 한 번 리포트 제출을 요청한다든지, 연초에 써치펌 선정을 위해 공개경쟁 PT를 진행하여 새롭게 써치펌을 선정하는 업무도 진행을 하였다.

한편으로는 다른 회사로 이직할 때 헤드헌터를 통해 이직을 하였고, 정말 서포트를 잘해줘서 어렵지 않게 성공적으로 이직을 할 수 있었다.

써치펌 비즈니스는 진입장벽이 그렇게 높지 않기 때문에 쉽게 생기기도 하고, 쉽게 없어지기도 한다. 그러면서 정말 훌륭한 헤드헌터들이 있지만, 한편으로는 제대로 된 교육을 받지 못하고, 후보자에게 이력서를 요청하여 그냥 띡 하고 고객사에게 후보자와 통화하거나 동의 없이 이력서를 전달하거나, 후보자에게 피드백을 안 주거나, 아직도 채용공고에 남성 선호/40대 초반~ 40대 중반 선호라는, 절대 성별/나이 차별을 하면 안 되는데 버젓이 이렇게 공고를 올리면서 '나는 아마추어'라고 티를 내는 헤드헌터들도 있다.

어느 직종도 마찬가지겠지만, 잘해서 유명한 사람, 못 해서 실적 안 나오는 사람이 존재하기 마련이다.

그러면 헤드헌터들이 어떻게 경력직인 여러분을 컨택할 수 있을까?

첫 번째 방법은 헤드헌터가 올린 채용공고를 보고, 이력서를 제출하면 헤드헌터는 지원한 후보자들 중 적합하다고 판단하는 후보자들에게 연락을 하며 진행을 할 수 있다. 만약 이번에 진행이 되지 않으면, 써치펌 Database에 저장하여 관리를 하며, 다른 더 적합한 채용공고가 열리면 연락을 받을 수 있다.

여기서 중요한 점은 경력직 후보자가 헤드헌터가 올린 채용공고에 매우 관심이 있을 경우, 공고에 나온 헤드헌터 연락처로 먼저 컨택을 하여 이력서를 제출하기 전에 어느 정도 진행될 확률이 있는지를 문의해보는 것을 추천한다.

이력서는 소중한 내 개인정보가 있는데 이런 개인정보를 가망도 없는 포지션에 지원하기 위해 이력서를 제출한다면, 내 개인정보를 그냥 쉽게 던지는 것 같아 썩 기분이 좋지 않다. 이메일이나 통화를 할 수 있는데, 그냥 바로 전화를 해서 간단히 포지션에 대한 논의, 내 소개 등을 하여 서로 적합하다고 의견이 일치가 되면, 그때 이력서를 제출하면 된다.

헤드헌터들은 진행하고 있는 회사명을 웬만하면 바로 밝히지 않는다. 사유는 만약 다른 써치펌의 헤드헌터가 접근을 하여 회사명과 포지션을 알게 된다면, 진행 중인 회사로 컨택하여 우리 써치펌도 진행을 한번 해보면 안 되겠느냐라고 요청을 할 수 있다.

기업 입장에서는 처음 돈이 들어가지 않고, 어찌 되었든 합격한 후보자를 추천한 써치펌에게만 수수료를 지급하면 되기 때문에 쉽게 일을 줄일 수도 있다. 그러면 경쟁자들이 많아지고, 그만큼 우리 후보자가 채용될 확률이 조금씩 떨어지기 때문이다.

두 번째 방법은 본인의 프로파일을 링크드인에 올려놓거나, 아니면 사람인/잡코리아/피플앤잡/원티드 등에 개인 회원으로 가입하여 본인의 이력서 관련 정보를 등록을 해놓으면, 헤드헌터들이나 기업의 채용담당자들에게 연락을 받을 수 있다.

이직은 하고 싶은데 업무가 바쁘거나 여유가 없을 때는 여기에다가 이력서를 등록해 놓는다면, 헤드헌터로부터 정말 괜찮은 포지션으로 연락을 받을 수 있다.

이제는 링크드인의 커리어 시대이다. 반드시 링크드인에 프로파일을 간략하게라도 등록해야 한다. 링크드인은 세계 최대의 비즈니스 인맥 사이트이고, 회사의 채용담당자들이나 헤드헌터들이 후보자를 찾을 때 요즘 가장 활용하고 있는 툴이 바로 링크드인이다.

본인의 영문이력서를 중심으로 적어도 어떤 회사에서 어떤 롤을 하고 있는지 간단하라도 올려놓는다면 정말 뜻밖의 선물을 헤드헌터들로부터 받을 수 있다.

아무리 훌륭한 장수라도 속세에만 묻혀 있다면, 어떻게 그 장수를 찾아서 등용을 할 것인가? 여러분도 분명 훌륭한 인재일 수 있고, 속세에 묻혀 있지 말고, 한 시간만 투자해서 링크드인에 프로필을 간단히라도 업로드시켜 놓는 것을 강하게 추천한다.

채용담당자나 헤드헌터가 노출 안된 후보자를 찾아내는 것은 내부 추천을 받지 않는 이상 너무나 어렵기 때문이다.

국내회사 중심으로 이직을 생각한다면, 사람인/잡코리아/인쿠르트 3군데 모두 이력서를 등록해도 되고, 셋 중 한 군데에 등록을 해 놓아도 된다. 여기서 중요한 점은 현재 다니고 있는 회사가 열람하지 못하도록 설정을 할 수 있기 때문에 적극 활용하면 좋다.

간혹 필자도 사람인/잡코리아/인쿠르트를 통해 경력직 후보자를 찾고 있는데 우리 회사 직원이 떡 하고 이력서를 등록하고, update한 지 일주일도 안 된 뜨끈뜨끈한 이력서들을 간혹 보곤 한다. 팀과 이름이 나와 있기 때문에 아는 사람일 수도 있고, 모르는 사람도 있지만, 이럴 경우 이 직원의 매니저에게 보고를 해야 하는 게 맞는지 고민을 한 적이 많이 있다.

만약 현재 회사에서 알게 될 경우는 좋지 않기 때문에 이력서 등록을 할 거면 현재 회사가 검색하지 못하게 설정해 놓기를 추천한다.

어찌 되었든 간에 이제 헤드헌터와 새로운 경력직 포지션으로 진행을 하게 되었다.

이 시점에서 훌륭한 헤드헌터와 실력 없는 헤드헌터를 구별할 수 있다.

훌륭한 헤드헌터는 적어도 후보자와 30분 이상 심층 인터뷰를 진행을 하는 헤드헌터이다. 규모가 있는 써치펌에서는 후보자를 직접 써치펌으로 불러서 f2f 인터뷰를 진행한다. 실력 없는 헤드헌터는 전화상으로 5분도 안 되게 통화를 하면서, 기본적인 것만 체크를 한다.

왜 심층 인터뷰를 해야 하느냐 하면, 후보자의 장단점을 제대로 확인하면서 고객사가 원하는 자격요건에 얼마나 매칭이 되는지를 판단을 해야 하며, 실력 있는 헤드헌터들은 고객사에 방문하여 채용담당자와 f2f 미팅을 통해 포지션에 대한 정보와 어떠한 인재를 뽑는지를 최대한 자세히 파악을 하였기 때문에 면접 팁, 인터뷰 준비 방법, 인터뷰 코칭까지 제공을 한다.

그렇지 않은 헤드헌터들은 고객사에 대한 정보도 제대로 모르고, Job Description 외의 내용이나 어떠한 인재를 선호하는지, 백그라운드 등을 제대로 알지 못한다. 심지어 어떠한 업무를 하는지도 이해하지 못하는 헤드헌터들도 있다.

비슷한 후보자가 훌륭한 헤드헌터와 진행을 할 경우, 이직에 성공할 확률이 높아지는 이유이다.

또한 인터뷰 후 중간중간 피드백을 제대로 주는 헤드헌터는 훌륭한 헤드헌터이지만, 2주가 지나도 아무런 회신을 주지 않으면 아마추어 헤드헌터이다.

그리고 연봉 협상할 때 중간에서 부러지지 않게 조율/커뮤니케이션을 잘하면 훌륭한 헤드헌터이고, 그렇지 못하면 아마추어 헤드헌터이다.

마지막으로 이직에 성공을 하든, 중간에 탈락을 하여 실패를 하든 인간관계를 잘 유지하고, 간혹 안부 연락까지 하고, 추후 다른 포지션으로도 추천을 해주는 헤드헌터는 훌륭하고, 그렇지 않으면 좋은 헤드헌터가 아니다.

이직을 할 때 헤드헌터와 훌륭한 파트너가 된다면, 생각보다 어렵지 않게 이직을 할 수 있지만, 실력 없는 헤드헌터를 만났을 때는 그냥 혼자 진행하는 것과 큰 차이가 없을 수도 있다.

훌륭한 헤드헌터를 만난다는 것은 생각보다 이직에 너무나 큰 도움을 받을 수 있다. 인터뷰할 때 다양한 정보, 예상 질문, 조직문화, 면접관 스타일 등 정말 중요한 정보를 얻을 수 있다. 또한 인터뷰 스케줄을 조금 더 편하게 잡을 수 있게 도와준다. 그리고 가장 중요한 연봉 협상을 할 때, 기업의 채용담당자와 협상하는 것보다 헤드헌터를 통해서 협상을 할 경우, 더 편하게 중간에서 조율을 받음으로써 큰 도움을 받을 수 있다. 마지막으로 좋은 관계로 발전하면 나의 커리어 상담, 이직 등에 지속적으로 도움을 받을 수 있다.

간혹 '헤드헌터를 활용하면 헤드헌터에게 돈을 지불해야 하느냐.' 라는 질문을 많이 받는다. 후보자는 헤드헌터에게 돈 한 푼 지불하지 않고, 헤드헌터를 통해 이직을 하였을 경우, 이직한 회사에서 헤드헌터에게 돈을 지불한다. 즉 이직을 원하는 후보자와 헤드헌터는 윈윈 관계이며, 훌륭한 파트너가 될 수 있다.

만약 내 인맥 중 정말 훌륭한 헤드헌터 딱 1명만 있으면, Career에 있어서 너무나 큰 도움이 될 것이다.

03
바람직한 이직 사유는 뭘까요

*경력직 면접*에 있어 반드시 물어보는 질문은 현직자일 경우, '왜 이직을 하려고 하나?'이고, 퇴사자일 경우는 '왜 퇴사를 하였나?'이다.

이 질문은 안 할 경우는 절대 없다. 100% 질문을 한다. 수많은 경력직 Interview를 진행하면서 이직 사유에 대한 다양한 답변을 다음과 같이 듣고 있다.

1) 내 Manager와 잘 맞지 않는다.
2) 회사 규모가 너무 작고, 비전이 없다.
3) 너무 일이 잡다하고, 전문성이 없다.
4) 회사가 한국에서 철수를 할 예정이다.
5) 집에서 회사까지 너무 멀다

6) 현재 지방인데 서울로 오고 싶다.

7) 현업에 익숙해서 정체된 것 같아 자극이 필요하다

8) 연봉이 너무 적고 제대로 대우받지 못하는 것 같다.

9) 시장에서 내 몸값을 알아보고 싶다.

10) 정치싸움에 더 이상 버티기 싫다.

11) 고인물들이 많아 적응하기 어렵다.

12) 이 조직이랑 안 맞는다.

13) 헤드헌터로부터 제안을 받았다.

14) 남편 따라 다른 지역으로 가야만 한다.

15) 더 이상 승진할 기회가 안 보인다.

16) 야근이 너무 많다.

이 중 정말 좋지 않은 이직 사유는 다음과 같다고 생각을 한다.

'상사랑 맞지 않아서요'

이는 후보자를 뽑았는데 나와 안 맞으면 어쩌지 하는 의구심이 들 수 있다. 당신이 만약에 부하 직원을 뽑는데 그 후보자가 상사와 맞지 않아서요라고 직설적으로 이야기하면 아무리 그 사람 말이 맞는다고 해도 쉽게 그 짧은 인터뷰 시간에 충분히 Buying할 수 있을까?

정말 많은 현직자들이 이직하는 가장 큰 이유는 내가 생각할 때 사람 문제인 것 같다. 내 Manager와 안 맞는다든지, 동료와 안 맞는다든지, 적은 소수지만 밑의 부하직원과 안 맞아서 이직을 생각하는 솔직한 심정을 나중에 신규 입사자와 친해졌을 경우 솔직한 이직 사유를 파악하는 경우가 많았다.

특히 직속 상사와 안 맞을 때는 정말 둘 중 하나가 나가야 하는데 내가 정말 핵심인재여서 상사를 내보내는 방법도 있지만, 그렇게 하기에는 너무 피곤하고, 주변에 눈이 많기 때문에 쉽지 않다.

그렇기 때문에 절이 싫으면 중이 떠나는 것이다. 면접을 보는 면접관들도 본인들이 이직할 때 이직 사유 중의 하나가 분명 사람 문제 때문에 본인도 이직을 했든지 이직 생각을 했을 경우가 매우 높을 것이다.

그렇기 때문에 Direct하게 '상사와 맞지 않아서요.'라고 대답을 하는 것은 최악의 대답 중 하나이다. 나중에 CBI 행동 기반 역량면접으로 이직 사유가 상사 문제라는 것을 실력 좋은 면접관은 어느 정도 파악할 수 있겠지만, 자신이 먼저 이런 대답을 할 필요는 없다.

두 번째는 '회사와 안 맞아서요.' 같은 대답이다.

그럼 우리가 당신을 뽑으면 우리 회사랑 정말 잘 맞을까? 만약 우리 회사와도 안 맞으면 또 그만둘 사람을 우리가 왜 뽑아야 하지? 하는 의구심이 들 수 있다. 당연히 많은 이직 사유 중의 하나가 더 큰 규모로 이직을 하고 싶거나 잡일을 하지 않고, 다른 더 가치 있게 써 주는, 더 전문적인 일을 할 수 있는 곳으로 이직을 하고 싶어 하는 것은 당연하다. 그렇기 때문에 이렇게 직설적으로 대답할 필요가 없다.

세 번째는 야근이 너무 많고, 힘들어서 이직을 하고 싶다는 대답이다.

이 답변 또한 간혹 '우리도 야근이 발생할 수 있는데 비슷한 상황이면 또 그만두고 이직을 알아보겠네.'라고 추측할 수 있다. 즉 너무 워라벨을 너무 따지는 인상을 주는 후보자를 선호할 수는 없다. 당신이 매니저인데 간혹 야근을 할 수 있는데 워라벨을 너무 따지면 부담되어서 야근을 시킬 수 있겠는가? 부담되는 부하직원을 뽑고 싶은가?

네 번째는 '더 많은 연봉을 받고 싶어서 이직을 하고 싶다.'라고 돈만 밝힌다는 느낌을 주는 답변도 좋지 못하다.

모든 직장인들은 당연히 비슷한 조건이면 돈 많이 주는 회사를 이직하고 싶은 마음은 당연한 사실이다. 직장인들도 프로이다. 프로야구 선수들이 FA가 되어 돈 많이 주는 대로 가는 것은 당연하다. 이런 대답을 다 알고 있기 때문에 직설적으로 말할 필요가 없다.

하지만 간혹 후보자들은 돈 많이 주는 곳으로 이직하고 싶다 라고 자신 있게 대답을 한다. 그러면 우리 회사에 다니고 있는데 돈 많이 주는 곳이 있으면 바로 망설임 없이 이직할 후보자겠구나 하고 추측할 수 있다. 그러면 뽑기 싫다.

다섯 번째는 헤드헌터가 제안을 해서 그냥 지원을 해봤다는 느낌을 주는 대답이다.

그러면 우리 회사에서 잘 일하고 있는데 '헤드헌터가 또 제안을 한다면 고민 없이 쉽게 다른 회사 그냥 또 지원할 후보자구나.'라고 판단할 수 있다.

다른 안 좋은 대답들도 있지만, 결론은 직전(현재) 상사나 회사를 욕하는 대답은 좋지 않고, 워라벨을 너무 밝히거나 돈/복지를 밝히는 느낌을 주는 대답은 절대 해서는 안 되는 대답이다.

이직 사유 관련, 바람직한 좋은 대답은 다음과 같다고 생각한다.

현재 업무 SCOPE이 한정적이고 익숙해져서 현실에 안주하는 것 같고, 더 이렇게 지내면 점점 편해져서 커리어적으로 발전하는 데 한계가 있다고 판단하였고, 이제는 업무 SCOPE을 넓히고, 지금 하는 직무를 커리어적으로 더 개발하고 열정적으로 도전하기 위해 이직을 생각한다 중심으로 대답을 하면 큰 무리가 없다.

또한 지방에 있을 경우, 솔직하게 서울에서 일하고 싶다거나 출퇴근 거리가 너무 멀어서 삶의 질이 떨어지기 때문에 조금 더 가깝고, 지우너한 회사의 장점 등을 어필하면서 이직을 하고 싶다고 답변하는 것도 나쁘지 않다.

즉 나의 커리어 디벨롭, 도전, 열정 중심으로 지원한 회사가 이러이러한 장점이 있고, 충분히 내가 기여할 수 있기 때문에 이직을 하고 싶다는 중심으로 대답하면 큰 무리 없다.

이직 관련 답변을 준비할 때 어쩌면 나 스스로 이 답변이 좋은 답변인지 좋지 않은 답변인지 판단할 수 있는 방법은 내가 만약 면접관이고, 내 직속 부하직원을 심혈을 기울여서 뽑아야 하고 그래서 이직 사유를 나 자신에게 질문했을 때, 나 스스로 판단했을 때 이 대답을 통해 나와 일하고 싶을지 아니면 쓸데없는 오해를 할 수 있을지는 조금만 고민해 보면 스스로 파악할 수 있다고 생각한다.

과거를 욕할 필요 없고, 커리어 개발, 도전, 열정, 그리고 진솔하게 대답하면 이직 관련 질문에 큰 무리 없이 넘어갈 수 있을 것이다.

결론은, 우리 직장인들도 이제는 프로이고, 내 가치를 더 알아주고 인정해주는 곳으로 더 좋은 조건으로 이직하는 것은 누구나 원하는 사실이고, 누구나 바라는 일이기 때문에 이런 점을 애써 이야기할 필요는 없는 것이다.

04

혹시 지원을 하게 되면,
현재 재직 중인 회사에 평판 조회로 연락이 오나요

평판 조회(Reference Check)는 회사마다 다르지만, 모든 포지션으로 다 진행하지 않고, 중요 포지션이나 임원급 중심으로 진행을 하고 있다. 왜냐하면 채용담당자 업무가 많기 때문에 모든 채용포지션으로 평판 조회를 하기에는 현실적으로 업무가 부담되기 때문이다. 그리고 후보자가 현재 근무하고 있는 직장으로는 절대로 평판 조회를 해서는 안 된다.

'업계의 불문율'이다.

만약 제대로 교육을 받지 못한 지원회사에서 후보자를 면접 본 Hiring Manager가 후보자의 현재 재직 중인 회사의 아는 사람에게 연락을 하여 후보자에 대해 물어보았고, 이것이 후보자의 현재 직장에 새어 나가 알려질 경우는 끔찍한 대참사가 발생한다. 이럴 경우, 후보자가 지원회사에 합격통보를 받고, 이직을 하면 더 큰 문제가 발생하지 않겠지만, 만약 지원한 회사에서 떨어진다면, 현재 회사, 특히 현재 매니저와의 관계가 서먹해지고, 향후 불이익을 받을 수 있는 확률이 매우 높아진다. 후보자 입장에서는 너무나 화가 나고 억울하여, 정말 최악의 경우는 소송까지 갈 수도 있다.

평판 조회는 반드시 후보자가 재직 중인 회사의 어떤 누구에게 하면 안 되며, 정말 비밀리에 후보자의 현재 회사를 다녔다가 퇴사했던 분이나, 아니면 지원한 회사에서 그 후보자의 현재 회사 출신의 직원이 있을 경우, 비밀리에 평판 조회를 할 수 있다. 그렇기 때문에 대부분 후보자의 현재 회사가 아닌 직전 직장 중심으로 평판 조회를 진행해야 한다.

평판 조회 방법은 오픈과 블라인드 두 가지 방법이 있다.

오픈 방법은 후보자에게 직접 평판 조회 대상자를 요청하고, 후보자를 통해 평판 조회할 대상사의 연락처를 받는 방법이다.

많은 사람들이 후보자와 친한 사람에게 평판 조회를 하면 당연히 좋은 말만 해줄 것 같은데 그런 평판 조회가 효과가 있을 것 같냐고 질문을 할 것이다.

오픈 방법에서의 핵심은 과거 직속 상사(매니저), 즉 후보자가 리포팅하고, 후보자를 평가했던 분을 반드시 포함시키면 된다. 그리고 다양한 질문들을 통해 후보자의 장점/칭찬만 확인하는 것이 아니라 후보자의 단점/극복해야 할 사항 등 채용담당자의 역량/스킬에 따라 깊게 후보자의 평판 조회를 체크한다.

블라인드 방법은 후보자 모르게 평판 조회를 하는 방법이다. 앞에서 언급했듯이 절대 현재 후보자가 다니고 있는 회사의 현직자에게 평판 조회를 해서는 안 된다. 후보자의 이력서를 확인하고, 예전에 같이 일했던 동료가 우리 회사에 먼저 있는지를 확인하고, 있을 경우 그 후보자를 알고 있는 우리 회사의 내부 임직원에게 먼저 후보자에 대한 평판 조회를 진행한다. 만약 우리 회사에 없을 경우, 후보자의 직전 경력과 비슷한 시기에 비슷한 직무로 일했던 분들을 찾아 컨택하고 진행한다. 또한 후보자가 다니고 있는 회사를 퇴사하고 다른 회사에서 근무하고 있는 분도 컨택해서 비밀리에 진행할 수 있다.

즉 결론은 평판 조회를 모든 후보자에게 반드시 진행하는 것이 아니며, 평판 조회를 할 경우, 지금까지의 인터뷰 결과가 좋아 뽑고 싶은데, 마지막으로 평판 조회를 통해 검증 후 채용을 하고자 하는 거의 채용 프로세스 마지막 단계에서 발생한다. 그리고 후보자가 현재 재직 중인 회사로는 평판 조회를 하지 않는 것이 불문율이며, 채용 프로세스 진행 중 이 점이 걱정이 될 경우, 담당 채용담당자에게 Confidentiality(비밀보장)에 신경 써 달라고 요청을 하면 된다.

<u>프로스포츠</u>에서 이름만 들으면 알 만한 선수들이 있는 반면, 10년 이상 프로선수를 했는데도 이름을 잘 모르는 선수들도 많다. 당연히 이름만 들으면 알 만한 선수들의 연봉이 훨씬 높을 것이다. 성공한 스포츠 스타들은 정말 많다. 이종범은 야구만 잘하면 된다. 손흥민은 축구만 잘하면 된다. 김연경은 배구만 잘하면 된다. 한 분야에서 최고의 Specialist가 되면 돈 많이 받고, 프로로서 성공을 할 수 있다.

운동선수만이 프로가 아니라 우리 직장인들도 프로의 시대이다.

아버지 세대 때에는 한 번 입사한 회사에 평생 몸 바쳐 다니는 것이 매우 당연한 시대였다. 대부분 자의로 그만두는 것이 아니라 회사에서 타의로 구조조정이나 그만두라고 권유하여 퇴사를 억지로 하는 시대였다. 이 당시만 해도 한 분야의 전문성을 키운다기보다는 회사의 상황에 따라 이 부서 저 부서로 로테이션을 하는 경우가 매우 많았다. 그렇기 때문에 아버지 세대 때의 한 직장인의 전문성, Specialist를 찾기 어려웠다.

필자가 국내 대기업을 퇴사한 이유도 비슷한 사유였다. 나는 한 분야의 Specialist가 되고 싶었다. 나는 인사담당자HR Generalist가 되고 싶지 않았고, 채용담당자(Recruiting Specialist)가 되고 싶었다.

Job Site에서 각 직무를 검색해보자.

만약 '피플앤잡'에서 관련 직무로 검색을 한다면, 앞에서와 같이 이 직무 저 직무 이것저것 전반적으로 다 해본 인재를 채용하는 Generalist 채용공고를 찾기 매우 어려울 것이다.

경력 4년이면, 대리급(Assistant Manager)인데 대리급을 채용하는 대부분의 포지션은 한 분야의 전문가를 경력직으로 채용을 하고자 한다.

예를 들어 채용담당자 Talent Acquisition Partner 관련 공고들을 보면 채용 경력 3년 이상 필수, C&B (Compensation & Benefit) Specialist 로 C&B 경력 3년 이상 매우 선호를 확인할 수 있을 것이다.

내가 만약 채용업무만 8년 하였을 경우, Job 시장에 나가서 채용 관련 직무로 이직을 하는 확률이 높을까? 인사업무 이것저것 다 해본 사람이 이직할 확률이 매우 높을까? 곰곰이 생각을 해봐야 한다.

이제는 한 분야에서 이 업무, 저 업무 다 해본 Generalist에서 한 분야에서 한 업무만 하면서 직무 Special이 있는 Specialist를 채용하는 커리어 시대로 완벽하게 전환되었다.

요즘은 해외에서 일하고 싶어 하는 분들이 정말 많다. 그런 분들은 현재 내가 하고 있는 직무에서 전문가가 되어야 한다. 그리고 구체적으로 해외 유명 회사들에서 이 직무로 채용을 할 때 어떤 Job Title로 채용공고를 올리는지 반드시 확인을 하고, 현재 통용되고 있는 현재 내 직무와 관련된 Job Title 2~3개를 List-Up한 후 모니터링하고, 자격요건을 보면서 내가 부족한 점이 무엇인지, 어떻게 Improve하여 조만간 이직을 시도해야 하는지, 스스로 목표를 세우고 노력을 해야 한다.

내가 만약 구매담당자이면, Sourcing Specialist, Purchasing Specialist, Indirect Sourcing Specialist 등으로 현재 Job Site에서 경력직 인재를 채용하고 있다는 것을 알 수 있다. 특히 일반 구매보다는 간접구매로 경력직 인재를 채용하는 것이 훨씬 어렵기 때문에 전략적으로 현재 내가 하는 업무에서도 어떤 것을 더 나의 Specialty로 강조할지 등도 Job Market을 모니터링하면서 고민해볼 수 있다.

또한 LinkedIn에서 현재 내가 하는 직무와 비슷한 직무를 하고 있는데 이직을 어떻게 하고 있는지 다른 분들의 프로파일을 확인해보고, 벤치마킹을 해보자.

요즘 LinkedIn에서 나와 비슷한 직무를 하고 있는 외국인들이 몇 년 주기로 이직을 하는지 한번 살펴보자. 놀랍게도 이직 타이밍이 1~5년에 한 번씩 이직을 하는데 정말 좋은 회사들로 이직을 하는 사람들을 너무나 많이 볼 수 있을 것이다. 그런 사람들 대부분 자기의 직무 Specialty를 가지고 Specialist로써 이직을 하는 것을 쉽게 확인할 수 있을 것이다.

연봉 누가 더 높을까? (이직 없이 한 직장만 다니는 후보자 vs 전략적으로 3번 이직한 후보자)

12년 동안 한 회사에서 일했다면, 매년 물가상승률에 의해 1~5% 인상될 수 있고, 대리에서 과장으로 승진했을 경우 사원에서 대리나 과장에서 차장으로 진급했을 때보다 조금 더 높게 5~10% 인상될 수도 있다. 물론 회사 사정이나 경제 사정이 좋지 않으면, 매년 연봉 상승이 없을 수도 있다.

하지만 3년마다 전략적으로 이직한 사람은 연봉 상승률이 어떻게 될까? 이직을 하면 적어도 10%에서 많으면 15~25%까지 연봉이 오를 수 있다. 만 3년마다 전략적으로 이직을 한 사람이 한 회사에 이직 없이 있는 사람보다 당연히 연봉이 높다.

우리가 이렇게 전략적으로 이직을 한 사람을 욕할 수 있을까?

우리가 이런 사람을 욕한다면 프로선수들이 돈 많이 주는 곳으로 이적하는 것에도 욕해야 하나? 류현진이 한화에서 LA 다저스로 이적했을 때 한화를 배신했다고 욕해야 하나?

우리 직장인들도 이제 프로페셔널, 프로이고, 나를 인정해주는 돈 많이 주는 곳으로 이직을 하는 것은 당연한 일이고, 어쩌면 이직을 제대로 활용하지 못하면, 연봉을 올리는 것에 직장 생활하면서는 한계에 부딪힐 확률이 매우 높다.

취준생이라면, 평생 먹고살아야 할 직무에 대한 고민을 많이 해야한다. 왜 평생 이 직무의 Specialist로 먹고살아야 하는데 직무에 대한 고민 없이 취업을 어렵게 준비하고, 입사하여 배정된 직무로 평생 이직무가 천직이라 생각을 하고 직장생활을 하는가?

만약 그 배정받은 직무가 당신과 전혀 맞지 않는 직무면 어떻게 할 것인가? 중간에 때려 치고, 나와 맞는 직무를 찾아 다시 경력 신입으로 취업에 도전을 하여 시간 낭비를 할 것인가?

생각보다 정말 많은 경력 1~2년 차의 경력 신입들이 이 직무와는 맞지 않고, 다른 직무로 다시 신입으로 지원을 하고 싶은데 어떻게 해야 하는지 고민 상담을 많이 한다.

예를 들어 한 직무를 딱 1년 2개월 하고 있는데 정말 자신과 맞지 않고, 하기 싫고, 그렇기에 회사 가기 싫고, 그렇기에 그만두고 다른 직무일망정 다시 신입으로 입사하고 싶은데 어떻게 하나라는 고민 상담이나 질문을 많이 받는다.

이럴 경우, 지금 하는 업무 중 그나마 재미있는 직무들이 있는지를 물어보고, 그 직무가 Job Market에서 경력직으로 뽑는 직무인지를 확인해보라고 한다.

예를 들어 HR Coordinator 직무를 하면서 전반적인 HR Support 업무를 하는데 페이롤 숫자 보는 업무가 많고, 엑셀을 잘못 해서 너무 힘들지만, 다른 교육 업무를 Support할 때면 가슴 뛰고 강의 준비하면서 임직원들과 소통하는 것이 좋은데 업무가 너무 한정적이라고 한다면, 1년 정도만 더 참고, 매니저에게 교육 쪽 업무를 조금 더 많이 주셨으면 좋겠다고 공손히 이야기하면서 지내다가 3년 정도 되었을 때 HRD 교육 쪽의 경력직으로 이직을 시도해 지금 경력을 살려서 대리급으로 이직을 하라고 조언한다.

만약 모든 직무가 싫다면 어쩔 수 없이 빨리 그 직무를 포기하고, 하고 싶은 직무로 계약직이나 파견직 등 가리지 말고 현업 경험을 쌓고, 추후 그 직무로 이직을 하라고 조언을 하고 있다.

당신은 Specialist인가? Generalist인가?

평상시 나는 프로이고, 이 직무로 평생 먹고살면서 연봉 많이 받을 것이라고 목표를 세웠으면, 현재 하고 있는 직무의 Specialist 중심으로 이직을 전략적으로 해보기를 추천한다. 또한 꼭 한국뿐만 아니라 해외로도 이직할 수 있는 당신의 힘을 절대 무시하지 말았으면 좋겠다.

06
이력서상에 연봉을 기재해도 될까요

간혹 이력서상에 현재 연봉과 희망연봉을 기입하는 후보자들이 생각보다 많다. 이력서에는 너무나 소중한 개인정보들이 많이 있다. 그래서 정확한 집 주소(동까지 써도 무방)나 나이, 주민등록 번호를 쓸 필요가 없다.(쓰면 안 된다.) 하물며 너무나 비밀스러운 내 연봉정보를 기입한다는 것은 너무나 소중한 내 개인정보를 노출하는 것이다.

만약 그 이력서를 일반 잡사이트에 등록하였을 경우, 너무나 많은 기업에서 당신의 소중한 개인정보를 쉽게 볼 수 있다.

또한 나중 연봉협상 때 불리하게 작용할 확률이 높다. 만약 희망연봉을 너무 적게 적었을 경우, 나중에 훨씬 더 많이 연봉을 받을 수 있었지만, 이력서상의 희망연봉만 제시할 수 있다. 만약 더 요구를 할 경우, 이력서상에 이렇게 적었으면서 왜 이제 와서 더 많이 요구를 하느냐고 할 수 있다.

현재 연봉은 절대 기입하지 말고, 희망연봉을 적을 경우는 안 적는 것이 제일 좋지만, 정말 기입하고 싶다면 "협의 가능"이라고 표현하면 된다. 간혹 내규에 따른 다고 기입을 하기도 하는데 나중에 정말 낮은 연봉을 제시받았는데 이게 우리 회사 내규라고 한다면 어떻게 더 올려 달라고 이야기를 할 것인가?

현재 연봉은 처음 채용 Process가 진행될 때 채용담당자가 Check를 할 확률이 매우 높다. 만약 채용담당자가 현재 연봉을 Check도 하지 않고 실무 인터뷰와 진행한다면, 그 채용담당자는 나중에 부서 Hiring Manager에게 컴플레인을 당할 수 있다.

예를 들어 회사의 Budget이 6,000만 원인데, 후보자가 이미 현재 7,000만 원 받고 있고, 희망연봉이 적어도 8,000만 원이라면, 나중에 면접 전형이 끝나고 연봉 협상할 때 부러질 확률이 매우 높다. 이럴 경우, 후보자도 시간 낭비를 하였고, 부서의 Hiring Manager도 시간 낭비를 한 것이다.

바쁜 시간 쪼개 가며 3~4번 면접을 다 진행했는데 후보자가 말도 안 되는 현재 연봉이나 희망연봉(Expectation)이 있어서 부러졌다면, 당연히 처음에 Check를 하지 않은 채용담당자에게 컴플레인을 할 확률이 높기 때문이다.(채용담당자는 완벽하게 모든 고객들에게 시간 낭비를 시켜버린 셈이다.)

면접에서도 희망연봉을 물어본다면, 추후 협의하겠다는 중심으로 대답을 하는 게 가장 바람직하다. 면접관이 계속 집요하게 물어볼 경우, 나는 연봉보다는 경력개발, 도전 등으로 화제를 돌려서 최대한 연봉 이야기를 하지 않는 것이 나중에 매우 유리하다.

07
채용담당자가 솔직하게 생각하는 후보자와의 연봉협상

　　채용 업무 중 스트레스받는 여러 업무들이 있지만, 그중 하나는 바로 채용하고자 하는 후보자와 연봉협상을 하는 것이다. 한 달 이상 채용 프로세스를 통해 부서에서 뽑고 싶어 하는 후보자를 채용하려고 하는데 연봉협상에서 실패를 한다면, 후보자를 다시 찾아야 할 수 있고, 그러면 또 한 달이라는 시간이 지나면서 채용 프로세스가 늘어나고, 부서의 Hiring Manager에게 컴플레인을 받으면 정말 스트레스를 받는다.

　　간혹 많은 사람들이 오해하는 사항이 있는데 "채용담당자가 후보자의 연봉을 최대한 깎아서 입사시키면 채용담당자의 성과에 크게 기여한다."라는 잘못된 인식이 있다.

　　채용담당자의 미션은 주어진 Budget 안에 최대한 빨리 Right Person을 Right Time에 채용하는 것이다.

채용담당자의 중요한 평가지수 하나는 채용 Cycle Time이다. 즉 채용공고가 열리면서 숫자가 카운트다운이 시작되며, 후보자가 오퍼 레터에 온라인으로 사인하는 순간까지 숫자가 늘어난다.

이 숫자를 최대한 앞당기는 것이 좋고, Target은 평균 50일 이내 채용하는 것이 좋다.

일 년에 평균 100명을 채용하면서 후보자 한 명 한 명의 연봉에는 전혀 관심이 없고, 어떻게 해서든 적합한 인재를 빨리 채용하는 것이 훨씬 중요하다.

그렇기 때문에 연봉협상을 통해 후보자 연봉을 조금이라도 깎는 것에 큰 관심이 없고, 주어진 회사의 Budget 내에서 후보자가 충분히 만족하여, Motivation을 최대한 높여 입사시키는 것이 가장 중요한 사항이다.

특히 Motivation 측면에서 정말 웬만한 경우가 아니고서는 후보자가 현재 받고 있는 연봉을 깎아서 입사시키지 않는다. 억지로 이렇게 입사를 시킨다면, 이런 후보자들의 퇴사율이 생각보다 높기 때문이다.

후보자는 우리 회사뿐만 아니라 다른 회사도 분명 지원했을 것이고, 안정적으로 우선 우리 회사에 먼저 조인을 하였다가, 한 달 후에 그동안 다른 회사와 면접을 진행했던 곳에서 더 높은 연봉을 제시받았을 경우, 그쪽으로 가는 후보자들이 간혹 있었기 때문이다.

요즘은 연봉협상이 크게 어렵지 않고, 전반적으로 스무스하게 잘 진행을 하고 있다. 즉 나만의 연봉협상 노하우가 생겼던 것 같다.

우선 서류전형 후 채용팀 스크린 인터뷰에서 후보자와 전반적인 이야기를 한 후 반드시 현재 연봉과 희망연봉을 질문한다. 이때 우리 회사의 Budget에 문제가 없고, 채용팀 인터뷰에 합격이 된다면, 부서의 Hiring Manager와 인터뷰로 진행시킨다.

하지만 희망연봉이 터무니없이 높거나, 우리 회사의 Budget이 넘어갈 경우는 반드시 서로 논의를 한다. 즉 대략적으로 희망연봉을 낮추겠다고 후보자가 동의를 할 경우 다음 프로세스로 진행을 하고, 그게 어렵다면 그 자리에서 서로 합의하에 채용 프로세스를 더 이상 진행하지 않는다.

이 작업을 하지 않을 경우, 나중 연봉협상 때 너무나 고통스러울 수 있기 때문이다.

후보자가 실무 인터뷰를 2~3번 진행되는 동안, 채용담당자가 진행하고 있는 후보자를 위해 충분히 많은 정보를 주고, 충분히 서포트를 해준다면 그 후보자는 채용담당자가 나를 위해 정말 많이 도와준다는 생각을 하고 조금씩 마음을 열어줄 수 있다.

그리고 그 후보자가 최종 합격을 하고 연봉 협상을 하게 될 때 후보자와 채용담당자와의 관계가 좋은 관계가 유지가 된다면, 채용담당자는 Hiring Manager와 HR Manager가 합의된 MAX Budget을 확인하고, 주저하지 않고 후보자에게 MAX Budget을 제시한다.

그리고 자신 있고 솔직하게 MAX Budget이라고 이야기를 한다.

이럴 경우, 후보자가 별 고민 없이 우리가 제시한 연봉을 수락할 확률이 매우 높다.

간혹 몇몇 사람은 연봉협상 시, 처음 회사에서 제시한 연봉 조건을 무조건 거절하고, 질질 끌어라 하는 잘못된 정보를 후배들에게 공유하는 사람들이 있다.

연봉협상 시, 채용담당자가 진심을 보여주고, 최선을 다해 Max Budget을 제시하였는데도 불구하고, 말도 안 되고 터무니없는 희망연봉을 계속 요구할 경우, 웬만하면 그 후보자를 탈락시킨다. 면접 때 본인이 했던 말과 다르거나 오로지 돈을 위해서 이직을 하는 후보자는 매력적이지 않기 때문이다.

결론은 채용담당자는 후보자의 연봉을 깎는 데 전혀 관심이 없으며, 후보자가 우리 회사에서 제시한 연봉을 최대한 만족하고, 입사하려는 Motivation을 최대한 높여 빨리 채용하는 것이 채용담당자에게 있어 매우 중요한 사항이라는 점이다.

08
이직 준비 시, 주의해야 할 사항은

A라는 프로축구 선수가 있다고 가정해보자. A라는 선수가 어떠한 상황에서 이적을 해야 본인의 몸값을 제대로 받고 이적을 할 수 있을까?

큰 구단이든 작은 구단이든 A라는 선수가 본인의 퍼포먼스를 잘 보이고 있는 상황이라면 계약기간이라도 다른 구단에서 스카우트를 할 것이다. 당연히 현재 받고 있는 연봉보다 훨씬 더 좋은 조건으로 스카우트를 할 것이다.

만약 A라는 선수가 정확히 갈 곳도 정해지지 않은 상황에서 현재 구단을 나와서 이적을 위해 다른 구단을 알아본다면 A라는 선수의 몸값이 올라서 이적을 할 수 있을까? 아니면 구단이 원하는 금액으로 이적을 할 확률이 높을까?

이직을 하고 싶은 경력직 직장인들 중에 무작정 퇴사를 해버리고 이직 준비를 하는 사람들을 쉽게 찾아볼 수 있다. 면접에서 '이직할 회사가 정해지지도 않았는데 퇴사를 왜 먼저 했느냐?'라고 질문을 하면 대부분 사람들이 '회사 업무가 바빠 제대로 이직 준비를 하는 것에 한계가 있어서 퇴사를 하고 제대로 이직 준비를 하고 싶어서 먼저 퇴사를 하였다.'라고 대답을 한다.

이직 준비를 하면서 절대 하지 말아야 할 행동은 단언컨대 이직할 회사가 정해지지도 않았는데 무작정 퇴사를 해버리는 경우이다.

나 같은 채용담당자 입장에서 경력직 연봉협상을 가장 쉽게 할 수 있는 후보자들 또한 비트윈 잡 후보자들이다. 현재 회사에는 퇴사를 하였고, 적극적으로 구직을 하고 있는 후보자들과의 연봉협상이 가장 편하다. 큰 문제없이 회사가 제시한 연봉금액을 웬만해서는 수락하기 때문이다.

연봉협상이 어려운 경력직 후보자들은 현재 회사에서 훌륭한 성과를 내면서 잘 다니고 있는 후보자들이다. 이런 후보자들을 영입하기 위해서는 현재 후보자가 받고 있는 연봉보다 매력적인 조건을 제시해야 한다. 특히 연말에 경력직 후보자를 스카우트하기 위해서는 후보자가 이번 연말 혹은 내년 초에 받을 성과급까지도 보상을 해줘야 한다. 성과급을 보상해주지 않는다면 대부분의 경력직 후보자들은 성과급을 받은 후 이직하겠다고 하기 때문에 스카우트하는 시기가 예상보다 많이 늘어날 수 있다.

연봉협상이 제일 어려운 경력직 후보자들은 현재 회사에서 훌륭한 성과를 내고 있으면서 다른 회사에서도 오퍼를 받은 후보자이다. 정말 이 후보자를 뽑고 싶어서 좋은 조건으로 오퍼를 제시하였는데 다른 회사에서 더 좋은 조건으로 오퍼를 받아서 입사가 어렵다고 할 경우, 우리가 이 후보자를 뽑아야 한다면 적어도 다른 회사에서 제시한 금액 정도는 맞춰주면서 다른 셀링포인트로 후보자를 설득해야 한다.

만약 A라는 후보자가 '퇴사하고 본격적으로 이직 준비를 해야지.' 라고 별생각 없이 퇴사를 먼저 했을 경우, 본인의 몸값을 깎는 최악의 행동을 하는 것이다. 현재 회사가 아무리 힘들도 불행하더라도 다른 회사로부터 법적 효력이 있는 Offer Letter(근로계약서)를 받기 전까지는 참고 다녀야 한다. 대한민국 성인 남자들은 군대를 다녀왔을 것이다. 지금 회사가 군대 있을 때보다 힘든 것인가? 더 나아가 훈련소나 신교대보다 더 힘든 것인가? 분명 참을 수 있고 버틸 수 있다.
다른 곳에서 오퍼 레터를 받고, 꼴 보기 싫던 직장 상사에게 통쾌하게 퇴사하겠다고 통보하는 순간을 상상하며 현재 회사에서 버티고 버텨야 제대로 본인의 몸값을 높이면서 이직을 할 수 있다.

만약 어쩔 수 없이 회사에서 나가야 할 상황이 된다면, 적어도 1~2개월간은 현재 회사에 출근하지 않더라도 급여를 받으면서 현재 재직 중인 상황을 만든 후 그 기간 동안 이직에 올인해야 한다. 현재 회사를 다니고 있는지 아니면 퇴사를 했는지가 이직에 있어서 너무나 중요하기 때문이다.

또한 최종면접이 끝나고 결과를 기다리면서 채용담당자에게 긍정적으로 검토되고 있다는 말을 듣는 순간 회사에 퇴사 통보를 해버리는 경우이다. 절대 법적 효력이 있는 Offer Letter나 근로계약서를 받지 않는 한 현재 다니고 있는 회사에 퇴사 통보를 하면 안 된다.

간혹 갑작스러운 상황에서 채용이 연기되거나 취소될 수 있다. 만약 법적 효력이 있는 문서를 가지고 있다면 기업 입장에서는 채용을 연기하거나 취소할 수 없다. 만약 그렇게 한다면 후보자는 노동부에 가서 본인을 보호할 수 있다. 아무리 채용담당자나 인사담당자가 구두상으로 합격하였다고 통보를 받아도 법적 효력이 있는 Offer Letter나 근로계약서를 받은 후 현재 회사에 퇴사 통보를 해야 한다.

만약 현재 회사에 퇴사 통보를 했는데 갑자기 진행 중인 회사에서 채용 홀딩이 되어버린다면 한순간에 실업자가 될 수 있기 때문에 매우 조심해야 한다.

이직 시, 너무 기분 좋다고 들뜨거나 설레발을 치면 안 된다.

09
이직에 성공했는데 현재 회사도 나쁘지는 않은데 어떻게 해야 할까요

카운터 오퍼(Counter Offer)란 현재 회사에 퇴사 통보를 했을 때, 퇴사하지 말라고 설득하고, 계속 같이 근무하기 위해 Salary Increase(연봉 인상), Promotion(진급) 등을 정식으로 제안하는 행위이다.

카운터 오퍼를 받는다는 것은 그만큼 일을 잘했고, 회사에 반드시 필요한 직원이라는 것이다.

생각보다 정식 카운터 오퍼를 받는 직원들이 많지는 않다. 형식상 직원을 잡기 위해 다음에, 내년에 연봉 인상과 승진을 시켜줄게, 교육을 보내줄게 식으로 구두상으로 설득을 하는 경우가 대부분이다. 하물며 내심 퇴사를 반기는 회사나 매니저들도 분명 있을 것이다.

직원의 성과 문제가 아니라 매니저 등 사람과의 문제 때문에 이직을 결심하는 경우가 생각보다 많다. 카운터 오퍼를 구두상으로 듣는 것만으로는 카운터 오퍼가 절대 아니다. 카운터 오퍼는 언제부터 급여가 인상될 예정이고, 진급할 예정인지 등을 문서로 받는 것이 바로 카운터 오퍼이다. 구두상으로만 매니저나 인사담당자로부터 이야기를 듣고, 그 약속이 지켜지지 않아서 이직을 하지 않았다는 것을 후회하는 사람들을 어렵지 않게 찾을 수 있다.

다시 처음으로 돌아가서 본인 스스로에게 질문을 해보자.

나는 왜 이직을 하기로 결심했는가?

만약 현재 회사에서 어떤 조건을 제시하면 이직을 하지 않을까?

이직을 하게 되면 어떠한 좋은 점이 있을까? 반대로 어떠한 어려움이나 도전이 직면하게 될까?

향후 3년 후에 다시 이직을 하게 된다면 지금 어떻게 하는 것이 더 유리할까?

정말 신중하게 고민을 해야 한다. 회사에서 스트레스를 받아서 회피하기 위해 이직을 습관처럼 하고 있는 것이 아닌지, 너무 이직이 많은 것이 아닌지, 현재 회사에서 무려 10년이 넘었는데 이직을 한 번도 안 해서 업계 대비 연봉이 너무 적은 게 아닌지, 앞으로 진급할 기회가 부족한지, 우리 회사의 전망이 암울한지 등 정말 많은 고민을 해야 한다. 이직은 인생에 있어서 너무나 중요한 결정이기 때문이다.

죽어도 무조건 이직을 하는 것이 확실하다고 본인 스스로 판단을 하였을 경우는 확고하게 매니저와 회사에 퇴사 의지를 전달해야 한다. 특히 구두상으로 면담을 하였더라도 반드시 이메일로 퇴사 통보를 함으로써 문서화를 시켜야 한다.

대한민국 노동법에 근거하고, 대한민국 국민은 직업선택의 자유가 보장되어 있으며, 퇴사 통보하고 한 달 후에는 본인이 원하는 회사로 이직을 할 수 있다. 그 증빙이 바로 이메일상으로 퇴사 통보를 하는 날짜이다. 만약 구두상으로만 퇴사 통보를 하는 것은 증빙하기 어렵기 때문이다.

하지만 현재 회사도 크게 나쁘지 않거나 이직을 지금 꼭 하는 것에는 조금 부담을 느끼는 사람들이 있을 것이다. 그러면 어떻게 하면 카운터 오퍼를 한번 받아보면서 이직을 할지 말지 고려를 해볼 수 있을지의 팁을 공유해보겠다.

우선 본인 스스로 현재 회사에서 어떤 조건이나 환경을 제시하면 이직을 포기하고 회사에 남겠는지를 정말 구체적으로 생각을 해보자. 예를 들어 이직하려는 회사에서 제시한 ABS(Annual Base Salary), Total Cash(기본급 + 인센티브 + 복리후생 등), Job Title(직급) 및 환경 등을 정확히 세세하게 작성을 해보자. 그리고 현재 회사에서 만약 이러한 조건으로 카운터 오퍼를 받는다면 고민 없이 현재 회사에 남겠다는 사항을 작성해보자. 이미 다른 곳에서 오퍼를 받았기 때문에 조금 더 과감하게 작성을 해볼 수 있다.

예를 들어 '적어도 이직하려는 회사에서 받은 ABS 연봉만큼 Salary Increase를 한 달 안에 해주고 업무를 어떻게 조정을 해준다거나 내 밑으로 한 명 더 뽑아주겠다고 제안해준다면 이직을 과감히 포기하고, 현재 회사에 남겠다.'라고 설정해 볼 수 있다.

카운터 오퍼를 조금이라도 고려한다면 이직하려는 회사에 오퍼를 수락하겠다고 바로 통보를 하면 안 되고, 고민할 시간이 필요하니 1~2주 정도 시간을 달라고 이야기를 해야 한다.

기업의 채용담당자 입장에서 입사를 하겠다고 하여 Offer Letter(근로계약서)에 사인을 한 후 입사가 얼마 남지 않은 시점에서 갑자기 입사를 못 하겠다고 할 경우가 가장 힘든, 최악의 경우이다. 업계가 좁을 경우, 본인의 Market Reputation이 매우 안 좋아질 확률이 있을 수 있다. 그렇기 때문에 이직하려는 회사에 오퍼를 수락하기 전에 카운터 오퍼를 받아볼 수 있는지를 먼저 고민하고 실행을 해야 한다. Job Market에서도 상도는 있기 때문이다.

그러면 어떻게 하면 현재 회사로부터 카운터 오퍼를 받아볼 수 있을까?

가장 먼저 Manager(나의 직속 상사)에게 메일을 통해 알려야 한다. 특히 메일 내용이 매우 중요하다. 다음 중심으로 메일을 써보면 좋을 것 같다.

다른 회사로부터 오퍼를 받았고, Salary 및 Role이 매력적이다. 하지만 나는 지금 회사가 좋고, 특히 당신은 훌륭한 매니저이고 당신과 일하는 것도 행복해서 개인적으로 너무 고민이 된다. 지금 내 상황에 대해 조언을 해줄 수 있는가?

이와 같은 사항 중심으로 메일을 보내고, 매니저의 반응을 기다려야 한다.

밑의 부하직원을 놓치기 싫다면 즉각 반응이 오며 One on One 미팅을 잡을 것이다. 1:1 면담을 통해 솔직하고 허심탄회하게 이야기를 하는 것이 중요하다. 분명 왜 이직을 하고자 하는지 질문을 할 것이고 지금 어떤 불만이 있고, 어떻게 하면 이직을 하지 않고, 남아 있을 수 있겠는지를 물어볼 것이다.

이때 앞에서 고민했던, 만약 이러한 환경과 조건이 되면 나는 계속 회사에 남고 싶다는 사항들을 정확하게 매니저에게 전달을 해야 한다. 그리고 이직할 회사에 1~2주 안에 오퍼 관련 답변을 주어야 하기 때문에 반드시 기간을 정해서 이날 전까지는 논의가 되어야 한다고 이야기를 해야 한다. 그러면 매니저는 본인의 매니저, 인사담당자 등에게 이 사실을 알리고, 카운터 오퍼 논의를 할 것이다.

간혹 매니저가 이직하려는 회사의 Offer Letter나 정보를 증빙으로 요청할 수 있을 수 있으며, 회사명을 밝히기 싫으면 회사명을 가리고 오픈할 수 있는 사항만 공유하면 된다.

회사나 매니저 입장에서 말로만 기본급 얼마 받았다라는 것보다는 증빙을 통해 본인도 리포팅을 해야 할 것이다. 또한 매니저가 물어본다면 적어도 이 정도 금액을 받으면 남는 것을 고려해볼 수 있다고 이야기해볼 수 있다.

대한민국에서 이러면 너무 예의가 없고, 무례한 요구가 아닐까 하고 생각할 수 있겠지만, 우리 직장인은 프로이고, 프로야구 선수가 현 소속팀에 남을지 다른 구단으로 갈지 결정할 때 이렇게 하는 것은 너무도 당연한 것이고, 이미 다른 회사로부터 오퍼를 받았기 때문에 조금은 더 과감해질 수 있다.

매니저는 부하직원을 잡기 원한다면 이 시기가 매우 중요하고, 매우 긴박하게 움직여야 한다. 부하직원이 이직하려는 회사에 통보해야 하는 시기 전에 카운터 오퍼를 내부적으로 승인받는 시간이 매우 촉박하기 때문이다. 그리고 그 시기 전에 매니저는 카운터 오퍼 사항을 부하 직원에게 세부적으로 설명하고 남아달라고 정식 요청을 해야 한다.

직원 입장에서는 구두상으로 들었던 사항을 반드시 정식 프로모션 레터 등을 통해 언제부터 적용될 예정 등을 반드시 문서상으로 받아야한다. 이러한 양식이 없을 경우 이메일상으로 반드시 받아서 증거를 가지고 있어야 한다.

앞에서 언급한 것처럼 구두상으로만 매니저가 이야기한 사항을 믿고 증빙 사항을 받지 않는다면, 향후 말이 바뀔 수 있기 때문이다. 적어도 매니저로부터 구두상으로 설명을 듣고, 레터는 언제까지 주겠다는 이야기를 듣는다면 이직하고자 하는 회사의 담당자에게 이직하지 않겠다고 통보를 하면 된다.

직장인들은 본인의 몸값을 올리기 위해서 이직만을 생각하고 있을 것이다. 하지만 이렇게 카운터 오퍼라는 방법을 활용해서 현재 회사에 더 만족하면서 행복하게 오래 일하는 것도 좋은 방법이 될 수 있다. 기업 또한 일 잘하는 핵심인재를 다른 회사로 뺏기면서 발생하는 공백 및 새로운 인재를 뽑으려고 발생하는 시간과 비용의 타격을 최소화하면서 우수 인재와 더 오랫동안 일하면서 회사 생산성에 기여시키는 것도 나쁘지 않은 방법이다.

Market보다 매력적이지 않는 비용으로 우수 인재가 평생 우리 회사를 위해 충성을 다해 일해줄 것이라는 착각은 이제 내려놓아야 하는 직장인 커리어 시대에 우리는 살고 있다.

"

취업 준비에 대해서 모든 직무에 해당하는

가장 효과적인 방법 중 하나는 현직자와의 커뮤니티를 만드는 것,

혼자 준비하지 않는 것이라고 생각합니다.

취업 하나에 몰두하기보다는 운동도 하면서,

사람들도 만나면서 여유를 가졌기 때문에 원하는 바를 이룰 수 있을 때까지

지치지 않고 달릴 수 있었습니다.

여러 사람들을 만나야 지원할 수 있는 폭도, 내 시야도 넓어지게 됩니다.

"

PART
5

합격자에게 듣는다!
생생한 합격 수기

01
커리어의 시작, 계약직

회사: 화장품 회사

직무: HR Coordinator

안녕하세요. 저는 현재 화장품 회사에서 HR admin을 담당하고 있습니다.

HR 부서에 소속되어 있으며 매니저 두 분의 업무 지원 및 회사 뉴스레터 제작, 직원 데이터 관리, 급여 지원 업무를 메인으로 하고 있습니다.

지금의 포지션은 피플앤잡 채용 공고를 통해 알게 되어 지원하게 되었습니다. HR 직무 1년 계약직 포지션이어서 지원 당시 망설임도 있었지만, 일단 원하는 직무의 경력을 쌓는 것이 훗날 저에게 유리할 수 있다는 판단을 했고, 다행히 1년 후 근무하고 있던 회사의 정규직 포지션 자리를 제안받아서 지금까지 근무하고 있습니다.

제가 진입장벽이 가장 높은 직무 중 하나인 HR 직무로 입사할 수 있었던 이유는, 대학교 3학년 시절부터 인사 업무에 관심이 많아서 당장 입사 대상자가 아니라고 하더라도 피플앤잡 사이트의 HR 신입 관련 공고를 관심 있게 보고, 자격 요건을 갖추기 위해 노력했기 때문이라고 생각합니다.

기본적으로 HR 신입에게 영어 및 MS office 능력을 요구하는 곳이 많아서 늘 유념하고 있었습니다. 그래서 다양한 인턴이나 해외 활동을 통해 해외 경험 및 글로벌 커뮤니케이션 능력을 핵심역량으로 삼아 노력을 하였고, 해당 기업에 대한 직무뿐 아니라 기업 자체에 대한 관심도 적극적으로 어필하였습니다. 또한 남들이 주저하는 계약직 포지션에 도전하여 상대적으로 경쟁률이 낮았던 것도 좋게 작용했다고 생각합니다.

 Joey's Comment

3학년 때부터 HR이라는 직무를 정립하고, HR 관련 채용공고 및 각 자격요건들을 확인하면서 졸업 후 지원하기 위해 준비해야 할 사항들을 미리 정확하게 List-Up하는 등 합격자만의 직무 경쟁력을 키우기 위해 많은 노력을 하였습니다.
HR 직무는 신입 정규직을 뽑을 확률이 매우 낮기 때문에 과감히 1년 계약직으로 지원하였고, 능력을 인정받아 정규직으로 전환된 케이스라고 볼 수 있지요. 이런 면에서 매우 모범적이고 이상적인 취업 수기라고 생각됩니다.

02
기회를 붙잡아라

회사: 비즈니스 솔루션

직무: HR Coordinator

안녕하세요. 저는 비즈니스 솔루션 회사에서 HR Coordinator 업무를 담당하고 있습니다. 현재 담당하는 업무는 사내 동호회 커뮤니케이션과 예산 기획 및 운영 지원, 분기별 노사협의회 유관부서 커뮤니케이션 및 협력 추진, 그리고 성과평가, 보상, 설문 데이터 정리 및 팀 워크숍 운영지원 등입니다.

이 회사는 지인의 소개로 채용정보를 알게 되었고, 추천을 통해 지원하여 입사하게 되었습니다. 제가 다른 후보자들보다 경쟁력이 있었다고 판단되는 점은 지인을 통해 회사정보, 지원한 HR 직무 등의 자세하고 실질적인 정보들을 정확히 확인하고 파악하여 수월하게 면접을 진행했으며, 또한 평상시 HR 직무 및 데이터 분석에 관심이 많았다는 것을 잘 어필했던 점이라고 생각됩니다.

면접은 총 3번으로, PT 발표 실무면접, 외국인과의 전화 인터뷰, 그리고 임원 인터뷰로 진행되었습니다. 기억나는 질문 내용은 다음과 같습니다.

❶ HR 업무 프로세스에 대해서 아는 대로 얘기해보아라.
❷ HR 업무 중 본인이 제일 잘할 것 같은 것을 말해보아라.
❸ 향후 5년간의 커리어
❹ 우리 회사 HR 부서의 애로사항이 무엇일 것 같은가?

취준생 후배들에게 조언을 해준다면, 지원한 회사 및 직무 관련 정보들을 최대한 잘 모아서 내 것으로 만든 뒤 면접에 임하라고 말해주고 싶습니다. 또한 관심 공고를 자주 확인해보고, 최대한 빨리 지원하는 것이 중요하다고 말해주고 싶습니다. 지원한 직무의 실무경험을 준비하는 것이 제일 좋겠고, 기본적인 영어회화 능력 및 엑셀활용 능력을 기르는 것 또한 취업에 많은 도움이 될 것 같습니다.

비록 추천이라는 기회를 통해 취업에 성공하기는 했지만, 만약 아무런 준비 없이 면접을 봤더라면 저는 지금의 자리에 없었을 것입니다. 앞으로 어떤 기회가 올지 모르니 지금부터라도 그 모든 기회와 가능성을 붙잡기 위해 열심히 노력하시길 바랍니다.

최근 기업에서 인재를 채용할 때 임직원 추천제도를 통해 채용을 진행하는 경우가 늘어나고 있습니다. 임직원의 추천을 통해 후보자를 채용할 경우, 추천한 임직원에게 보너스를 제공하면서 내부 추천을 장려하고 있는 것이지요. 하지만 내부 임직원의 추천이라 할지라도 직접 지원한 다른 후보자들과 공정하게 채용절차가 진행되며, 평판 조회 단계에서 Hiring Manager가 추천인에게 후보자 관련하여 문의를 해 올 수 있기 때문에 추천은 신중하게 이루어지는 편입니다.

합격자는 상대적으로 추천인을 통해 일반 후보자들보다 자세한 회사 정보와 핵심적인 직무 정보를 파악했고, 평상시 HR 업무에 관심이 많았던 점을 조리 있게 잘 어필하여 좋은 결과를 얻을 수 있었던 것 같습니다.

본인의 주변에 이렇게 추천해줄 지인이 없다면, 스스로 나서서 그 인맥을 만드는 것도 또 하나의 방법이 될 수 있을 것입니다.

03
나를 알려라

회사: Software 회사

직무: Sales Specialist

안녕하세요. 저는 Software 회사의 Digital Industry Software & Academic Sales Specialist 직무로 입사했으며, 현재 교육기관을 대상으로 저변확대를 위해 우리 회사의 소프트웨어를 Selling하고 홍보하는 업무를 주로 맡고 있습니다.

저 같은 경우에는 헤드헌터로부터 연락을 받고 지원하게 되었습니다. 이 포지션으로 입사할 수 있었던 제 경쟁력은 인턴을 하였을 때 Sales Admin 직무였고, 그때의 실무 경험과 성과를 최대한 어필하였던 점이 아닌가 생각합니다.

저는 인터뷰 전에 회사 홈페이지에서 제품정보를 외웠고, 회사의 최근 뉴스를 다 읽었으며, 타 경쟁사의 동향도 철저하게 파악하였습니다. 그리고 무엇보다 이러한 제 열정을 적극적으로 어필하였습니다.

후배 취준생들에게 조언을 한다면, 세일즈 직무를 시작할 때 Sales Admin부터 시작하는 것도 괜찮을 것 같다는 말을 해주고 싶습니다. 외국계 기업은 워낙 신입을 잘 뽑지 않아서 입사 기회 자체가 많지 않은 것도 이유지만, Sales Admin을 하면서 회사가 돌아가는 상황을 배울 수 있고, 세일즈 쉐도잉을 할 수 있는 기회를 얻을 수 있기 때문입니다. 비록 계약직이라 할지라도 외국계는 본인 하기 나름이라 얼마든지 퍼포먼스를 수행할 수 있다고 생각합니다.

Joey's Comment

구직을 할 때에는 최대한 적극적으로 나를 노출시켜야 합니다.
링크드인에서 프로파일을 꾸준히 업데이트한다든지, 여러 Job 사이트에 이력서를 등록하는 노력을 해야지 합격자처럼 헤드헌터나 기업의 채용담당자로부터 연락을 받을 수 있습니다.
물론 본인이 원하는 채용공고를 찾을 수도 있지만, 헤드헌터나 기업 채용담당자의 면접 제의가 온다면 자신의 이력을 알아봐 준다는 것에서 이미 점수를 따고 들어간 것이라고 볼 수 있습니다.
또한 이 후기를 통해 본인이 원하는 직무 관련 실무경험이 매우 중요하다는 것을 알 수 있습니다. 실무경험은 책으로만 공부한 것과는 분명 많은 차이가 있습니다. 정규직 포지션만을 고려하지 말고, 원하는 직무 관련 계약직이나 파견직을 통해 실무경험을 우선 쌓은 뒤, 이 합격자처럼 경험을 바탕으로 취업이나 이직을 하는 것이 어떻게 보면 더 빠르고 쉬운 취업 전략일 수 있습니다.

04
방향은 달랐어도, 목적은 통한다

회사: 제조회사

직무: Sales Admin

안녕하세요. 저는 제조회사에서 Sales Admin 직무를 수행하고 있습니다. 현재 담당하는 업무는 상품 주문과 관련된 서류 관리 업무, 상품의 배송관리, 월간 보고서 및 매출 예측 보고서 관리 등입니다.

저는 피플앤잡에서 현재 회사의 채용공고를 확인하고 지원하였습니다. 일단 저는 이 회사에 입사하기 전 여행사에서 약 1년의 근무 경력을 가지고 있었습니다. 퇴사 후 외국계 기업 취업을 희망했고, 우선 영어 스피킹 능력을 키우기 위해 최선을 다했습니다. 그리고 비록 예전 경력이 영업지원과 매칭되지는 않았지만, 여행사에서 쌓았던 다양한 경험과 지원한 Sales Admin의 공통역량을 분석하여 해당 직무와 연결하고, 자세히 어필하고자 노력했습니다.

무엇보다 저는 면접에 임하기 전에 회사에 대한 정보를 최대한 습득해가려고 했습니다. 최근의 정량적이고 수치화된 정보를 바탕으로, 내가 이 회사를 이만큼 알고 있고 관심이 있다는 점 등을 애사심과 충성도 중심으로 어필했던 점이 가장 큰 합격요인인 것 같습니다.

외국계 기업을 꿈꾸는 취준생 후배분들은 지원한 직무의 Job Description을 정확하게 파악한 뒤, 자신이 경험했던 사항과 지원한 직무의 공통역량을 잘 매칭시켜 어떻게 어필할지를 고민하고 면접에 임하면 좋을 것 같습니다.

Joey's Comment

국내의 여행사에서 1년 정도의 경력이 있었지만, 외국계 회사로 직무를 바꾸기 위해 많은 노력을 한 합격자의 후기입니다.

합격자는 우선 퇴사 후 가장 중점적으로 영어회화 공부를 하여 원하는 점수를 얻은 뒤, Sales Admin 또는 Sales Coordinator 직무에 생각보다 많은 기회가 있다는 것을 확인하여 Sales Admin 직무로 입사목표를 세우고 준비했습니다. 비록 Sales Admin과 관련하여 직접적인 실무경험은 없었지만, 1년 동안의 여행사에서의 업무와 Sales Admin의 역량 중 매칭되는 부분을 잘 정리하여 면접에 공통역량 중심으로 적극적으로 어필하였고, 가장 열심히 준비하였던 영어 인터뷰도 무난히 잘 진행하여 외국계 회사로 입사할 수 있었습니다.

영어회화 실력을 늘리기 위해 많은 시간을 투자한 점, 그리고 지원한 직무 관련 실질적인 경험은 없지만 공통역량 중심으로 어필한 점 등이 취업에 성공할 수 있었던 중요한 요소라 볼 수 있습니다.

05
목표를 향해, 한 걸음씩

회사: 제약회사

직무: HR Coordinator

안녕하세요. 저는 제약회사에서 HR Coordinator 직무를 담당하고 있습니다. 현재 담당하는 업무는 회사 내 인턴 채용 업무를 포함하여 Promotion, Benefit, on / off boarding 등 다양한 HR admin 업무입니다. 또한 새롭게 론칭한 HR System의 로컬라이징 프로젝트도 서포팅하고 있습니다.

저의 경우는 피플앤잡의 채용공고를 통해서 지원을 하였습니다. 이 직무로 입사할 수 있었던 데에는 이전 HR 분야 관련 인턴 경력이 가장 큰 도움이 되었던 것 같습니다. 또한 영어회화 공부를 열심히 해서 OPIC AL 점수를 취득했기 때문에 영어면접을 자신 있게 진행할 수 있었습니다.

면접은 실무면접 및 임원면접으로 진행되었는데, 기억나는 질문은 인사팀 지원 이유가 무엇인지, 어떤 상사와 일하는 게 어려운지, 그리고 이전 업무와 관련된 질문들이었습니다.

제가 만약 부하직원으로 신입사원을 채용한다면, 유관 업무 경력을 제일 눈여겨 볼 것 같습니다. 또한 우리 회사에 대한 관심도가 높고, 열정이 있는 신입을 채용할 것 같습니다.

취준생 후배들에게 조언을 드린다면, 관심 직무의 실무경험이 전혀 없으실 경우 최대 한 빨리 인턴이나 계약직 / 파견직 등의 실무경험을 쌓고, 그 경험을 중심으로 원하는 직무로 도전하는 것이 제일 빠른 길인 것 같다는 말씀을 드리고 싶습니다.

 Joey's Comment

이 합격자뿐만 아니라 외국계 회사에 취업하는 많은 취준생들의 후기를 보면, 그들이 즐겨보는 Job 사이트가 피플앤잡이라는 사실을 확인할 수 있습니다. 또한 OPIC AL이라는 훌륭한 영어점수를 얻기 위해 노력하는 등, 평상시 영어공부를 하였던 점이 취업에 큰 도움이 된 것을 확인할 수 있죠.
HR 직무는 진입장벽이 매우 높고, 신입 정규직 포지션을 찾기가 정말 어렵기 때문에 이 합격자처럼 인턴, 계약직 등으로 실무경험을 최대한 빨리 쌓고, 그 경험을 통해 취업을 하는 것이 다른 취준생들보다 조금 더 쉽고 빠르게 취업할 수 있는 비결이라 할 수 있을 것 같습니다.

06
영어회화를 가장 열심히 준비했어요

회사: 의료기기 회사

직무: QA Specialist

안녕하세요. 저는 의료기기 회사에서 QA(Quality Assurance) Specialist로 근무하고 있습니다. 주로 담당하고 있는 QA(품질보증) 업무는 제품을 제조하는 데 각 공정별 또는 제품별로 작업표준서, 절차서, 지침서를 수립하여 고품질제품이 유지될 수 있도록 서포트를 하는 것입니다.

한편 QA Specialist는 각 공정별 유효성을 확인하는 밸리데이션을 주기적으로 실행합니다. 제품이 출하되어 고객사에 설치되고, 간혹 고객(병원)의 컴플레인이 발생하면 사용된 제품을 실험하여 원인분석을 진행하며, 정도가 심하다고 판단되면 CAPA(시정 및 예방조치)를 오픈하여 심도 있게 처리하게 됩니다.

취업을 위해 가장 열심히 준비했던 점은 영어회화 실력 향상이었습니다. 입사하고 보니, 우리 회사 매출은 대부분 해외에서 발생하고 있는 데다 많은 해외 심사를 받고 있었습니다. 만약 제가 영어 커뮤니케이션 및 영문 서류를 작성하는 업무 등을 무리 없이 진행할 수 있는 수준의 영어실력이 아니었다면 채용되지 않았을 것 같습니다.

QA 업무를 준비하는 취준생 후배들이 이 글을 읽으신다면 틈틈이 품질경영기사 자격증을 준비하여 취득하고, 영어회화 실력을 향상하기 위해 많은 노력을 기울이며, QA 관련 실무 경험을 미리 해두라고 말씀드리고 싶습니다.

 Joey's Comment

이 합격자는 영어회화 실력을 강조하고 있으며, 관련 자격증이 취업에 큰 도움이 되었다는 점을 제시하고 있습니다.

직무 관련 자격증은 경우에 따라 취업에 있어 크게 도움이 될 수도, 그렇지 않을 수도 있기 때문에 관심 직무에 근무하고 있는 현직자를 통해 먼저 정확히 확인을 한 다음 자격증이나 대학원 등을 준비하는 것을 추천합니다.

다른 사람들이 많이 한다고 해서 자격증을 따거나 대학원을 졸업하였는데, 정작 그 소중한 노력이 취업에 큰 효과가 없으면 시간과 돈 낭비가 될 수밖에 없기 때문입니다.

07
열정으로 합격의 문을 열다

회사: 식품회사

직무: Marketing Specialist

안녕하세요. 저는 현재 식품회사에서 Marketing Specialist로 일하고 있습니다. 제가 주로 담당하는 업무는 세일즈 데이터를 매일 아침 확인하며 월 단위로 변동 추이를 시각화 자료로 만든 뒤 팀에 리포트하는 것입니다. 그리고 밸런타인데이나 화이트데이 등의 이벤트 Day 관련된 제품, 프로모션 등 시장 트렌드를 파악하여 앞으로 다가올 이벤트 Day의 행사를 위한 아이디에이션 작업도 진행하고 있으며, 신제품을 출시함에 따라 Youtube 홍보, SNS 이벤트 등을 론칭하여 현재 진행 중인 홍보결과를 트래킹하기도 합니다.

우리 회사에는 슈퍼루키라는 채용공고 사이트를 통해 지원하게 되었습니다. 저는 이 회사에 입사하기 위하여 먼저 우리 회사의 제품들이 평소 마트나 편의점, 온라인몰 등에서 어떻게 판매되고 있는지를 파악하였습니다. 또한 판매되고 있는 식품들의 종류나 진열, 가격, 프로모션 등을 살펴보고 왜 이렇게 프로모션을 진행하고 있는지를 이해하려고 노력하였습니다. 그리고 현재 출시되고 있는 제품들에서 파악할 수 있는 공통된 트렌드는 무엇인지 등에 대해 철저히 분석하였습니다.

이렇게 우리 회사의 제품들을 마케팅 측면에서 철저히 분석한 후, 예전 식품업계에서 인턴을 했던 실무경력과 회사에 대한 애사심도 강하게 어필하였기 때문에 좋은 결과를 얻을 수 있었던 것 같습니다.

취준생 후배들에게 조언을 한다면, 마케팅 직무는 가장 인기가 많고 진입장벽이 매우 높은 직무이기 때문에 원하는 회사에 들어가기 위해서는 남들이 가지지 못한 나만의 경쟁력을 최대한 어필해야 한다고 전해주고 싶습니다. 그렇기 때문에 지원한 회사의 제품들을 마케팅 측면으로 분석하고 어떻게 판매되고 있는지, 경쟁사는 어디인지, 경쟁사와 비교했을 때 SWOT은 무엇인지 등을 정말 열심히 준비해야 된다고 생각합니다. 만약 취업을 위해서 준비하고 있는 것이 있다면, 어떤 분야이든 그것을 남들에게 뒤지지 않을 나만의 경쟁력으로 만들어야 한다고 조언 드립니다.

Joey's Comment

이 합격자는 진입장벽이 가장 높고, 가장 인기가 있는 마케팅 직무로 입사하여 근무하고 있습니다.

입사를 하기 위해 이력서, 자소서 등의 입사 서류뿐만 아니라 지원한 회사 제품과 관련하여 마케팅 측면으로 철저히 분석하고, 회사에서 요청하지도 않았던 마케팅 제안서까지 제출하여 회사에 대한 관심도와 충성심을 표현한 것이 큰 효과가 있었던 것으로 보입니다. 또한 관련 인턴경험을 통한 실무경험까지 잘 어필하여 취업에 성공했다고 볼 수 있습니다.

진정 원하는 직무가 있다면, 열정적인 준비를 통해 기회를 붙잡는 것이 무엇보다 중요하다는 것을 보여주는 후기입니다.

08
스스로 길을 개척하라

회사: 자동차 회사

직무: MD

안녕하세요. 저는 자동차 기업에서 MD 직무로 근무하고 있습니다. 현재 담당하고 있는 업무는 모델 출시 과정의 전반을 기획하는 것입니다. 저는 마켓 리서치를 통해 한국에 필요한 모델을 결정하고 출시를 승인받아 기획을 하면서 차량의 옵션, 업그레이드, 가격 등을 결정합니다. 또한 담당 모델에 대한 교육 자료 제작과 교육을 하고 출시된 모델의 경쟁력 강화를 위한 기타 비즈니스를 기획하고 있습니다.

사실 과거의 저는 직무목표가 구체적이지 않았습니다. 기계공학을 전공하여 자연스럽게 자동차에 대한 경험을 많이 했지만, 친구들을 따라서 자동차 관련 교육과 실습을 하거나 반도체 특강을 이수하고 기사

자격증을 따기 위해 학원을 다니는 등 남들 다 하는 것들을 따라서 할 뿐이었습니다. 그래서 어느 순간 지금 내가 뭘 하고 있는지에 대한 고민이 생기게 되었습니다.

그러다 해외 경험을 쌓는 것에 매력을 느껴 학교에서 지원해주는 모든 프로그램에 참여한 것을 계기로 영어공부에 대한 동기 부여가 생겼고, 자연스럽게 '외국계 기업'에 도 지원하게 되었습니다. 경험이 헛되지 않았는지 생각보다 벽이 높지 않다는 느낌을 받았습니다.

졸업 후 외국계 자동차 기업에서 세일즈 인턴을 하였으나 그 직무가 나와 맞지 않다는 것을 깨달아 인턴 기간 동안 수입차 기업의 비즈니스 프로세스를 이해하는 데 중점을 두었습니다.

저는 외국계 기업에 지원했기 때문에 산업단지(공장), 연구소로 가는 친구들과 다른 길을 걷게 되었습니다. 공대생이라고 해서 연구개발 / 품질 / 생산과 같은 직무만 갈 수 있다고 생각했었는데, 마침 지금의 회사 상품기획부에서 기계공학 관련 전공자를 채용하는 것을 계기로 지원하게 되었고, 그동안 쌓아왔던 경험들이 잘 어필되어 입사할 수 있었습니다.

저는 면접을 위해 해당 기업의 현직자를 찾는 것이 가장 빠르고 좋은 방법이라고 생각하여 찾을 수 있는 모든 SNS, 커뮤니티를 통해 현직자에게 연락을 했습니다. 대부분은 답변을 받지 못하였지만 그중 한 분이 저를 도와주셨습니다.

회사의 철학, 비즈니스 방향과 사용하는 프로그램에 대해서 듣게 되었고 이를 반영하여 지원 동기에 대한 답변을 만들었습니다. 우선 수입차 회사의 프로세스에 대해서 인턴 경험을 바탕으로 이해한 내용과 회사에서 사용하는 프로그램 중 제가 다루어본 프로그램과 비슷한 부분을 찾아 답변에 녹였습니다. 결과적으로 답변에 대한 추가 질문을 받게 되었고 점차 긴장도 풀려 좋은 면접이 될 수 있었습니다.

취업 준비에 대해서 모든 직무에 해당하는 가장 효과적인 방법 중 하나는 현직자와의 커뮤니티를 만드는 것, 혼자 준비하지 않는 것이라고 생각합니다. 취업 하나에 몰두하기보다는 운동도 하면서, 사람들도 만나면서 여유를 가졌기 때문에 원하는 바를 이룰 수 있을 때까지 지치지 않고 달릴 수 있었습니다. 여러 사람들을 만나야 지원할 수 있는 폭도, 내 시야도 넓어지게 됩니다.

 Joey's Comment

처음에는 직무에 대한 목표가 구체적이지 않았지만, 남들과 비슷하게 취업 준비를 하면서 다양한 경험을 통해 얻게 된 영어에 대한 동기부여를 바탕으로 외국계 회사로의 취업을 목표로 세운 케이스입니다.

이 합격자는 현직자와의 커뮤니케이션이 면접을 위한 가장 빠르고 좋은 방법이라고 공유를 하고 있는데요, 만약 이 책을 읽었으면 모든 SNS 등을 통해 현직자에게 컨택을 하는 대신 링크드인을 통해 쉽고 빠르게 실무자들을 컨택하여 도움 을 받았을 수 있었을 것 같습니다.

다시 한번 강조하지만, 본인이 원하는 직무 관련한 현직자를 만나서 직무에 대한 깊은 정보와 조언을 듣는다면 훨씬 더 수월하게 면접을 준비할 수 있습니다. 주저하지 말고 용기를 내서 연락해보기를 권합니다.

09
취업의 열쇠가 된 채용박람회

회사: Hospitality 회사

직무: Sourcing Specialist (구매담당자)

안녕하세요. 저는 현재 Hospitality 관련 회사에서 Sourcing Specialist, 구매담당 직무를 수행하고 있습니다. 담당하는 업무는 회사 Goods & Service의 최적의 구매를 위한 전반적인 업무를 서포트하는 것으로, 특히 업체 발굴, 구매라는 직무 포지션으로 취업하겠다고 결정을 한 뒤 관련 정보를 알아보던 중, KOTRA가 주관하는 '외국인투자기업 채용박람회'가 열린다는 것을 확인하고 참석하였습니다.

참여하기 전에 홈페이지를 통해 구매직무로 채용을 하고 있는 회사들을 정리하였고, 방문할 회사들을 미리 골라 그 회사의 부스 배치도까지 확인을 하였습니다. 또한 방문하여 바로 면접을 할 수도 있겠다고 예상해 바로 제출할 수 있는 이력서 몇 부를 출력하여 준비하였습니다.

행사 당일, 다섯 군데 정도를 방문하였고, 그중 현재 다니고 있는 회사의 부스에 참석하여 채용담당자와 면담 및 간단한 인터뷰를 한 뒤 이력서를 제출하였습니다. 채용담당자에게서 회사에 돌아가 구매팀장에게 제 이력서와 오늘 인터뷰 피드백을 공유하고 실무 인터뷰가 잡힐 수 있도록 도와주겠다는 말을 듣고 행사장을 빠져나왔습니다. 그리고 며칠이 지나서 지금의 매니저인 구매팀장님께 연락이 와서 면접을 하였고, 최종 합격을 하여 지금까지 근무하고 있습니다.

비록 정직원이 아닌 계약직이지만, 매니저님이 잘 챙겨주시는 데다, 몇 개월 지나면 정규직 T/O가 나올 확률이 높으니 걱정하지 말고 열심히 하라고 응원해 주시기 때문에 재미있게 업무를 하고 있습니다.

취업을 노리는 취준생 후배들이라면 다양한 채용박람회나 취업 관련 행사에 적극적으로 참석해보는 것을 추천합니다. 저처럼 운이 좋을 경우 직접 채용담당자를 만나서 면접을 할 수 있고, 인터넷에서도 나오지 않는 회사의 설명과 직무설명을 현직자로부터 들을 수 있기 때문입니다. 만약 제가 이런 행사에 참석하지 않았다면, 남들보다 특별한 장점이 없는 저는 지금 다니는 회사의 서류전형에서부터 떨어져 면접조차 보지 못했을 거라 생각합니다.

Joey's Comment

KOTRA가 주관하는 '외국인투자기업 채용박람회'는 외국계 기업에서 일하는 채용 담당자라면 가장 중요하게 생각하는 취업행사일 겁니다. 평소 외국계 기업 취업에 관심이 있는 대한민국 취준생들이 가장 많이 참석하는 행사이기 때문입니다. 채용담당자는 후보자를 빨리 채용해야 하는 포지션이나 후보자를 찾기 어려운 포지션 중심으로 행사준비를 하는데, 부스에 참석한 취준생들과 편하게 면담을 하면서 회사 관련 및 채용하는 포지션 관련 정보들을 공유하고 적합하다고 판단되는 취준생과는 직접 인터뷰를 진행할 수도 있습니다. 취준생 입장에서는 이런 취업 행사에서 현직자나 채용담당자와 면담하는 것이 인터넷에 나오지 않는 고급 정보들을 가장 빠르고 손쉽게 얻을 수 있는 방법일 것입니다. 부디 이런 소중한 기회를 놓치지 마시고 적극적으로 행사에 참석하기를 추천합니다.

10
넓은 시야로 세상을 보라

회사: 생명공학 회사

직무: Invoicing Specialist(Finance팀)

안녕하세요. 저는 현재 생명공학 관련 회사의 Finance 부서에서 Invoicing Specialist 업무를 담당하고 있습니다. 구체적으로는 ERP 및 관련 Platform을 활용하여 세금계산서 발행 및 부가세 신고를 위한 업무, 고객 Issue Handling 및 타 부서와의 협업 등의 업무를 진행하고 있습니다.

저는 4학년 1학기 때 Finance 업무로 직무 포지션을 선정하였고, AICPA(미국공인회계사)를 따자는 목표를 세워 현재 전 과목에 합격하였습니다. 이후 AICPA 공부를 하는 틈틈이 OPIC 공부를 하여 IH를 취득하는 등 영어 인터뷰 준비를 하였습니다

저는 피플앤잡의 신입 게시판에서 Finance 관련 Skill 중심의 단어로 검색을 하다가 현재 회사의 채용공고를 확인하고 지원하게 되었습니다. 사실 처음에는 정규직으로만 공고를 알아보다가 3개월이 금세 지나가 버렸고, 외국계 회사는 신입 정규직을 거의 채용하지 않기 때문에 계약직이나 파견직 가리지 말고 지원해보라는 주변 지인들의 조언을 듣고, 계약직 및 파견직까지 범위를 넓혀서 검색한 결과 현재 파견직으로 근무하고 있습니다.

처음에는 정규직이 아니라서 색안경을 끼고 차별대우를 당하는 것이 아닐까 하는 걱정을 많이 했지만 정말 쓸데없는 기우였습니다. 대부분의 신입사원들이 계약직 아니면 파견직이었고, 다른 직원들은 정규직 / 계약직 / 파견직 자체를 전혀 신경 쓰지 않았으며, 오히려 정규직 T/O가 나올 때까지 잘 버텨서 T/O가 나오면 정규직으로 전환되라고 응원하는 분위기입니다.

특히 파견직의 다른 부서 선배들 대부분이 정규직 T/O가 나서 정규직으로 전환이 되거나 다른 외국계 회사의 비슷한 직무 경력직으로 이직을 하는 케이스들을 많이 보았고, 지금의 Finance 부서 선배님들 또한 대부분이 바로 정규직 신입으로 취업을 한 분은 거의 없고 저처럼 계약직 / 파견직으로 시작을 하였습니다. 그분들을 Role Model 삼아 저도 나중에 경력직으로 정규직 전환이나 이직에 성공하는 것을 목표로 열심히 실무를 배우고 있습니다.

취준생 후배들에게 조언을 한다면, 꼭 정규직 직무로만 지원하지 말고, 외국계 회사의 Career Path를 이해하여 계약직 / 파견직 등 본인이 원하는 직무 중심으로 지원해 최대한 빨리 실무경험을 쌓으라고 말

쓰드리고 싶습니다.

Joey's Comment

합격자 같은 경우는 AICPA를 따기 위해 적어도 1년 넘는 시간을 투자했고, 영어 회화까지 두 마리의 토끼를 잡기 위해 OPIC 공부도 하면서 효율적으로 시간을 잘 활용하였습니다. 간혹 외국계 회사의 Finance 관련 취업공고를 보면 AICPA 또는 관련 회계자격증 소지자 선호라는 문구를 확인할 수 있는데, 이처럼 향후 지원할 희망직무의 채용공고의 자격요건들을 정리하며, 구체적인 목표를 세워 취업 준비를 하는 것이 가장 현명한 길입니다.

또한 정규직뿐만 아니라 계약직 / 파견직 구분 말고, 실무경험을 쌓아 1~2년 후에 정규직 전환이나 이직을 하는 방법이 더 쉽게 취업을 하는 방법임을 확인할 수 있는 후기였습니다.

11
해외 취업, 실천이 답이다

회사: 국내 대기업 미국법인

직무: Logistics

캐치카페를 통해 외국계 기업에 대한 선생님의 입사 전략 강의를 들었습니다. 당시 강의 핵심은 '직무 경쟁력'이 취업의 핵심이라는 것과 취업을 위해 세 가지 할 것, 즉 '현직자 인터뷰 및 링크드인 가입, 직무 경험을 쌓기 위한 인턴 기회 잡기, 영어 말하기 점수 따기'였습니다.

저는 이 세 가지를 실천하기 위해 다음과 같은 노력을 했습니다.

❶ 현직자 인터뷰 및 링크드인 가입

먼저 링크드인에 가입하고, 현직자 강의를 다니며 실제로 인터뷰를 했습니다. 다양한 현직자들을 만나 본 결과 저는 물류와 무역, 금융업과 잘 맞을 것 같다고 느꼈고, 바로 ○○의 인턴에 지원하였습니다. 현직자들을 만나 인터뷰한 내용을 면접에서 잘 활용하여 인턴에 합격할 수 있었습니다.

❷ 직무경험을 쌓기 위한 인턴 기회 잡기

인턴에 합격한 후 매일 상담일지와 업무일지를 작성했습니다. 기록을 남겨야 향후 면접에서 선생님께서 말씀해주신 '직무 경쟁력'으로 활용할 수 있다고 생각했기 때문입니다. 저는 무역/물류 관련 인턴 업무를 수행하였는데, ○○에서 많은 중소기업 대표들을 상대하고 상담했던 이력은 많은 하청업체와 물류업체들과 소통해야 하는 물류 직무에서 중요한 경쟁력이 될 수 있었습니다.

❸ 영어 말하기 점수와 영어면접

이후 △△ 미국지사 인턴에 지원했는데, 영어점수는 반드시 있어야 했고, 면접을 위해서도 스피킹 실력을 키워야 했습니다. 그래서 피곤했지만 퇴근 후 토익스피킹 학원을 등록하여 꾸준히 다녔고, 그 결과 좋은 점수를 얻을 수 있었습니다.

영어면접은 화상 면접으로 1 : 3으로 40분간 진행됐으며, 1분 자기소개, 직무지원 동기, 회사지원 동기, 물류의 정의와 향후 방향, 비전, 엑셀과 빅데이터 활용능력 등에 대한 질문을 받았습니다. 면접에서는 주로 저의 인턴 경력에서의 B2B 커뮤니케이션 경험과 능력을 강조했으며 대학생 때 블록체인 물류 시스템을 기획한 경험을 직무 경쟁력으로 내세웠습니다. 그 결과 미국 영주권자를 포함한 많은 지원자들 사이에서 합격할 수 있었습니다.

❹ 미국지사 지원 경로

'사이다 링크'라는 외교부 인증 해외 취업기관을 활용했습니다. 취업 준비생인 만큼 많은 정보를 얻으려 노력했고, 영어면접과 해외로 나가는 일이 두렵기도 했지만 '도전'하는 것이 더 성장을 위한 발판이 된다고 생각하여 해외 지사에 지원하였습니다.

❺ 느낀 점

저는 현직 채용 팀장님이신 선생님의 강의를 듣고 그대로 실천했습니다. 이 책을 참고하고 활용하시는 많은 분들께서도 단순히 읽는 것에 그치는 것이 아니라 '실천'을 통해 꼭 좋은 기회를 잡으시길 바라겠습니다.

 Joey's Comment

이 합격자는 취업 준비를 위해 전반적으로 특강 때 잡아 주었던 틀을 그대로 받아들여 꾸준히 실천하셨던 분입니다. 실천하지 않으면 아무리 좋은 것들도 절대 내 것이 될 수 없습니다. 현업에서는 지금 이 순간에도 채용을 진행하고 있고, 인재를 뽑는 기준은 저뿐만 아니라 대부분이 유사합니다. 따라서 그 틀에 맞춰서 체계적이고 전략적으로 준비를 한다면, 충분히 외국계 기업이나 해외로 취업할 수 있습니다.

66

우리가 한국말을 잘하는 외국인들을 보면 알 수 있듯,

우리들 또한 원어민처럼 완벽하게 언어를 구사할 필요 없이

그저 의사소통을 할 수준이면 문제는 발생하지 않는다.

그렇기 때문에 중요한 순간 이해를 잘못했을 때

다시 한번 이야기해달라고 자신 있게 요청하고,

내가 하고 싶은 말을 느리더라도 정확히 표현하기 위해 노력을 하였다.

99

PART
―
6

채용을 알면 취업이 보인다
-채용담당자, 서재민의 Career History

01
헤드헌터, 인생의 길을 만나다

오랜만에 국제전화 82로 시작되는 한국발 전화가 걸려왔다. 반가운 마음으로 전화를 받았다.

"휴스턴대학교 한인학생회장님이시죠?"

"네 맞는데요. 실례지만 어디세요?"

"안녕하세요. 저는 A 헤드헌팅 회사 대표 ×××입니다. 다름이 아니라 국내 화학 관련 대기업에서 미국에서 유학 중인 신입 석박사 인재를 채용하고 있습니다. 그래서 한인학생회 홈페이지에서 회장님의 연락처를 확인하여 연락드리게 되었습니다. 현재 진행 중인 채용공고를 학생회 채용공고 게시판에 올려 주실 수 있으실까요?"

휴스턴대학교 한인학생회장을 맡고 있을 때 간혹 이와 같이 헤드헌터들로부터 채용공고를 취업 게시판에 올려 달라는 전화를 받았다.

채용공고는 한인학생회 운영진만 올릴 수 있었기 때문에 홈페이지에 나와 있는 내 연락처를 보고 연락이 온 것이었다. 당연히 공고를 올려드렸고, 동문들이 좋은 회사에 취직하는 데 도움이 되었으면 했다.

그러다가 6개월이 흘렀고, 석사 졸업을 위한 논문도 마무리가 되어가는 시점이었기에 슬슬 한국으로 돌아갈 준비를 하고 있었다.

학부 전공이 광고홍보였고, 석사 전공 또한 홍보학(Public Relations)이어서 한국 내 외국계 홍보대행사로 목표를 정하고 취직준비를 하고 있었다. 그때, 익숙한 전화번호의 한국발 국제전화가 걸려왔다. 지난번 그 헤드헌팅 회사 대표의 전화였다. "아, 이번에도 공고 올려드리면 될까요?"라고 물었는데 그분의 대답은 생각지도 못한 것이었다.

"혹시 헤드헌터 해보실 생각 있으세요? 저희가 이번에 헤드헌터 신입을 채용하고 있거든요. 저번에 통화를 했을 때 긍정적이시고, 남을 도와주시려는 태도가 너무 좋아 보였습니다. 또 학생회장이시니 리더십도 있으실 것 같고, 미국 에서 유학을 하고 계시니 영어도 어느 정도 되실 것 같구요. 헤드헌터를 하시면 잘해 내실 수 있는 분이라 생각이 되네요."

처음에는 무척 당황스러웠지만, 우선 헤드헌터라는 직무를 알아본 뒤, 고민한 다음 다시 연락드리겠다고 하며 전화를 끊었다.

헤드헌터? 들어는 봤지만, 정확히 어떠한 업무를 하는 건지는 전혀 알지 못했다. 또한 홍보인이 되고자 미국에 유학까지 와서 홍보학 석사학위까지 받았는데 전공을 포기하고 새로운 직무를 시작하는 것이 맞는지도 고민이 되었다. 그래도 혹시 모르니 헤드헌터가 어떠한 업무를 하는지 조사를 하기 시작했다.

 Joey's Comment Tip!

헤드헌팅 회사는 써치펌(Search Firm)이라고도 불리며, 고객사가 원하는 인재를 추천하여 추천한 인재가 채용이 되면 고객사에서 인재추천 성공보수(헤드헌팅 수수료)를 써치펌에 지불하고, 그 금액 중 몇 퍼센트를 헤드헌터에게 지급해주는 수익구조이다. 헤드헌터에 대해 찾다 보니 헤드헌터에 대하여 몇 가지 기본자질이 필요함을 파악해 볼 수 있었다.

헤드헌터 기본자질의 첫 번째는 세일즈 성향이 강해야 한다는 것이다. 모르는 사람에게 당당하게 전화를 하여 현재 채용 진행 중인 포지션을 설명하고 지원 유도를 해야 한다. 또한 신규 고객사(써치펌을 이용할 만한 회사)를 확보하기 위해 영업도 해야 한다.

두 번째로는 원활한 커뮤니케이션 스킬이 요구된다. 후보자에게 현재 진행하고 있는 고객사 및 직무를 잘 설명하여 지원 유도를 하기 위해서는 설득(Pulling)을 해야 한다. 그리고 고객사에게 이 후보자가 어떠한 장점이 있으며, 인터뷰를 통해 판단해보시라고 추천해야 한다. 또한 후보자가 합격하면, 연봉협상을 원활하게 진행되도록 도움을 주고, 마지막으로 근로계약서(Offer Letter)에 사인하여 직무를 잘 할 수 있도록 고객사와 후보자 중간에서 긴밀하게 커뮤니케이션을 해야 한다.

간혹 고객사의 담당자가 외국인이거나 후보자가 외국인일 경우, 영어로 커뮤니케이션을 해야 하기 때문에 업무상 영어 커뮤니케이션이 가능하면 좋다.

마지막으로 멀티태스킹 능력을 갖추고 있어야 한다. 하나의 고객사가 아니라 다양한 고객사의 여러 포지션으로 인재채용을 해야 하기 때문에 포지션마다 각각의 후보자들, 각각의 고객사에 대한 여러 업무를 동시에 수행해야 한다.

마침 당시 가고 싶었던 홍보대행사들이 채용을 하지 않고 있는 상황이었고, 취직을 하고 한국에 들어오고 싶은 마음도 컸다. 거기다 헤드헌터라는 직무가 나와 잘 맞고 재미있을 것 같은 확신이 생겨 대표님께 다시 연락을 하여 정식 지원을 한 후 인터뷰를 하였다.

얼마 후 합격 통보를 받았고, 최대한 빨리 입사하라는 재촉에 졸업식에도 참여하지 못하고, 졸업장 하나 달랑 쥔 채 한국으로 귀국하게 되었다. 그렇게 채용담당자로서의 첫발을 내디딘 것이다.

"안녕하세요. 처음 인사드립니다. 열심히 하겠습니다. 잘 부탁드립니다."

2008년 12월, 한국에 오자마자 바로 다음 주에 출근을 하였다. 2년 6개월 만에 돌아온 한국은 미국보다 사람들의 걷는 속도, 움직이는 속도가 1.5배는 빠른 것 같았다. 변화된 한국에 적응할 시간도 없이 첫 사회생활이 시작되었고, 출근 후 정신없이 헤드헌팅에 대한 업무를 배우고 또 배웠다.

헤드헌팅 업무는 우선 채용 의뢰가 들어오면 고객사를 방문하여 인사담당자와 미팅을 진행한다. 의뢰 포지션이 어떤 포지션이며, 어떤 배경으로 오픈이 되었고, 정확히 어떠한 인재를 채용하는지를 스스로 충분히 이해할 수 있을 때까지 질문하였다. 그래도 정보가 부족할 경우 인터넷 검색을 통해 포지션과 전문용어를 이해하려고 노력하였고, 고객사의 장점들(Selling Points)을 충분히 조사하고 인지하였다. 또한 채용공고를 어느 Job 사이트에 올릴지, 어떤 내용으로 올릴지 고민하였고, 이때 전공하였던 홍보를 접목시켜 일반 Job 사이트뿐만 아니라 직무 관련 커뮤니티, SNS까지 공고를 올리기 시작하였다.

또한 간혹 채용공고에 그 회사에서만 쓰는 전문용어가 많을 때에는 외부 후보자들도 잘 이해할 수 있고, 자격요건이 너무 까다롭지 않아서 '내 경력이면 충분히 지원해볼 만하다.'라는 느낌이 들 수 있도록 공고를 수정하는 일도 하였다.

그리고 공고를 올리고 후보자가 지원하는 것을 기다리는 동안 후보자를 찾는 방법을 배우기 시작하였다.

후보자들이 구직 / 이직을 위해 Job 사이트에 등록한 이력서, 써치펌 내의 후보자 이력서 Database 등을 통해 고객사가 원하는 자격요건에 최대한 많이 부합되는 후보자를 찾으려고 노력하였고, 그러다 우연히 링크드인(Linkedin)이라는 세계 최대 규모의 Global 인맥 사이트를 알게 되었다.(나중에 좀 더 자세히 다루겠지만, 외국계 회사나 해외로 취업 및 이직을 원하는 분들에게 회원가입을 하여 활동하는 것을 강하게 추천 한다. 대부분의 헤드헌터나 기업 채용담당자들이 외국계 회사의 경력직 인재를 찾을 때 가장 많이 활용하는 가장 중요한 채널 중의하나이기 때문이다.)

처음 후보자와 통화를 할 때가 아직도 생생히 기억이 난다. 누군지도 모르는 사람에게 전화를 걸어 이직할 생각이 있는지, 추천할 포지션과 회사는 이런데 지원할 생각이 있는지 등을 확인하였다. 커리어상 지금이 이직 타이밍이고, 새로운 곳에서 같은 업무를 이어간다면 연봉도 오르고, 더 많이 배우고 기여할 수 있는 기회라는 내용을 중심으로 설득을 하였다.

처음에는 자신도 없고 긴장을 너무 많이 했으며, 사무실에서 전화를 하면 동료나 대표님이 통화내용을 듣는 것이 부끄러워서 밖에 나가서 통화를 하기도 했다. 그래서 가끔 내가 알지 못하는 정보들을 상대방이 물어봤을 때 제대로 된 대답을 하지 못한 경우도 있었고, 다시 알아보고 연락드리겠다며 전화를 끊은 적도 있었다.

　더 이상 이렇게 해서는 안 되겠다고 생각해 낸 해결책은 대화의 처음부터 끝까지 예상되는 통화내용을 적은 다음, 그 틀에 맞춰서 통화를 하는 것이었다. 물론 짜인 내용대로 진행되지 않는 경우도 있었지만, 어느 정도 정리를 하고 통화를 하기 시작하니 두려움은 조금씩 사라지고 언젠가부터 통화 자체를 즐기고 있는 내 모습을 확인할 수 있었다.

　물론 중간중간 혼나는 경우도 많이 있었다. 시간에 쫓기다 보니 전화인터뷰나 F2F(Face to Face, 면대면) 인터뷰를 진행하지도 않고 후보자의 지원하겠다는 동의만 받은 채 고객사에 바로 이력서를 넘겨 좋지 않은 결과가 나온 것이었다. 그 일로 인해 검증되지 않은 후보자를 추천할 경우, 특히 인터뷰를 진행하지 않았을 때에는 고객사와의 신뢰가 떨어질 수 있으니 반드시 인터뷰를 통해 후보자를 검증해야 한다는 것과, 후보자를 추천하는 이유와 후보자의 장/ 단점 등이 포함된 후보자의 리포트를 이력서와 함께 전달해야 한다는 조언을 받았다.

　헤드헌팅 업무를 하면서 아찔하지만 지금은 웃을 수 있는 에피소드도 있었는데, 한번은 국내 풍력 관련 회사에서 Sales 총괄 임원을 뽑는 포지션을 담당할 때였다. 여느 때와 마찬가지로 후보자들을 열심히 찾았고, 그중 적합한 분을 찾아서 후보자와 바로 통화를 시작하였다.

　해당 회사와 직무에 대해서 열심히 설명을 하였고, Career Develop 및 복리후생 등을 설명하면서 셀링을 하였다. 그러던 중 그 후보자가 나에게, "그 포지션은 우리 회사 같은데요. 회사명이 어디인가요?"라고 물었고, 회사명은 쉽게 오픈할 수 없는 것이라 추후 이력서를 보내

준다면 말씀드리겠다고 답하였다. 그러자 그분이 "혹시 B 풍력 아닌가요?"라고 질문을 하였는데 지금 진행하는 회사가 바로 그 회사였다. 그래서 내가 "네, 맞습니다. 어떻게 아셨을까요? 잘 아시는 회사이신가요?"라고 물었더니 "내가 그 회사 사장이고, 내가 이 포지션을 당신 써치펌에 의뢰한 사람이다."라는 답변이 돌아왔다.

나중에 알고 보니, 그분을 우리 써치펌에서 풍력회사 사장으로 보냈었고, 몇 개월이 지나 팀을 세팅하기 위해 다시 우리 쪽으로 의뢰를 한 것이었는데, 나는 써치펌 안의 이력서 Database만 보고 연락을 드린 것이었다. 이력서들이 다 Update된 최신사항이 아니었기 때문에 발생된 해프닝이었다.

사장님도 나도 당황스러웠고, 빠르게 죄송하다고 말씀드리며 전화를 끊었다. 이 일로 인해 클레임이 들어오면 어쩌나 걱정하고 있을 때, 그분이 나의 매니저에게 전화를 하였다. 긴장된 상태로 대기하고 있는데 "방금 나에게 전화했던 친구 있지? 이 친구 적극적이고 일 열심히 잘하네. 너무 뭐라 하지 마시고, 우리 포지션으로 좋은 인재 계속 추천해주세요."라고 하셨다.

처음으로 매니저에게 조금 혼이 났고 앞으로 더 신중히 업무를 진행하라는 이야기를 들었지만, 지금처럼 적극적으로 후보자를 찾으라는 격려도 함께 받을 수 있었다.

헤드헌터에게는 기존 고객이 인재채용을 의뢰하여, 적합한 인재를 채용하는 업무 외에 신규 고객을 확보하는 업무도 매우 중요하다. 10개의 회사에서 채용의뢰를 받는 것보다 20개의 회사에서 채용의뢰를 받을 때 그만큼 채용에 성공할 확률이 높아지기 때문이다. 그래서 나는 신규 고객사를 Develop(개발/ 영업)하기 위해 친구나 지인들 중에서 헤드헌팅으로 인재채용을 할 만한 회사가 있는 곳들을 찾아 List-Up하였다.

또한 Job 사이트에 인사담당자들이 직접 올린 채용공고 중에서 예전에 비슷한 포지션으로 진행을 했거나 비슷한 직무에 후보자들이 많을 경우 직접 인사담당자들에게 전화를 걸거나 이메일을 보내 '우리 써치펌을 활용해 보시면 어떠실까요?'라고 본격적으로 영업을 시작하였다.

인사담당자들에게 전화를 걸어 영업을 할 경우, 대부분 귀찮다는 식으로 전화를 끊거나 메일로 회사 소개서를 보내라며 퉁명스럽게 응답하는 경우가 많았지만, 100개 중 1개만이라도 일할 기회를 얻고자 하루에 적어도 한 시간을 할애하여 계속 전화를 돌리고, 통화된 곳을 중심으로 회사 소개서를 잘 작성하여 영업 메일을 보내기 시작하였다.

운 좋게 그중 한 회사로부터 '마침 인재채용이 어려워서 헤드헌팅을 써볼까 고민하였었는데 한번 같이 진행해 보자.'라는 회신을 받게 되었는데, 당시에 느낀 짜릿함을 아직도 잊지 못한다.

다음 날 찾아뵙겠다는 미팅을 잡았고, 미팅을 위해 그 회사가 현재 진행 중인 채용 포지션을 철저히 분석하였다. 또한 그 직무에 적합한 인재 Database를 분석하여 간략히 List-Up도 작성하였다.

그리고 다음 날, 미팅하러 가는 발걸음은 가벼웠다. 설레고, 조금은 두려운 마음이었지만, 많은 준비를 했기 때문에 자신감이 있었다.

드디어 미팅이 시작되었고 인사담당자는 "생각보다 많이 젊으시네요. 다른 헤드헌터 분들은 나이가 어느 정도 되셔서 비슷한 연배로 생각을 했었습니다."라고 좋은 분위기로 대화를 이어갔으며, 이후 미팅은 후회 없이 잘 마무리될 수 있었다.

회사에 복귀하자마자 같이 일하자는 답변과 계약서를 보내 달라는 요청을 받을 수 있었고, 나의 첫 영업은 실수 없이 마무리되었다. 결과적으로는 다른 써치펌에서 보낸 후보자가 채용이 되었다는 연락을 받았지만, 다음 채용이 오픈되면 바로 연락을 주겠다는 회신을 받았다.

그리고 한 달이 지날 무렵 한 번에 3개의 포지션 의뢰를 받았고, 그때부터 성공적으로 이들을 추천하여 많은 후보자들을 입사시켰으며, 그 회사는 나의 Major Client 중 하나가 되었다.

그래도 뭐니 뭐니 해도 헤드헌터의 능력 중 가장 인정받는 능력은 Direct Search가 아닐까 싶다. 공고를 통해 지원한 후보자가 아닌, Market에서 그 직무를 잘하고 있는 후보자이거나, Target Company, 즉 고객사의 경쟁사들에서 같은 직무로 일하고 있는 후보자들에게 연락하여 지원을 유도한 후 후보자를 설득하여 고객사로 추천하는 방법이다.

주로 고객사가 외국계 회사일 경우, 링크드인에 등록된 회원들의 프로파일을 확인하여 적합하다고 판단되는 분들께 연락을 하고, 고객사가 국내 회사일 경우는 사람인, 잡코리아 등의 Job 사이트에 등록한 이력서를 검토하여 적합하다고 판단되는 후보자들에게 연락을 하여 지원 유도를 한다.

가장 어렵지만, 가장 효과 있는 방법 중 하나는 바로 콜드콜(Cold Call : 고객이 될 만한 상대방에게 일방적으로 연락을 취하는 것)이다.

콜드콜 기법은 가장 공격적인 방법으로, 경쟁사에서 현재 진행하고 있는 실무자가 누군지 도 모를 때 홈페이지나 직접 경쟁사 대표번호로 연락하여 어떻게 해서든 그 직무를 하고 있는 담당자를 찾고, 그 담당자와 컨택하여 지원 유도를 하는 것이다.

내가 진행한 가장 기억에 남은 콜드콜 성공사례를 공유해보고 싶다.

고객사는 국내 제약회사였고, 한 제품의 Product Manager 과장급을 채용하는 포지션이었다. 고객사는 현재 경쟁사에서 경쟁제품의 Project Manager를 담당하고 있는 인재의 채용을 원하고 있었는데, Project Manager(PM)는 하나의 제품과 관련하여 Sales, Marketing, 홍보, 기획, 고객관리 등을 전반적으로 관리하는 사람이다. 특히 여기의 직무는 Marketing 업무가 포함되어 있기 때문에 언론에 관련 제품으로 인터뷰한 기사가 분명히 있을 것이라고 판단하여 인터넷 검색을 하였고, 드디어 경쟁사의 경쟁제품을 담당하는 PM의 이름을 기사를 통해 알 수 있었다.

이후 어떻게 하면 이분의 연락처를 알아낼 수 있을까 고민하였고, 연락하려는 분의 성함과 직책을 최근 뉴스에서 확인하였기 때문에 그 회사 대표번호로 전화를 하여 연결을 시도해보자는 계획을 세웠다.

물론 헤드헌터라고 하면 연결을 해주지 않을 것이었기에 다른 방법이 필요했다. 그래서 세운 계획은 가상의 의학 관련 신문의 기자라고 소개를 한 후 취재를 위해 그분과 통화를 하고 싶다고 거짓말을 하는 것이었다.

　도덕적으로 잘못된 방법인 것을 알고 있었고, 나중에 발각되면 어쩌지 하는 걱정과 긴장에 쉽게 전화기의 버튼을 누르지 못하였다. 하지만 그래도 해보자라는 생각으로 대표번호로 전화를 걸었다.

　"안녕하세요. K 신문의 ○○○ 기자라고 합니다. 저희가 ◇◇팀의 ×××분과 ☆☆제품 관련하여 간단히 취재를 하고 싶습니다. 혹시 그분의 이메일 주소나 사무실 번호를 알려주실 수 있으실까요?"라고 하였고, 몇 가지 질문을 하더니 바로 사무실 직통번호로 연결해 주었다. 순간 그 분과 연락이 되어 기분이 좋았지만, 올바른 경로는 아니기에 어떻게 통화를 시작해야 할지 걱정이 되었다.

　"네, 전화 바꿨습니다. ◇◇팀 ×××입니다."라고 목소리가 들리는 순간, 나는 여기서 더 거짓말을 하면 안 될 거라는 느낌이 와서 바로 사실대로 이야기하기 시작하였다.

　"안녕하세요. 저는 B 써치펌의 헤드헌터입니다. 우선 기자라고 거짓말을 해서 정말 죄송합니다. 통화를 하기 위해서 어쩔 수 없이 거짓말을 하게 되었습니다. 혹시 잠깐 통화 가능하신지요? 잠깐 시간이 되시면, 현재 저희가 다른 제약회사에서 PM 포지션으로 인재를 채용하고 있습니다. 핸드폰 번호를 주시면 핸드폰으로 자세히 논의 드리고 싶습니다."라고 통화를 시작하였다.

　불쾌감을 보이며 전화를 끊어버리는 경우까지도 생각했지만, 정말 운 좋게도 핸드폰 번호를 받을 수 있었고, 바로 그분의 핸드폰으로 전화를 하였다.

"안녕하세요. 방금 전화드렸던 B 써치펌 헤드헌터입니다. 먼저 갑자기 연락드리게 되어 다시 한번 죄송합니다. 요즘 바쁘시죠? 제가 이렇게 연락을 드린 것은 다름이 아니라 국내 Major 제약회사에서 Main Product의 PM을 채용하고 있어서입니다. 이 포지션의 장점은 그 회사에서 가장 대표하는 제품을 리딩할 수 있으며……."

이렇게 통화를 시작하게 되었다.

처음 그분은 이것저것 물어보시더니, 하루만 생각해보고 연락을 주기로 하였다. 하지만 통화를 끊고 한 시간도 안 되어 지원을 해보겠다는 연락을 주셨고, 이직을 해본 경험이 한 번도 없어서 어떻게 이력서를 써야 하는지, 앞으로 어떤 절차를 진행해야 하는지 등을 물어보기 시작하였다. 최대한 성심성의껏 알려드리며 코칭을 해드렸고, 이력서를 받은 후 우리 사무실로 방문을 요청하여, 인터뷰 및 그 회사에 대한 정보, 포지션의 더 자세한 사항 및 인터뷰 코칭까지 하여 고객사에게 이 후보자를 추천하였다.

예상대로 채용은 무난하게 잘 진행되었고, 이분이 최종 합격을 하여 이직을 하게 되는 것으로 마무리되었다.

물론 이렇게 성공한 사례만 있는 것은 아니었다.

한번은 한 제약회사에서 호흡기내과 의사를 채용하는 포지션을 의뢰받았는데, 이 고객사는 제약회사 출신이면 좋겠지만, 조건을 충족하는 이가 업계에 많지 않기 때문에 주요 대학병원에서 호흡기내과 의사로서 직접 진찰을 하고 있는 분을 원하였다. 그래서 주요 대학병원의 호흡기 내과가 있는 곳을 정리하였고, 홈페이지에 나와 있는 의사들의 약력을 살펴보았다. 외국계 제약회사였기 때문에 어느 정도 영어가 되는 분을 채용하기 위해 외국에서 유학을 한 분들 중심으로 정리한 후 본격적으로 전화를 걸기 시작하였다.

이번 콜드콜 전략은 환자로 가정하여, 의사들에게 진료상담을 하는 방법으로 진행을 하였다. 그중 한 대학병원 호흡기 내과의 의사에게 전화를 걸었다.

"안녕하세요. ××× 의사선생님이시죠? 저는 B 헤드헌팅 회사에서 근무하는 헤드헌터입니다. 다름이 아니라 Global 제약회사에서 호흡기 Product 관련, Medical Director 인재를 채용하고 있는데 혹시 제약회사로 이직을 생각해 보신 적이 있으신지요?"

하지만 이분은 불쾌한 목소리로 '내 연락처는 어떻게 알았느냐? 전혀 관심 없다.'면서 바로 전화를 끊었다. 사실 이런 경우가 더 많기 때문에 콜드콜은 정말 어렵고, 위험부담도 많이 따른다. 그래서 성공했을 때의 보람이 더 있었던 것 같기도 하다.

Joey'a Tip!

헤드헌터의 직급체계는 크게 3가지로 구분할 수 있다.(어떤 회사들은 AE가 없는 곳도 있다).
❶ Researcher
❷ Account Executive
❸ Consultant

❶ Researcher

Researcher는 Junior 레벨로 사회 초년생 신입부터 경력 5년 정도까지, 즉 일반 회사의 사원~대리급 직책이라고 보면 된다. Researcher의 가장 중요한 업무는 후보자를 찾는 것이다. 주로 컨설턴트와 팀으로 일을 하며, 컨설턴 트가 고객사와 커뮤니케이션한 사항들 중심으로 어떠한 인재를 찾는지 논의 를 한 후, 고객사가 원하는 후보자를 최대한 빨리 찾아 컨설턴트에게 전달해 야 한다.

업무의 시작은 담당 컨설턴트와 포지션 관련하여 어떠한 인재를 찾아야 하 고 어디서 후보자를 찾는 것이 가장 효율적인지 등을 논의하는 것이다. 물 론 포지션에 대한 충분한 이해를 위해 관련된 많은 자료들을 찾아보고 숙지 한다. 회의가 끝나고 가장 먼저 해야 하는 업무는 채용 공고를 만드는 일로, 적합한 후보자들이 잘 이해하고 지원할 수 있도록 쉽게 작성해야 하며, 채용 공고의 작성이 끝나면 컨설턴트의 검토를 받은 후 사람인, 잡코리아, 피플앤 잡 등 주요 Job 사이트에 기본적으로 공고를 올린다. 또한 이 직무와 관련 된 후보자들에게 채용공고를 알리기 위하여 그들이 자주 찾고 방문하는 Job Community 를 파악하여 List-Up한 후 이곳에도 공고를 올린다.

예를 들어 변호사를 채용하는 포지션이면, 대한변호사협회의 취업 게시판에 채용공고를 올리면 좋고, Software Engineer를 채용할 경우, 데브피아라는 커뮤니티에 공고를 올리면 좋다. 또한 관련 다음 카페나 네이버 카페를 찾아 가입하고, 해당 카페에다가 공고를 올리는 것도 좋은 방법이다.

공고를 다 올린 후, 공고를 보고 후보자가 지원하기 전까지 그대로 기다리 고 있느냐? 절대 그렇지 않다. 직접 후보자를 찾아야 한다. 회사 내의 이력서 Database를 확인하거나, Job 사이트에 등록된 이력서를 찾아볼 수 있고, 경 쟁사의 유사직무에 근무하는 후보자에게 콜드콜을 진행할 수도 있다. 그리고 링크드인을 통해 프로파일을 검색하여 적합한 후보자를 컨택한 후 지원을 유 도하는 등 다양한 방법들이 있다.

❷ Account Executive

Account Executive는 Researcher 업무 외에 고객사와 커뮤니케이션하는 업 무가 추가된다. 고객사에서도 주로 채용업무를 하고 있는 인사담당자 혹은 채 용담당자와의 커뮤니케이션 업무라고 할 수 있다.

고객사에서 어떠한 인재를 원하는지 관련한 커뮤니케이션을 진행하고, 거기 에 맞추어 추천한 후보자들에 관한 커뮤니케이션, 인터뷰 후 후보자들의 피드백 논의, 연봉협상 등 다양한 커뮤니케이션의 역할을 수행한다. 주로 일반 회사의 대리~차장급과 비슷하다고 볼 수 있다.

❸ Consultant

마지막으로 Consultant는 Researcher, AE 업무를 혼자서도 할 수 있어야 하며, Researcher 및 AE들을 잘 관리해야 한다. Consultant의 가장 중요한 업무는 Business Develop, 즉 신규 고객사 확보를 위한 영업 업무이다. 신규 고객 확보는 회사와 한 번도 거래를 하지 않는 신규 회사의 채용업무를 담당하는 인사 / 채용담당자와 컨택을 하여 신규 채용 의뢰를 따내는 역할이라고 생각하면 된다.

그러면 헤드헌터들은 어떻게 돈을 벌까? 가장 궁금할 수 있는 헤드헌터의 수익구조는 크게 2가지로 나눈다

1) 기본급 Incentive

2) 기본급 없이 Incentive

써치펌마다 조금씩 다르겠지만, 전반적으로 이 틀을 기본으로 진행하고 있다. 우선 헤드헌터의 수익구조를 설명하기 전에 헤드헌터의 수수료에 대해서 공유하고 싶다.

직급에 따라 사원·대리급은 15%, 과장·부장급은 18%, 임원급은 20%로 나눌 수 있고, 연봉에 따라 5,000만 원 이하는 15%, 5,000~7,000만 원은 18%, 7,000만 원 이상은 20%로 정해질 수 있다. 어떤 써치펌은 직급과 연봉에 상관없이 15%인 곳도 있고, 20%인 곳도 있다.

조금 더 쉽게 설명을 하자면, 한 과장급 후보자가 연봉 5,000만 원으로 고객사와 계약을 하였을 경우, 헤드헌팅 수수료는 5,000만 원×0.18=900만 원의 수수료가 발생한다. 써치펌으로 900만 원이 들어오면, 헤드헌터들은 써치펌 회사와의 계약조건에 의하여 900만 원의 수수료 중 본인이 할당받는 퍼센트의 Incentive를 받게 된다.

만약 헤드헌터가 기본급을 받을 경우 기본적인 Incentive 비율은 약 10~30% 수준이다.

Researcher일 경우 '기본급 수수료의 10% 인센티브', Account Executive일 경우 '기본급 수수료의 20% 인센티브', 그리고 Consultant일 경우 '기본급 수수료의의 30%' 정도로 측정될 수 있다.

만약 기본급을 받지 않을 경우 Incentive 비율은 약 50~70%의 수준이다. 만약 위의 900만 원의 헤드헌팅 수수료 중 기본급 없이 70%로 계약하였을 경우에는 900만 원×0.7=630만 원의 인센티브를 받게 된다.

그렇기 때문에 조금 더 안정적으로 헤드헌터를 하고 싶은 경우 기본급을 받는 경향이 크고, 공격적으로 수익을 얻고 싶으면 기본급 없이 인센티브 비율을 높게 하여 협의를 할 수 있다. 위의 수익구조는 써치펌마다 크게 다를 수 있기 때문에 참고만 하면 된다.

헤드헌터 생활이 어느덧 만 3년이 되어갈 때쯤, 나는 진로에 대해 고민을 하기 시작했다. 나와 잘 맞는 헤드헌터 일을 계속할지, 아니면 한 기업의 채용 담당자로 근무를 하면서 소속된 회사를 위해서 채용업무를 해보고, 다양한 업무를 배우면서 커리어를 이어갈지 많은 고민이 있었다.

사실 고객사의 인사담당자들과 커뮤니케이션을 하면서 '내가 만약 기업에 입사하여 채용업무를 전담하게 된다면 얼마나 재미있을까?, 나의 헤드헌팅 스킬을 활용하여 더 빨리 적합한 인재를 채용해볼 수 있을 것 같은데 그런 기회는 없을까?' 하는 생각이 들고는 했다.

결국 기업의 채용담당자로 도전해 보고자 마음의 결정을 내렸다. 그렇지만 현실적으로 진행해야 할 업무가 너무 많았기 때문에 적극적으로 구직활동을 하기에는 어려웠고, Job 사이트에 이력서부터 등록해 놓기로 계획을 세웠다. 그동안 보아왔던 다양한 이력서 중 참고할 만한 이력서들을 확인하면서 이력서를 작성하여 등록하였고, 일상에 바빠 잊어버리고 있을 때쯤, 너무나 가슴 뛰는 메일 한 통을 확인하게 되었다.

02
국내 대기업, 채용담당자

제목 : 면접 제안요청 (C 기업)

안녕하십니까? C 기업 채용담당, ×××입니다.
당사 '중앙연구소 HR 포지션 채용'을 진행 중인데, 우연히 인재DB에서 귀하의 프로파일을 보고 당사 모집 진행 포지션에 적합하실 것으로 판단되어 이렇게 메일 드립니다.
우선 아래의 간략한 회사 및 모집 포지션에 대한 내용을 참조하시고, 귀하의 당사 입사 지원 검토 부탁드립니다.

포지션 : 중앙연구소 인사담당
　　　　해외유학생 채용 및 국내 R&D 연구인력 채용
지원방법 : 당사 홈페이지 – 채용공고 – 상시 채용공고 – 온라인 입사지원

너무나 흥분된 순간이었다. 항상 후보자에게 포지션 제안 메일을 보내기만 하다가 막상 내가 면접 제안 메일을 받아보니 그 느낌이

남달랐다. 게다가 제안받은 회사는 이름만 들으면 누구나 알 만한 수준의 국내 대기업이었다.

직무 또한 채용 중심의 HR 업무이며, 해외유학생 및 국내 R&D 인력을 채용하는 업무 중심이었다.

한순간의 망설임도 없이 지원을 결심하였고, 바로 회신하면 좀 없어 보일 것 같아 그 다음 날 회신을 하여 지원하겠다고 한 후 주말을 이용하여 홈페이지에 이력서를 등록하였다.

하지만 일주일이 지나도 아무런 연락이 없었고 점차 초조해지기 시작했다.(나 또한 후보자들이 이력서를 제출하고, 고객사로 추천하였을 때 고객사로부터 연락이 없으면 Update가 발생되지 않아 지원하였던 후보자들에게 피드백을 빨리 주지 못한 적이 정말 많았다. 왜냐하면 다른 포지션으로 빨리 후보자를 찾아 고객사로 추천하는 업무를 우선적으로 해야 하기 때문이다. 그런데 내가 당사자가 되어 직접 경험을 통 해 그 초조함을 느껴본 뒤로는 후보자들에게 최대한 진행 상황을 빠르게 Update해주려고 노력하게 되었다.)

열흘이 지날 때쯤, 너무 궁금해진 나머지 정중하게 담당자에게 문의 메일을 보냈고, 다음과 같은 답변을 받게 되었다.

"안녕하세요? 저번 주가 우리 회사 휴가기간이었던 관계로 피드백을 드리지 못하였습니다. 죄송합니다. 이번 주 내로 연락드리겠습니다."

이렇게 짧은 글이나마 연락을 받게 되자 초조함이 해소되었고, 며칠이 지나 면접 안내 메일과 전화를 받게 되었다.

후보자들이 면접을 잘 볼 수 있도록 컨설팅을 하다가 직접 면접을 보게 되니 설레면서도 정말 많이 긴장되었다. 그나마 면접을 준비할 수 있는 시간이 어느 정도 있었기 때문에 최선을 다해서 준비하기 시작했다.

우선 가장 많은 정보가 있는 회사 홈페이지를 꼼꼼히 살펴보면서 회사의 연혁, 생산품, 인재상 등의 주요 정보를 확인하였고, 회사와 관련된 각 생산제품들을 키워드로 나누어 뉴스들을 검색하기 시작했다.

그렇게 회사에 대해 어느 정도 숙지를 한 후에는 지원한 직무에 대해 분석을 하기 시작하였다. 중앙연구소의 채용업무 중심 인사담당자를 지원한 것이기 때문에 중앙연구소에 어떠한 인재들이 많이 모여 있는지, 나에게 어떤 장점과 써먹을 사항이 있어서 관심을 보였는지 조사하고 고민하기 시작하였다.

그러던 차에 관련 기사 중 '이공계 R&D 석 / 박사 인재전쟁'이라는 글이 나에게 큰 도움이 되었다.

국내에서 석 / 박사 인재들은 대부분 회사의 평판, 연봉 수준, 복지 등을 따져 대한민국 Top 5 대기업들로 입사를 희망하는데, 바로 취직을 하지 않을 경우, 해외로 석 / 박사 유학을 가는 인재들도 많은 실정이라 공채를 하더라도 인재 채용에 쉽지 않은 상황이라는 글이었다. 이 정보를 바탕으로 내가 가진 헤드헌팅 스킬과 채용에 대한 열정을 어필해보면 승산이 있을 것이라고 생각하였다.

드디어 면접 당일이 되었고, 면접관으로는 입사를 하게 된다면 보고(리포팅)해야 할 중앙연구소 인사담당 과장님과 본사 인사팀 차장님두 분이 참석하였다. 처음에는 긴장이 많이 되었지만, 긴장을 풀어주시기 위해 노력하시는 태도에 조금씩 편안하게 면접에 임할 수 있었다.

이후 본격적으로 면접이 시작되었고, 기억에 남는 질문들은 다음과 같다.

---

❶ 간단히 자기소개를 해주십시오.

❷ 우리 회사에 대해서 어느 정도 알고 있습니까?

❸ 헤드헌터 관련하여 어떤 업무를 하셨는지 알려주십시오.

❹ 우리 회사 중앙연구소 채용업무를 담당하게 된다면 어떤 업무들을 어떻게 해보고 싶습니까?

❺ 중앙연구소에서 해외 우수 석 / 박사 인재를 어떻게 채용하시겠습니까?

❻ 우리 회사를 영어로 소개해 주십시오.

❼ 파워포인터 / 엑셀 등을 활용하여 보고서 업무가 많이 발생될 수 있는데, 본인의 보고서 작성능력은 어느 정도라고 생각하십니까?

❽ 마지막으로 입사포부를 말해주십시오.

어느덧 면접이 끝났다. 90분의 시간이 그 어느 때보다 빨리 흘러갔던 것 같았지만 최선을 다했기 때문에 후회는 없었다. 얼마간의 초조한 시간이 흘렀고, 실무면접 합격통보를 받았다. 너무 기뻤지만 인적성검사라는 또 다른 관문이 나를 기다리고 있었다. 직장을 다니고 있었기에 따로 준비할 시간적 여유가 없었고, 인적성검사는 처음이라 정말 많은 걱정을 한 채로 시험을 치르게 되었다.

예상대로 시험은 어렵고 시간적인 여유도 없어 문제를 막 푼 느낌이었지만, 정신을 차리고 보니 시험도 끝나고 결과를 기다리는 일만 남았다.

그렇게 일주일이 흘렀을까? 드디어 피드백을 받게 되었다. 사장님과의 최종면접 안내 메일을 받게 된 것이다.

잠시의 기쁨 뒤, 사장님과의 마지막 면접 준비를 위해 최선을 다해 자료를 찾고 준비하였다. 하지만 아무리 찾아보나도 사장님과의 면접에 대한 상세한 정보는 거의 없었고, 10분도 안 걸린다는 이야기들만 있어서 이전처럼 자신 있게 해보자고 다짐할 수밖에 없었다.

최종면접은 그룹 본사에서 이루어졌다. 이전의 실무면접은 중앙연구소에서 진행이 되었던 터라 그룹 본사 방문은 처음이었는데, 20층이 넘어 보이는 큰 빌딩에 1km 밖에서도 보일 것 같은 기업의 로고는 보는 이로 하여금 압도감을 느끼게 했다. 더불어 꼭 입사하고 싶은 열망도 끓어오르기 시작했다.

후보자들이 많았기 때문에 한 명씩 심층 면접을 하기에는 어려운 상황이었고, 후보자 한 명당 1~2개의 질문만을 받고 있었다. 그리고 드디어 내 차례.

그런데 사장님은 나를 건너뛰고는 내 옆의 후보자에게 질문을 하기 시작하였다. 내 면접은 이렇게 끝나는 것일까? 초조하게 다른 후보자들이 대답하는 것을 경청하고 있었다. 그러다 갑자기 인사 임원이 나에게 질문을 하기 시작했다. 입사포부 관련 질문이었다. 이 질문은 열심히 준비하였기에 차분하고 자신 있게 "중앙연구소의 R&D 석/박사 및 경력직 인재 채용을 위해 헤드헌팅 스킬을 잘 활용하여 적기에 최적의 인재를 뽑는 데 최선을 다하겠습니다. 또한 채용에 대한 뜨거운 열정과 적극적인 자세로 빨리 적응하여 업무에 기여할 수 있도록 최선을 다하겠습니다."라고 대답하였다.

모든 면접전형이 마무리되었고, 건물 밖으로 나오면서 꼭 입사하고 싶다고 생각했다.

그리고 며칠 후 최종합격 연락을 받게 되었다. 최종 근로계약서를 검토하는 사이, 앞으로 나의 매니저가 될 연구소 과장님이 집 근처에서 저녁을 먹자고 연락을 주셨다. 처음 1차 인터뷰 때 뵀던 분이기도 해서 흔쾌히 승낙하고 과장님과 만나게 되었다. 과장님은 내 포지션이 오픈된 배경, 내가 입사하면 해야 할 업무들, 나에게 기대하는 사항들, 내가 극복해야 할 점들을 정확하고 자세히 말씀해 주셨다. 마지막으로 감사하게도 같이 즐겁게 일해보자고 하셨고, 나는 다음 날 바로 오퍼를 수락하였다.

지난 3년간의 헤드헌터 생활을 돌이켜보면, 너무나 소중한 시간이었다. 당시의 헤드헌터 경험이 없었더라면 지금 채용팀장 자리에 절대 있을 수 없었을 것이다. 채용담당자에 있어 가장 기초가 되는 후보자를 어떻게 찾고, 어떻게 커뮤니케이션을 해야 하는지 등 채용담당자의 기초를 제대로 배웠던 시간이었다. 따라서 채용담당자가 되고 싶다면 헤드헌팅 회사에서 적어도 6개월 이상 일해보기를 강력하게 추천한다.

새롭게 이직한 나의 소속은 중앙연구소 내 기술경영팀이었다. 기술경영팀은 주로 중앙연구소의 전략, 기획 등의 업무를 담당하는 파트와 중앙연구소의 전반적인 인사관리를 담당하는 인사 파트, 전반적인 살림살이를 담당하는 총무 파트가 합쳐진 팀이었고, 약 10명으로 구성되어 있었다.

이곳으로 이직을 하면서 가장 적응하기 어려웠던 점은 '보고서 작성'이었다. 파워포인트와 엑셀은 대학교 때 과제를 발표할 정도의 수준이었고, 그나마도 헤드헌터 3년 동안은 제대로 써볼 기회가 많지 않았다. 헌데 선배들이 작성한 보고서들은 그런 내가 보기에도 정말 잘한다는 수준을 넘어 예술이라는 표현이 나올 만큼 깔끔하고, 논리적이며 오와 열의 배열이 완벽하였다.

그리고 가장 힘들었던 점은 하고 싶은 말은 너무나 많은데 그걸 1~2장으로 요약하는 것이었다. 현황분석과 추진사항 등을 중심으로 현실 가능한 사항인지를 논리적으로 작성하는 것은 생각보다 정말 힘든 작업이었다.

나를 뽑아준 과장님은 이미 이곳의 상황을 알고 계셨기에 신입사원처럼 A부터 Z까지 차근차근 친절히 가르쳐 주셨다. 시간이 지나면서 조금씩 익숙해져 갔지만, 보고서 작성은 나에게 있어 항상 어렵고, 가장 어려운 숙제였다.

어느 정도 업무에 적응이 되었을 무렵, 중앙연구소 내의 경력직 채용 포지션들이 오픈되었고, 나는 나의 전문분야인 만큼 빠르게 채용을 준비하였다. 동시에 중앙연구소 외에 본사 및 다른 사업장의 경력직 채용 포지션과 관련하여 나만의 노하우를 각 인사담당자 동료들에게 공유하였고, 빨리 채용이 이루어지도록 서포트하였다.

또한 그룹 공채 TFT(Task Force Team의 약어, 회사의 새로운 Project를 추진할 때 각 부서에서 선발된 직원들이 임시로 팀을 만들어 활동)에 참석하여, 그룹 공채를 어떻게 진행하고, 어떠한 일정과 어떠한 포지션으로 채용을 할지 논의를 하면서 다른 계열사 인사담당자 분들과 친분을 쌓을 수 있었으며, 대기업 공채가 어떻게 진행되는지를 직접 경험해보면서 하나씩 파악할 수 있었다.

앞서 이야기했듯 대부분의 대기업은 자체 인적성검사를 진행하는데, 우리 그룹의 인적성검사를 담당하는 파트너사의 컨설턴트들과 미팅을 통해 인적성검사를 어떻게 개선하면 좋을지, 시험은 어떻게 진행되는지, 결과는 어떻게 평가하는지에 대해서도 많은 정보들을 듣고, 배울 수 있었다.

업무에 어느 정도 적응이 될 무렵, 본격적으로 중앙연구소 R&D 석 / 박사 인재 채용이라는 미션을 받게 되었다. 조금만 현실에 안주하게 되면 국내 경쟁업체뿐만 아니라 중국 등 글로벌 회사에 금방 따라잡혀 도태될 수 있기 때문에 어느 제조회사나 마찬가지로 우리 회사 또한 R&D에 많은 투자를 하고 있었다.

그렇기 때문에 미래의 먹거리를 위한 R&D 업무를 수행할 인재들이 절실히 필요했는데, 당시에는 이공계 석 / 박사 빼내기 경쟁, 선점 등으로 인력 유출이 심화되기 시작해 우수 인재를 확보하고 유지하는데 어려워졌던 상황이었다.

또한 우수한 이공계 석 / 박사 인재들은 교수의 꿈을 키우기 위해 해외로 유학을 가고 있으며, 유학을 가지 않는 졸업생들은 회사의 평판과 연봉 및 복리후생 중심으로 국내 Top 10 대기업 중심으로만 취직을 하고 있었다.

이러한 상황에서 우리 중앙연구소는 R&D 석 / 박사 인재를 어떻게 확보해야 할지 본격적으로 고민하기 시작했다. 우선 비슷한 규모의 회사나 경쟁사에서 어떻게 우수 인재 채용을 진행하고 있는지 벤치마킹하고, 다른 회사에서 비슷한 업무를 하는 분들을 소개받아 찾아가서 배우는 등 최선을 다해 많은 정보들을 모으기 시작했다.

또한 경쟁사들의 급여 및 복리후생 정보까지도 파악하였다. 그래서 내린 방안은 '국내 / 해외 Target 석 / 박사 Lab Tour를 통한 타겟 리쿠르팅 및 국내 최고 수준의 산학장학생 제도(기업에서 석 / 박사에 재학 중인 인재를 졸업 후 채용하는 것을 전제로 미리 선발하여, 등록금이나 생활금 등의 지원을 하는 제도이다.) 개선을 통한 인재 선(先)확보'라는 틀을 잡고 본격적으로 업무를 시작하였다.

먼저 각 그룹장들에게 국내 / 해외로 구분하여 각 그룹별로 관련 분야를 연구하는 교수들 중심으로 대학 / 전공 / 교수 Lab을 List-Up 하였다. 예를 들어 국내는 연세대학교 기계공학과 ××× 교수의 ○○○ Lab, 해외일 경우 홋카이도대학교 농기계공학과 ××× 교수의 ○○○ Lab 등으로 정리를 한 후, 타겟팅을 확정하여 국내는 한 달에 두 번씩 각 그룹장과 채용담당자, 그리고 그 학교 졸업생 출신 직원, 총 3명으로 Lab Tour를 실시하였다.

Lab Tour는 처음 Target Lab의 교수에게 컨택하여 회사소개와 어떤 포지션으로 인재를 채용하는지, 또한 석 / 박사들이 졸업하고 취업을 할 때 관련 전공으로 유사한 업무를 하고 싶은지에 대한 선호사항 등을 중심으로 두 시간 동안 이야기를 한 후 점심식사나 저녁식사를 하면서 조금 더 편한 분위기에서 이야기를 하는 구성으로 진행되었다.

이런 활동을 한 달에 2곳씩 실시하였고, 관련 채용공고가 났을 때에는 교수들과 학생들에게 직접 메일을 송부하여 지원 유도를 하였다.

해외에서도 국내와 비슷한 틀로 진행을 하였지만 지역적 한계가 있어 관련 Lab의 한인 유학생을 찾기가 매우 어려웠다. 그래서 우선 선정한 Target Lab 정보를 구글링하여 Lab 홈페이지를 찾았고, 거기에 학생 List를 검색하여 한국 성씨가 있는 학생들을 중심으로 컨택을 시도하였다. 그중 회신이 온 유학생들 중심으로 그 학교 한인학생회장에게 컨택하여 Lab Tour 중심의 채용설명회를 실시하였다.

국내와 비슷하게 두 시간 설명회 및 면담, 그리고 식사하는 일정으로 진행하였다. 한 번 해외채용을 진행할 때마다 3~5개 학교 중심으로 설명회를 개최하였고, 전공 관련 채용 포지션이 오픈되었을 때 확보된 유학생 Database를 활용하여 직접 연락하고, 지원 유도를 하였다.

그런데 국내 / 해외 채용 활동을 1년 정도 진행하면서, 정말 뽑고 싶은 인재들이 이미 다른 회사의 산학장학생 제도에 선발되어 우리 회사에 지원하라고 하기 어려운 상황을 겪었다. 그래서 우리 회사의 산학장학생 지원금 제도를 확인하였더니, 지원금은 크게 등록금과 생활비로 구성되어 있었고, 생활비는 다른 회사 대비 낮은 수준이었다.

다른 회사로부터 미리 선발된 학생들의 피드백을 받아보니 전반적으로 이미 장학금을 지원받은 경우가 많아, 등록금보다는 생활비를 많이 지원받았으면 하는 바람을 확인할 수 있었다.

그래서 등록금 대신 생활비를 국내 최고 수준으로 높여서 진행하는 아이디어를 CTO 상무님께 보고하였고, 좋은 생각이라는 상무님의 응원을 받아 정식으로 보고서를 통해 제안하였다. 결과적으로 이 제안은 우리 회사뿐 아니라 그룹사 전체로 확대되어 적용되게 되었다.

그렇게 1년 동안 해외채용을 진행하면서 여러 번의 시행착오를 겪어가며 우리의 채용과정은 점점 더 효율적으로 개선되기 시작하였다. 우선 채용설명회 대신 전공세미나로 명칭을 변경하였다. 아무리 Target Lab을 유학생 중심으로 진행한다고 하였지만, 채용설명회라는 이름 때문에 전공과 관련 없이 기념품만 받으러 오는 학생들이 다수 있었다.

그래서 전공세미나로 진행을 한다면 조금 더 타겟팅 된 학생들 중심으로 진행할 수 있겠다는 판단 다음 변경된 것이다. 또한 지원금 제도를 크게 개선한 '산학장학생 선발' 전형을 대대적으로 진행하면서 해외채용을 진행할 때 현지 해외채용뿐만 아니라 우수 산학장학생 선발이라는 두 마리의 토끼를 모두 잡고자 하였다.

비용적인 측면에서도, 한인학생회 임원진에게 그냥 후원금 명목으로 지원을 하는 대신 한인학생회 홈페이지의 배너광고 중심으로 진행하여 광고효과까지 얻을 수 있도록 하였고, 기념품도 스타벅스 카드 대신 Pre-Paid Card라는, 스타벅스뿐 아니라 여러 곳에서 충전된 Check Card처럼 쓸 수 있는 기념품으로 바꿔서 진행을 하였다.

그 다음 해, 그룹 차원에서 공동 해외채용을 추진하였고, 각 계열사의 채용 담당자 중심의 TFT를 구성하게 되었다. 그 당시까지 다른 계열사들은 해외채용을 한동안 하지 않은 상황이었고, 우리 회사는 적극적으로 해외채용을 고민하며 진행하고 있었기 때문에 TFT에서도 주도적으로 그룹 전체 해외채용을 진행하게 되었다.

해외채용 TFT는 1주일에 한두 번씩 각 계열사 채용담당자들을 모아 회의를 하면서 약 3개월간의 철저한 사전작업을 바탕으로 북미채용을 진행하였다. 총 6개의 Target 대학을 방문하였고, 사전면담 강화, 회사설명회 및 저녁 일정으로 구성되었다.

또한 해외유학생 및 산학장학생 채용공고와 연계하여 진행하였는데, 그 결과는 성공적이었다. 즉시 입사할 수 있는 유학생들 대상으로 실무면접 검토 대상자가 무려 70명, 산학장학생 대상 실무면접 검토 대상 자가 무려 40명이 되었다.

약 110명을 대상으로 실무면접인 화상 면접을 진행하였고, 20여 명의 유학생들을 채용할 수 있었다. 이런 채용성과를 바탕으로 CTO 상무님께서는 우수채용 성과로 'CTO 부문장' 상을 수여해 주셨다.

처음 겪어본 국내 대기업 문화는 나에게 아주 잘 맞았다. 팀 중심의 단합이 있는 가족 같은 분위기였고, 다양한 동아리 활동, 부서교류회나 행사 등을 통한 회식과 간혹 야근을 하면서 다져지는 팀워크 등을 통해 하나로 뭉치는 문화를 가지고 있었다. 그리고 회사 비용을 1원이라도 절약하기 위해서는 한 번 더 고민하여 신중하게 결정을 해야 하기에 내가 해야 할 업무에 있어 주인의식을 갖는 것을 크게 배웠던 것 같다.

여러 번 생각하고 고민하여 업무를 진행해야 했고, 보고서 작성 업무가 많아 그로 인한 야근도 있었지만, 전체적으로 돌아봤을 때 주도적으로 채용업무를 진행할 수 있었기 때문에 일하는 것 자체가 즐거운 시기였다.

03
외국계 대기업, 채용담당자

*헤드헌터*를 하면서 다양한 고객사들과 업무를 진행하였지만, 그중에서도 나를 가장 설레게 하는 회사가 있었다. 그 당시 포춘 기업 순위 20위 안에 드는, 미국에 본사가 있는 대기업이었다.

후보자들을 고객사로 채용할 때 개인적으로 이곳으로 이직을 하는 후보자가 제일 부러웠다. 그리고 여러 고객사들에서 경력직 인재를 찾을 때도 이 회사 출신의 경력직 인재를 채용하고 싶다는 요청을 많이 받았다. 그렇기 때문에 이 회사에 다니고 있는 현직자나 여기에서 근무한 경력이 있는 후보자들은 정말 인기가 높았다.

도대체 왜 이 회사 출신을 선호하는 것일까? 이에 대한 궁금증은 이 회사에 서 이직을 원하는 후보자와 편하게 이야기를 할 기회를 통해서 어느 정도 해결이 되었다.

이 회사는 100년이 넘는 역사와 전통을 통한 세계 최고 수준의 업무 프로세스와 Tool을 사용하고 있고, 국내 대기업들도 다양한 분야에서 벤치마킹을 하고 있었다. 하지만 업무강도가 워낙 높아서 이 회사 경력 1년이면 다른 회사의 3년 경력과 맞먹는다는 소문이 있을 만큼 쉽지 않은 곳이라고 했다. 그 당시 실제로 외국계 회사의 리더급 / 임원급 포지션으로 이 회사 출신들이 국내에 많이 포진되어 있는 것을 확인할 수 있었다.

내 경력이 만 3년이 되어갈 무렵, 지인을 통해 우연히 이 회사에서 채용담당자(Recruiting Specialist) 대리~차장급을 채용한다는 소식을 전해 들었다.

갑자기 심장이 미친 듯이 요동치기 시작하였다. 꼭 이직을 해야만 하는 상황은 아니었지만 헤드헌터를 시작하면서 항상 꿈꿔왔던 회사와 꼭 도전해보고 싶은 포지션이었기 때문에, 정말 1초도 고민하지 않고 지원을 결심하였다.

이력서를 Update하여 지원을 하고, 회사의 직무에 대해 공부를 하기 시작하였다. Job Description을 살펴보니 Recruiting이라는 용어 대신 Talent Acquisition이라는 표현을 쓰고 있었고, 채용 시스템 관련 단어들로 추측되는 어려운 용어들이 많이 적혀 있어 모든 직무를 단번에 이해하기 쉽지 않았다.

그 당시만 하더라도 국내에는 전문 리쿠르터(Recruiting Specialist)라는 직무가 거의 알려져 있지 않았기 때문에 많은 정보를 찾기가 어려웠다. 그래서 헤드헌터를 할 때의 경력 및 성과와 국내 대기업에서의 다양한 채용 경험, 전략적 사고방식 중심으로 어필을 하자는 틀을 잡고 회신을 기다리고 있었다.

하지만 일주일이 지나고, 한 달이 지나는데도 회신이 없었다. 외국계 회사에서의 경험이 없었고, 외국계 회사에서 쓰는 Tool이나 시스템을 전혀 몰랐기 때문에 서류에서 탈락을 했을 것이라고 짐작하고, 한동안 채용에 대해 잊고 지내고 있었다.

지원한 지 두 달이 되어갈 때쯤, 채용팀 부장님으로부터 전화를 받게 되었다. 기다렸던 시기가 너무 길어서일까. 무덤덤한 마음으로 통화를 하였다. 채용팀 부장님은 늦게 연락드리게 되어 미안하다고 하시면서 아직도 이 포지션에 관심이 있냐고 질문을 주셨다. 당연히 미치도록 기다렸다고 대답하고 싶었지만, 차분하게 마음을 다잡고 아직 관심이 있다고 말씀을 드렸고 자연스레 인터뷰 날짜가 정해지게 되었다.

주어진 시간 동안 최선을 다해서 준비를 마친 뒤, 인터뷰에 임했다. 예상대로 회사 관련 질문과 이직 사유, 현재 담당하고 있는 업무, 헤드헌터 때의 퍼포먼스, 영어 자기소개, 입사 후 포부 등의 질문들을 받았고, 최선을 다해 답변을 하였다. 부장님께서는 내 이력서는 예전에 받았지만, 조금 더 경력 있는 분들을 인터뷰하면서 연락이 늦어졌고, 그동안 10명 이상의 후보자들을 면접 봤지만, 적합하지 않아서 나에게 연락을 하였다고 솔직하게 이야기를 해주셨다. 그렇게 성공적으로 인터뷰가 끝나고, 다음 절차 등을 무사히 진행하여, 최종적으로 Offer Letter를 받게 되어 다시 새로운 곳으로의 출근이 시작되었다.

채용팀은 팀장님을 포함하여 총 4명으로 구성되어 있었고, 전 계열사의 채용 서비스를 제공하는 중앙조직이었다. 쉽게 국내 대기업을 비교하여 설명하자면, 그룹 지주사에 전 계열사의 모든 채용업무만을 담당하는 채용팀이 있고, 한 명의 Recruiter가 2~3개 계열사의 모든 채용을 전담하면서 채용 서비스를 제공하는 Shared Service 구조라고 보면 될 것 같다.

처음 한 달 동안은 채용 관련 직무교육 및 채용시스템에 접근할 수 있는 권한을 얻기 위한 교육과 컴플라이언스 교육 등을 받으면서 동료 채용담당자들이 평상시 업무를 어떻게 하는지를 최대한 빨리 습득하기 위해 많은 시간을 할애하였다. 이 처음의 몇 개월 동안은 적응하기 너무 어려웠다.

우선 국내 대기업과의 문화 차이가 너무나 심했다. 국내 대기업은 군대 문화가 스며있는 팀 중심의 문화였고, 보고서 작성 비중이 매우 높았다. 그 당시만 하더라도 간혹 보고서 등 처리할 업무가 있을 경우, 같이 저녁 먹고, 같이 야근을 하며, 같이 회식하는 분위기가 익숙했었다.

하지만 외국계 회사에서는 개인 중심, 성과 중심으로 누가 지시하기보다는 본인의 담당업무 권한을 충분히 부여받고 주변의 조언들을 경청하고 참고하지만, 본인이 직접 결정하고, 본인이 책임지는 자유로운 분위기였다.

또한 본인의 담당업무에 있어서는 '우리 회사에서 이 업무는 내가 가장 잘하는 실무자이다.', '내가 뚫리면 회사가 뚫리기 때문에 내 업무에 있어서는 나는 프로다.'라는 Professionalism이 가장 중요했다.

변화된 문화적 차이에 적응하면서 느낀 또 한 가지 업무적 차이는 바로 영어를 활용하는 상황이 늘어나기 시작했다는 것이었다. 모두

다 읽기도 버거운 Global에서의 회사 관련 소식과 HR 부서에서 보내는 소식, TA(Talent Acquisition, 채용) 부서에서 보내는 소식, 각종 프로그램 Update 소식 등이 있는데, 그중에 반드시 읽어야 하는 메일들이 존재하고 있어 무시할 수도 없었다. 또한 Global의 다양한 조직과 Monthly Call(월간회의), Weekly Call(주간회의) 및 Global HR 조직 및 Global TA 조직과의 월간 / 주간회의가 있었고, Global Project라고 신규 프로세스나 Tool 도입을 위해 한국 관련 시장조사나 한국 실정에 맞춰 Localizing해야 하는 등의 기획에 한국 담당자로 지정될 경우, 비슷한 월간 / 주간 회의를 해야 했다.

또한 전 세계의 담당자 시차를 맞출 수 없기 때문에 밤늦게 콜에 참석해야 하는 경우도 발생하였고, 참석자 중 외국인이 한 명이라도 있을 경우에는 모든 이메일과 회의는 영어로 진행되었다. 그러다 보니 영어에 대한 부담감이 너무나 크게 다가 왔고, 처음에는 동료들이 어느 정도 가르쳐 줄 수 있었지만, 그 단계가 지나 동료들도 모르는 나만의 Project를 담당하게 된 경우, 누가 가르쳐 주기를 기대하기가 불가능했기 때문에 스스로 관련 매뉴얼이나 정보를 직접 찾아서 공부하고 이해해야 했다. 그렇기 때문에 3개월이 지나고 6개월이 지날 때도 이 업무에 적응하기 너무 어려웠다.

그 와중에 나는 입사한 지 얼마 되지 않아 귀여운 대형사고(?)를 치게 되었다. 매주 금요일은 '캐주얼 데이'라고 하여 평상시에 입었던 정장이나 세미정장이 아닌 조금 더 가벼운 복장으로 출근하는 날이었다.

외국계 회사와 관련한 방송들을 보면 편하게 반바지와 티셔츠를 입고 출근하여 일하는 장면들이 생각나서 별 생각 없이 반바지를 입고 출근하였다. 하지만 회사 입구에 들어서면서부터 뭔가 잘못되었음을 느끼기 시작했다. 반바지를 입고 출근한 남자 직원이 전 임직원 중에 나뿐이었던 것이다. 게다가 하필 그날은 한국의 HR 부서가 다 모이는 전체 미팅이 있는 날이었다.

오전 내내 화장실 가는 것도 줄여 가며 자리에 앉아만 있었고, 너무나 불안하고 불편해서 팀장님께 보고를 드렸더니 정말 당황하는 표정을 보이셨다. 그래서 가장 먼저 전체 팀 미팅에 가서 앉아있었고, 살짝 움직일 때는 테이블에 붙어 이동을 하여 반바지를 가리려고 애를 썼다.

다행히 회의는 별일 없이 끝이 났고, 나는 끝까지 남아서 뒷정리를 한 후 도망치듯 자리로 이동하였다. 식은땀을 비 오듯 흘렸고, 그저 한시라도 빨리 집에 가고 싶은 마음뿐이었다. 나중에 알고 봤더니 정확한 복장 규정은 없었지만, 대부분 남자 직원들은 면바지나 청바지에 피케 셔츠나 깔끔한 티를 입고 출근한다는 것이었다.

그 후 한동안은 '캐주얼 데이'에도 정장을 입었지만, 나중에는 면바지에 깔끔한 피케 셔츠를 입고 출근하였다. 지금 다시 생각해도 그때의 불편함과 당혹스러웠던 상황에 등골이 서늘해진다.

그런데 문제는 회사의 문화 차이에서만 나타나는 것이 아니었다.

평소 나는 농담을 좋아하고, 장난을 많이 치는 성향을 가지고 있었다. 그래서 보통 입사 후 한 달 정도면 사무실 안에 있는 동료들과 친해져서 농담도 많이 하고 장난도 많이 치곤 했었다. 기존 직장에서는 이런 성향이 나의 가장 큰 장점 중 하나였고, 전 직장의 이사님은 이런 나를 '긍정맨'이라고 불러주시기까지 했 다.

하지만 이러한 점이 여기서는 오히려 단점이 되고 있다는 사실을 깨닫게 되었다. 본래 성격이 급하고, 강한 추진력을 발휘해 뒤돌아보지 않고 업무를 바로바로 실행하는 성향이다 보니 사소한 잔 실수들을 많이 일으켰고, 중요한 메일을 다른 사람에게 보내거나 메일을 보낸 후에 틀린 점들을 발견하는 일이 생기곤 했다. 이런 실수가 반복되면서, 팀장님께 면담을 받게 되었다. 그리고 팀장님은 다음과 같은 조언을 해주셨다.

"과장님은 Recruiting Specialist, 즉 채용담당자입니다. 채용담당자는 후보자가 우리 회사와 관련하여 가장 먼저 컨택하는 최전방에 있는 직원이며, 후보자들이 우리 회사의 이미지를 결정하는 데 중요한 역할을 하는 사람입니다. 그렇기 때문에 회사를 대표한다는 생각으로 매사의 언행을 조심해야 하고, 타의 모범이 될 수 있도록 노력해야 합니다. 또한 인사부 소속이기 때문에 내부 임직원들에게도 모범이 될 수 있도록 해야 합니다.

과장님은 추진력과 실행력이 좋은 반면 실수가 많고, 디테일이 부족한 측면이 있습니다. 디테일을 개선하지 않으면, 다음 단계로 성장하기 어렵습니다. 요즘 Global Call이나 주요 회의 때 준비가 부족한 건지 거의 한 마디도 안 하는 것 같습니다. 사전에 더욱더 철저히 준비를 하고, 앞으로 어떤 회의이든 간에 무조건 질문 하나씩은 하세요. 이렇게 함으로써 본인을 더욱 알리고, 과장님이 채용을 정말 잘한다는 것을 한국뿐만 아니라 Global에서도 인정받아야 합니다.

또한 영어 커뮤니케이션을 할 때 사용하는 표현들만 반복적으로 쓰고 있으며, 조금 직설적이라 외국인들이 봤을 때 조금은 기분이 나쁠 수 있는 표현들이 많이 보입니다. 한국 사람들은 전혀 그럴 의도가 아니라는 것을 충분히 이해하겠지만, 외국인들은 무례하다고 생각할 수도 있습니다.

Global에서 오가는 많은 메일들을 참고하면서, 다양한 표현들을 기록하여 나만의 표현으로 만들고 적용해서 사용해보는 습관을 길러 보시면 좋을 것 같습니다. 마지막으로 프로답게 Professional을 항상 가슴속에 새기고, 빈틈 보이지 말고, 항상 모든 사람들에게 모범이 될 수 있도록 언행에 신경 쓰며 업무를 하셨으면 좋겠습니다."

그 당시의 나는 이직한 지 3개월이 지났는데도 적응을 못 하고 있었다. 뭔가 내 옷이 아닌 남의 옷을 입고 있는 느낌이랄까. '내가 여기서 지금 무엇을 하고 있을까?', '왜 내가 여기로 이직을 했을까?' 하는 후회까지도 하였다.

만약 내일 중요한 Global Call이 잡혀 있으면 그 전날부터 압박을 받아 새벽에 자주 잠에서 깼고, 나중에는 평상시에도 숨이 잘 안 쉬어지는 증상까지 겪게 되었다.

회사 앞 심혈관 내과에 방문하여 검사를 받고, 상담을 받은 결과 모든 원인은 스트레스였다. 몸에는 전혀 이상이 없으며 심리적인 스트레스로 인한 증상이라고 하였다. 스트레스는 계속 쌓이고, 본연의 채용업무는 점점 늘어나서 이 상태로 가다가는 정말 여기서 살아남을 수 없겠다는 위기감이 들었다. 지금의 문제를 절실히 극복하지 않으면 안 되겠다고 판단하였고, 다음을 중심으로 위기를 극복하기 위해 최선을 다하였다.

❶ 성격 바꾸기
❷ 실수 줄이기
❸ 메일 샘플링 만들기
❹ Global Call 준비하기
❺ 영어 공부하기

❶ 성격 바꾸기

인생도 연기일 수 있다. 상황에 따라 이렇게 행동하는 게 옳다면 이렇게 행동하고, 저렇게 행동하는 것이 옳다면 저렇게 하기 위해 노력해야 한다. 나 또한 직장생활에서 조직이 원하고, 매니저가 원하면 그에 맞는 사람이 되기 위해 최선을 다 해보자고 결심하였다.

Professional한 채용담당자에게 걸맞은 성격으로 바꾸려는 그 첫 노력은 쓸데없는 농담이나 실없는 이야기를 조금씩 줄여가는 것이었다. 적어도 사무 실 내에서는 완전히 다른 사람이 되는 것을 일부러 보여주려는 듯 더 과장해서 연기를 하였다. 그렇다고 해서 늘 가면을 쓰고 일한 것은 아니었다. 리더급 상사들이 없고 비슷한 레벨의 사원과 과장급 동료들만 있을 경우나 점심시간, 티타임 때에는 원래처럼 농담을 하며 분위기를 띄우려고 노력하였다.

❷ 실수 줄이기

다양한 방법들을 써 본 결과, 다음의 메시지를 모니터에 붙이는 것이 메일을 자주 사용하는 나에게는 가장 효과적이었다.

> '메일 보내기 직전, 반드시 심호흡 5번 하고 보내기'

❸ 메일 샘플링 만들기

평상시 자주 쓰는 메일들을 10개 정도로 분류한 후 가장 잘되어 있는 표현들을 활용하여 나만의 메일 샘플을 정리하였다. 예를 들어 Weekly Report를 보고할 때, Hiring Manager에게 후보자를 추천할 때, 후보자들의 인터뷰를 Arrange할 때, Hiring Manager에게 후보자 피드백을 요청할 때, 후보자와 연봉 협상하기 전에 급여정보를 요청할 때, 모든 포지션이 마무리가 되어 채용 완료를 보고할 때 등 평상시 항상 쓰는 메일들을 국/ 영문 모든 버전으로 완벽하게 정리를 하였다.

그리고 Outlook에서 '서명' -'새로 만들기' 기능을 통해 각 업무 이름으로 앞의 약 10개의 메일을 저장해 놓은 후, 비슷한 상황에 '서명' -'불러오기' 기능으로 매번 메일을 쓰지 않고, 상황별로 가장 잘되어 있는 Best Sample을 적절히 활용하여 최대한 효율적으로 업무를 수행하고자 하였다.

❹ Global Call 준비하기

Global Call(한국뿐만 아니라 다른 나라들의 채용팀들과 정기적으로 내부 회의시스템을 통해 미팅하는 것을 칭함)은 가장 스트레스를 많이 받았던 업무 중의 하나이다.

Global Call의 가장 큰 문제는 평상시 채용업무도 바쁜데 따로 시간을 내서 Global에서 오는 다양한 이메일과 첨부된 자료들을 사전에 읽어두어야 한다는 점이었다. 모르는 단어들을 일일이 찾아 해석하고 이해하는 데 많은 시간이 필요했다. 하지만 나에게 가장 큰 스트레스를 주는 이 업무는 어차피 극복해야 했고, 또한 노력해서 미리 준비를 잘해 놓는다면 충분히 해결이 가능한 문제였다.

그래서 국문으로도 읽기 버거운 다양하고 방대한 영문 자료들의 해석 시간을 줄일 수 있는 나만의 요령을 만들었다.

우선 전반적인 사항을 먼저 인터넷 번역기에 돌려보는 것이다. 지금이라면 구글 번역기나 네이버 파파고를 활용하면 된다. 비록 정확히 번역되지는 않겠지만, 대략적으로 무슨 이야기인지 흐름을 먼저 파악하고 이해한 후 해석하면 훨씬 더 빨리 해석이 되었고, 중요한 부분은 조금 더 정확하고 꼼꼼히 읽어서 이해하되, 그렇게 중요하지 않은 부분은 쉽게 넘어가는 방법으로 시간을 조금씩 줄여 나갈 수 있었다.

또한 Global Call에 들어가기 전에 내가 할 말과 질문할 내용을 미리 영작하여 노트해 놓기 시작했다. 영작 노트 작성을 통해 이야기를 꺼낼 때 어떤 단어와 문법을 사용해야 하는지 알고 있기에 당황하지 않고 자연스레 말을 꺼낼 수 있었으며, 대화에 대한 집중도도 훨씬 올라간 것을 알 수 있었다. 이렇게 준비를 하면서 비슷한 내용, 표현, 단어들이 반복되어 가며 점점 더 수월하게 Global Call을 진행할 수 있었고, 결과적으로 스트레스도 훨씬 줄어들게 되었다.

❺ 영어 공부하기

처음 외국계 회사에 입사했을 때는 생각보다 훨씬 더 영어를 많이 사용해야 하는 환경에 놀랐고, Global Call에 처음 들어갔을 때는 상대방이 무슨 말을 하고 있는지 절반 이상 이해하기가 어려웠다. 그렇기 때문에 집중력이 떨어져 딴 생각을 하게 되었고, 혹시 나를 통해 한국의 상황을 물어볼까 봐 조마조마해 하면서 자꾸 움츠러들었다. 점차 두려움을 넘어 공포와 스트레스가 나를 짓누르기 시작했고, 당연하게도 자신감 또한 바닥을 치면서 어느샌가 주눅이 들어 있었다.

하지만 여기서 살아남아 성장을 하려면 반드시 영어를 극복해야만 했다. 그래서 영어를 사용하기 전에 충분히 준비를 하되 '너네처럼 영어는 우리의 모국어가 아니다, 제2외국어다.'라는 마인드로 극복을 위한 목표를 정하고 꾸준히 노력하기 시작했다.

우리가 한국말을 잘하는 외국인들을 보면 알 수 있듯, 우리들 또한 원어민처럼 완벽하게 언어를 구사할 필요 없이 그저 의사소통을 할 수준이면 문제는 발생하지 않는다. 그렇기 때문에 중요한 순간 이해를 잘못했을 때 다시 한번 이야기해달라고 자신 있게 요청하고, 내가 하고 싶은 말을 느리더라도 정확히 표현하기 위해 노력을 하였다.

그러기 위해서는 자신감이 가장 중요했다. 하지만 그 자신감이 생기기 위해서는 미리 열심히 준비를 해 놓고, 내가 하고 싶은 예상 질문이나 답변을 준비해 놓아야만 했다. 그러면서 다시 나는 나에게 '영어는 제2외국어이기 때문에 의사소통하여 업무에 문제없는 수준까지만 하면 된다. 조금 더 준비하고 자신감을 가지고 천천히 이야기하면 된다.'라며 최면을 걸었다.

사실은 아직도 영어가 부담스럽고 힘들지만, 스스로 자신감이 생길 수 있도록 더 열심히 준비하고 천천히 자신 있게 대화하면서 극도의 스트레스와 공포감은 어느 정도 없앨 수 있었다.

이 당시 'Recruiter로서 반드시 지켜야 할 사항'을 정리하여 자기반성을 했던 글을 공유하고 싶다. 무려 20가지로, 하나하나 읽을 때마다 각 항목을 왜 List-Up했는지 떠올리면서 그 당시 정말 힘들었던 경험들을 추억으로 곱씹게 된다.

- 모범적인 말과 행동(반말 금지/ 복장 신경 쓰기)
- 후보자는 내 얼굴이요, 자존심이다.(양으로 승부하지 말고, 가장 적합한 후보자만 추천할 것.)
- 신규 포지션의 경우, 처음 적어도 한 명 이상은 F2F(면대면) 인터뷰로 진행할 것.(전화 인터뷰보다는 F2F 인터뷰를 통해 포지션 및 업계를 더 빠르고 효율적으로 파악할 수 있음)
- 회사의 비즈니스 및 생산품 관련하여, 평상시 꾸준히 공부해 Business Insight를 함양할 것.
- 신규 포지션 관련, 성확한 Job Description을 파악하고, 충분히 이해할 것.
- Hiring Manager와의 Kick Off 채용전략미팅 때, 미리 공부하여 짧은 미팅 시간 동안 반드시 알아야 할 정보들을 파악하고 효율적으로 진행할 것.
- 출근하자마자 먼저 채용시스템으로 들어온 이력서를 Review하고 일과를 시작할 것.
- Offer Proposal 및 후보자와 연봉협상 시 정확한 Fact를 통해 잘 협의할 것.
- Hiring Manager에게 후보자를 추천할 때 각 후보자의 스토리와 Market & Business를 파악하여 채용 Insight까지 공유할 수 있도록 노력할 것.
- 헤드헌터가 아닌 채용파트너라 생각하고 커뮤니케이션할 것.
- Benefit Program을 정확히 파악하여 후보자와 협의할 것.
- 디테일에 신경 쓰고, 빈틈을 보이지 않는 Professional이 될 것.
- 과장되지 않고, Clear하게 후보자와 커뮤니케이션할 것.
- Offer Letter를 후보자에게 송부 후, 빨리 사인하라고 재촉하지 말 것.
- Confidential은 생명이다.
- Recruiting Process를 정확히 따르고, 개선할 사항은 적극적으로 개선할 것.

- 영어 회의나 외국인과의 미팅 전에 충분히 준비할 것.
- 회의시간에 하나 이상의 질문을 할 수 있도록 노력할 것.
- 메일 보내기 전에 심호흡 5번 하고 보낼 것.
- 동료에게 질문하기 전에 내가 해결할 수 있는지 다시 한번 확인하고, 힘들 경우만 질문할 것.

이렇게 1년 정도가 지났고, 채용성과가 나쁘지 않게 나오던 와중, 팀장님께 완전히 인정받는 하나의 사건이 있었다. 그리고 이 사건은 진정한 나의 전성기가 오는 전환점이 되었다.

그 당시 HR 총괄 전무님께서 새로 우리 회사에 입사하셨고, 모든 HR 직원들과 1 : 1 미팅을 진행하셨다. 내 차례가 되어, 처음에는 임원과 대화하는 것이 어렵고 어색하여 긴장하였지만 이야기를 잘 들어주시는 전무님 덕에 열심히 하겠다는 형식적인 이야기를 하다가, 어느샌가 1년이 지났는데도 주눅이 들어 내 리듬을 타지 못해 답답하다는 하소연까지 이르게 되었다. 그리고 사람들 앞에 나서서 사회를 보거나 게임을 진행하는 것을 많이 해왔고, 즐긴다고 말씀드리자 전무님께서 이번 HR 워크숍에 간단한 게임 / 이벤트를 할 건데 사회를 보면 어떻겠냐는 제안을 주셨다.

모처럼의 기회였기에 워크숍 전부터 거울을 보면서 열심히 연습을 하였고, 그 결과 이벤트는 대성공이었다. 다들 정말 적극적으로 참여해 주시고 즐거워해 주셨다.

나에게 이런 면도 있었느냐는 주변 사람들의 칭찬이 이어졌고, 무엇보다도 이때부터 팀장님이 나의 다른 면목을 통해 인정을 해주기 시작했다.

팀장님은 나의 단점보다는 장점이 부각되는 업무를 더 잘하라며 도움을 주셨고, 비난보다는 칭찬을 통해 나를 춤추게 만들어 주셨다. 워크숍을 계기로 찾은 나의 다른 장점으로 인해 직장생활이 180도 바뀌게 된 것이다.

업무는 리듬을 타기 시작하였고 급속도로 일에 재미가 붙었으며, 동시에 채용성과 또한 눈에 띄게 좋아지기 시작했다. 스트레스나 망설임을 벗어던지고 즐겁고 자신 있게 업무에 임하게 된 것이다.

04
복합리조트, 채용파트장

입사한 지 어느덧 3년이 되어가고 있었다. 여전히 업무는 정신없었지만 그럭저럭 잘 지내고 있었다. 그러다 예전에 헤드헌터를 할 때 같이 근무를 했던 분과 오랜만에 통화를 하게 되었는데, 이런저런 이야기를 하다가 혹시 제주도로 내려가서 채용업무를 해볼 생각은 없냐는 제안을 받았다.

현재 채용팀을 세팅하고 있고, 1차 개장을 위해 2,000명이 넘는 인재를 대규모로 채용할 예정이기 때문에 제주도에서 직장생활과 새로운 도전을 해볼 수 있는 기회라는 설명이었다.

제주도는 그 전년도에 여행으로 갔는데, 신선한 공기와 아름다운 풍경들, 여유롭고 차분한 느낌에 나는 완전히 매료되어 있었다.

물론 딱히 이직해야 할 이유도 없었고, 아무리 지금이 평생직장이 없는 시대라지만 국내에서는 이직을 많이 하는 것을 좋아하지 않는다는 것은 알고 있기에 망설이는 마음이 컸다. 그래도 제안받은 회사가 어떤 회사인지, 어떤 일을 하는지 궁금해서 찾아보니 홍콩자본으로 세팅을 준비하고 있는 복합 리조트 회사였다. 호텔, 콘도, 테마파크, 카지노, MICE, 다이닝 등 외국인 카지노 손님 중심으로 비즈니스를 할 예정이며, 자본금 또한 든든하였다. 커리어상 채용담당자로서 채용 프로세트 세팅과 대규모 채용을 해 볼 수 있는 기회와 아름다운 제주도에서의 삶은 매력적이었지만 제주도로의 이주와 새로운 도전 등으로 지원 자체에 많은 고민이 필요했다. 그렇지만 면접은 한번 진행 해보자는 생각으로 이력서를 제출하였고, 다시 업무에 집중하면서 시간을 보냈다.

2주 정도가 지나 연락이 왔고, 인터뷰가 진행되었다.

처음 인터뷰는 채용팀을 총괄하는 상무님과 전화 인터뷰로 약 한 시간 정도 진행하였다. 왜 이직을 하려고 하는지, 현재 어떤 업무를 하고 있는지, 우리 회사에 대해 어느 정도 알고 있는지를 중심으로 질문을 받았다. 채용팀 상무님도 외국계 회사 출신이고, 지금 내 회사가 어떤 회사인지, 어떤 강도로 어떻게 채용 프로세스를 진행하는지 이미 다 알고 있어서 수월하게 대화를 나눌 수 있었다. 그리고 일주일 후 상무님께서는 제주도에서 인사를 총괄하시는 부사장님과의 F2F 인터뷰를 마련해 주셨다.

그렇게 부사장님과 인터뷰를 진행했지만, 생각보다 잘 보지 못했다. 나는 Hospitality Industry(관광산업업계)의 채용을 해본 적이 없었고, 특히 호텔 인재를 어떻게 채용할 것인지에 대해 제대로 답변을 하지 못한 것이다. 그래서 대신에 다양한 산업군에서, 다양한 직군으로 많은 인재를 채용하였고, 처음 경험하는 산업군도 한 달 정도면 충분히 적응하여 채용을 잘 진행해왔기 때문에 Hospitality 업계의 채용도 금방 적응해서 잘 진행할 수 있을 것 같다는 답변을 드렸다.

또한 현재 세계 최고 수준의 채용 프로세스로 채용을 진행하고 있고, 여기에 도움을 줄 수 있는 것들을 적용하여 가장 최적화된 채용 프로세스를 정립, 1차 개장을 위한 대규모 채용에 충분히 기여할 수 있을 것 같다고 대답하였다.

결국 인터뷰는 10분 정도로 짧게 끝났고, 나에 대해 충분히 어필하지 못한 기분이 들었다. 또한 나를 그렇게 관심 있게 생각하지도 않는다는 판단이 들어, 한동안 제주도에 갈 일은 없을 것이라는 아쉬움을 안고 집으로 돌아왔다.

그런데 면접을 본 그 다음 주 월요일 저녁, 오랜만에 지인들과 술 한잔을 하고 있을 때 064 제주도 번호로 시작되는 전화가 왔고, 최종 합격을 하게 되었다는 소식을 듣게 되었다. 떨어졌다고 생각하고, 완전히 제주도에 대한 마음을 접은 상황에서 합격 전화를 받게 되어 얼떨떨했지만, 일단 생각해 보고 연락드리겠다고 말씀드리며 전화를 끊었다.

이번 이직은 어느 때보다 많은 고민을 낳았다. 아직 재직 중인 회사에서 만 3년이 지난 것도 아니고, 업무에도 완전히 적응하고 있으며, 별 문제 없이 재미있게 일을 하고 있었다. 이직을 했을 때의 이점은 제주도에서 자연과 함께 생활하면서 조금은 여유롭고 조용하게 직장생활을 할 수 있고, 직무적으로는 채용 프로세스를 세팅하고, 대규모 채용을 해볼 수 있는 도전이 있다는 것 정도였다. 제시받은 연봉도 지금보다 살짝 오른 수준이라 연봉의 메리트도 거의 없었다. 무엇보다 두 가지가 걱정이 되었다.

첫 번째는 내 커리어상 이직이 많다는 점이었다. 채용담당자로서 후배들이나 지인들에게 이직 타이밍에 대해 조언을 해줄 경우, '적어도 3년 이상은 근무를 하고 이직을 고민해야지, 만 3년도 안 될 경우에는 웬만해서는 하지 말라.'고 하였는데 정작 내가 아직 3년이 안 된 시점이었다.

두 번째는 제주도에서 면접을 진행하였던 부사장님과 나의 케미스트리가 잘 맞을까에 대한 걱정이었다. 그분이 과연 내 능력을 신뢰하고 업무를 맡겨 주실까 하는 의구심도 들었다. 면접의 자리는 면접관이 구직자를 평가하는 시간이기도 하지만, 구직자가 이 회사와 나랑 일할 사람들이 잘 맞는지, 내가 이 회사에 입사하게 되면 내 역량을 잘 펼칠 수 있는 환경인지 서로 평가하는 자리이기도 하기 때문이다.

이직을 하는 직장인들에게 흔히 있는 걱정들로 긴 시간을 고민한 끝에 결국 도전을 선택하게 되었다. 평생 제주도에서 살아볼 기회가 한번 올까 말까 싶었기 때문이다. 이직 결정을 하였고, 상사 및 동료분들께 퇴사 의사를 밝혔다.

예전에 퇴사를 할 때는 대부분 응원해주시고 지지를 해주셨는데, 이번엔 정말 많은 분들이 반대를 하셨다. 제주도가 좋긴 하지만 처음 세팅되는 회사는 불안하기 때문에 다시 한번 생각해 보라는 조언과 Hospitality 업계는 다른 업계와는 다르게 매우 특수한 곳이고, 각 호텔 출신들의 텃세들을 이겨내는 것이 쉽지 않을 것이라는 조언을 듣게 되었다.

진심 어린 조언에 잠시 흔들렸지만, 제주도에서 살고 싶은 마음이 너무나 컸기 때문에 정중히 거절의 말씀을 드렸다. 향후 정말 기회가 되어 다시 받아주실 수 있는 상황이 오면, 반드시 돌아가겠다는 약속과 다짐을 하고 퇴사를 하였다.

여수에서 제주도로 가는 배에 짐들을 싣고 드디어 제주도로 출발하였다. 내 커리어가 어떻게 될지, 과연 이 선택이 잘한 선택일지, 후회로 남을 선택일지, 설렘 반, 걱정 반의 마음이었다.

한 번뿐인 인생 어떻게는 되겠지, 그냥 신나게 열심히 도전해보자는 생각과 함께 제주도의 직장생활이 시작되었다.

채용팀은 크게 호텔, 테마파크, 카지노, 그리고 사무직을 채용하는 경영지원 파트까지 4개의 파트로 구분되어 있었다.

나는 경영지원 파트장으로 복합 리조트의 사무직 채용을 하는 업무를 부여받았다. 우선 현재 어떤 채용 프로세스로 채용을 진행하는지 확인했고, 채용시스템 및 채용홈페이지 등도 살펴보았다. 그리고 직전 회사에서 진행하였던 채용 프로세스를 공유하고 논의하면서 개선할 점을 체크하기 시작하였다.

또한 아직 자체 채용 사이트가 없었기 때문에 구매팀과 논의하여 국내 Job 사이트에서 채용 홈페이지를 운영해주는 업체들에게 견적서를 받고, 그중 우리와 가장 적합한 곳으로 선정하여 채용 홈페이지를 세팅하는 등 정신없이 처음 한 달의 시간을 보내게 되었다.

그러던 중 채용팀 상무님이 갑자기 부르셔서 면담을 하게 되었다. 열심히 하는 건 좋은데 회의시간의 말투와 주장이 조금 공격적이라는 지적을 받게 되었다. 상무님께서 돌려서 잘 말씀을 해주셨기에 기분이 나쁘지는 않았지만 내가 왜 이렇게 바뀌었을까 하는 고민을 하게 되었다.

직전 회사에 입사하였을 때 더 적극적으로 자신 있게 커뮤니케이션하고, 웬만한 회의에서는 꼭 질문과 발표를 하는 등 활발히 참여하며, HR Manager, Hiring Manager 및 Candidate의 고객들에게 헤드헌터가 아닌 파트너로서 당당하게 채용을 진행해야 한다는 압박을 이겨내고, Professional하고 빈틈을 보이지 않기 위해 성격과 언행을 바꾸려 노력했던 시간이 이제는 공격적인 말투라는 인상을 받게 하는 것 같았다.

특히 Hospitality 업계는 일반 고객들을 상대하는 직종으로, 서비스 마인드가 다른 업계보다 확실히 높다는 점도 있었지만, 어찌 되었든 간에 입사한 이상 조직에 적응을 해야 했다. 그 다음부터는 이 점에 유의하며 혹여 내가 한 말이 공격적인 말투였는가를 항상 고민하고, 그런 인상을 주지 않기 위해 노력하기 시작하였다.

처음 세팅하는 조직은 생각보다 훨씬 바빴고, 채용도 무수히 많았다. 우선 신입 채용은 캠퍼스 리쿠르팅 및 대규모 채용 행사를 통해 현장에서 서류를 접수하고, 현장에서 바로 1차 인터뷰를 진행하였다. 지원부서의 실무자나 임원이 없을 경우에는 채용팀에서 인터뷰를 진행하였고, 부서에서 행사에 참석하였다면, 바로 부서 인터뷰를 진행하였다.

이후 2차 인터뷰는 사원 및 대리급의 경우 화상 인터뷰를 통해 진행하였고, 과장 이상급부터는 제주도로 초청하여 F2F 인터뷰를 부서에서 진행하였다.

경력직 채용은 한 포지션, 한 포지션 정확한 채용 프로세스로 진행을 해야 하기 때문에 신입 채용처럼 대규모로 진행할 수 없어 업무량이 많고, 이에 따라 과부하가 걸릴 수밖에 없었다.

예를 들어 경력직 30개의 채용 포지션을 담당하게 될 경우, 30개의 포지션 중 몇 개의 Hiring Manager가 부서 인터뷰를 요청한다면 후보자들에게 직접 전화를 하여 인터뷰를 준비해야 하고, 급한 포지션의 후보자를 찾기 위해서는 Direct Search를 해야 했다.

또한 어느 포지션들이 연봉협상 단계이면 후보자들에게 급여 정보를 받고 연봉협상을 했다. 6개월이라는 시간이 어떻게 흘러갔는지 모를 만큼 늘 정신없이 바빴고, 어느새 순수 채용인원만 100명이 넘어서고 있었다.

하지만 좀 더 본격적인 대규모 채용이 기다리고 있었다. 복합리조트 개장이 얼마 남지 않았기 때문이다.

그때쯤 해외에서 연수를 마치고 돌아온 신입사원 2명이 경영지원 파트로 배치되었다. 이들은 내 인생에 처음으로 생긴 부하 직원으로 모두 제주도민이었고, 정말 예의 바르고 성실한 친구들이었다. 비록 업무가 너무 바빴지만, 최선을 다해 모든 채용업무를 알려주고자 시간을 내어 코칭 계획을 세우고, 체계적으로 교육을 하기 시작했다.

Jr. Recruiter, 사원급으로 어느 회사 채용팀에 가서라도 정말 일을 잘 배웠고, 일 잘한다는 소리를 듣게끔 하자라는 목표를 세웠다.

Recruiter의 업무 중에서 가장 기본이자 가장 중요한 업무 스킬은 Direct Search, 즉 채용공고를 통해 지원한 후보자들이 아닌 경쟁사나 업계에서 일 잘하는 후보자들을 찾고, 직접 연락하여 우리 회사 소개 및 현재 진행 중인 포지션을 설명한 뒤 지원 유도하여 채용하게 하는 방법이다.

나는 헤드헌터 때 배웠던 노하우들을 살려 Hiring Manager와 커뮤니케이션 하는 방법, 후보자와 커뮤니케이션 하는 방법을 중심으로 채용공고 올리는 방법, 인터뷰 안내 메일 보내는 방법, 부서의 Hiring Manager에게 후보자를 추천하는 방법, 부서에서 채용하고 싶어 하는 후보자와의 연봉협상 방법, 근로계약서 작성 방법 등을 코칭하였다.

두 친구 모두 열심히 배우려고 노력하였고, 정말 성실하게 업무에 임해주었다. 돌이켜보았을 때 그들이 없었더라면, 어떻게 그 많은 인원들을 채용했을까 하는 끔찍한 상상을 하고는 한다.

2년이 지날 무렵, 드디어 복합리조트가 성공적으로 1차 오픈하게 되었고, 약 400명의 인재를 채용하였다.

평일은 정신없이 업무에 집중하였고, 간혹 야근도 많이 하였지만, 주말이나 휴일에는 제주도를 즐기려고 노력했다. 그리고 1차 오픈을 한 후 채용의 업무가 많이 줄어들면서, 전반적인 HR Generalist 인사담당자의 업무가 늘어나기 시작하였다.

05
Global 채용 전문 컨설팅펌, 채용팀 리더

당시에 나의 궁극적인 커리어 목표는 Talent Acquisition Leader(채용팀장)였다. 1차 오픈을 하면서 대부분의 채용이 마무리되었기 때문에 일 자체는 줄어들었지만, 전반적인 HR(인사) 업무 비중이 늘어나게 되었다.

조금 더 편하게 제주를 즐기면서 전반적인 인사업무를 할 수도 있었겠지만, 또다시 업무가 답답하고 재미가 없어지면서 맞지 않은 옷을 입은 느낌이 들기 시작했다. 본능적으로 다시 즐겁고 가슴 뛰는 채용 업무를 할 수 있는 회사로의 이직 욕구가 마음속에서 꿈틀거리기 시작했다. 크게 서두르지는 않았지만, 한 회사의 채용팀을 리딩하는 팀장급 포지션이 있으면 지원을 해보고 싶은 생각도 가지게 되었다.

그러던 중 흥미로운 채용 포지션을 발견하게 되었다. Global 채용 전문 컨설팅 회사 소속으로 고객사인 외국계 제약회사에 파견하여 모든 채용을 담당하는 채용팀장 포지션이었다.

조금 더 자세히 알아보니 Recruitment Process Outsourcing(RPO) 채용 모델, 즉 전문 채용 컨설팅 회사에서 컨설턴트를 고객사에 파견하여 그 회사의 모든 채용을 A부터 Z까지 책임지고 담당하는 모델이었다.

한국에서는 아직 생소한 모델이지만, 해외에서는 한 기업의 채용을 전문 채용컨설팅 회사에 모두 맡기는 RPO를 통한 채용구조가 증가하는 추세였다.

이 포지션의 장점은 Globally 채용을 전문으로 하는 Global Top 5 안에 들어가는 채용회사이기 때문에 채용 Tool과 채용 System이 매우 발달했을 것이라는 점, 그리고 선수라 불리는 수만 명의 전문 Recruiter 들이 포진되어 있기 때문에 나의 전문성이 채용 고수들이 모여 있는 전문 채용집단에서 통할지에 대한 시험이 가능하다는 점이었다.

한 회사의 채용업무를 리딩하는 자리이기에 나의 Job Objective상 도전해 보고 싶은 마음이 컸고, 아직까지 대한민국에서 Recruiter라는 전문직종이 생소할뿐더러 채용만을 전문적으로 하는 전문 Recruiter의 인재 Pool이 매우 적기 때문에 충분히 도전해 볼 만하다는 계산이 있었다.

바로 이력서를 Update한 후 담당자에게 메일로 접수를 하였고, 얼마 지나지 않아 바로 인터뷰 제의를 받게 되었다.

처음 면접관은 싱가포르에 있는 회사의 채용담당자였다. 외국인이었기 때문에 인터뷰는 모두 영어로 진행되었지만, 전반적으로 어렵지 않은 질문들이었다. 아무래도 나에게 가장 관심 있어 하는 경력은 전 직장인 외국계 대기업에서의 채용 담당 업무 같았다. 어떤 채용 프로세스와 Tool로 채용을 진행했었는지, 주요 Stakeholders(HRs, Candidates & Hiring Managers)들과 어떻게 파트너십을 맺었고, 어떻게 Insight를 주면서 채용을 했는지, 왜 이직을 하려고 하는지 등의 질문을 받았다.

1차 인터뷰는 전화상으로 한 시간 정도 진행되었고, 그 다음 주에 2차 인터뷰가 진행되었다.

한국을 포함한 아시아 전 지역을 총괄하는 APEC Executive와 파견될 외국계 제약회사를 담당하는 Account Manager, 이 두 명의 면접관과 인터뷰를 진행하였고, 처음 진행했던 내용과 비슷한 질문으로 인터뷰는 수월하게 마무리되었다.

마지막 인터뷰 상대는 내가 이 회사에 입사를 하게 되었을 경우 파견 나가야 하는 한국 소재 Global Major 제약회사의 HR 팀으로, HR 전무님과 HR 부장님 2분, 총 3분이 면접관으로 들어오셨다.

모두 한국 분들이셨기 때문에 한국말로 인터뷰가 진행되었으며, '제약업계에서 직접 채용한 경험이 없는데 어떻게 잘할 수 있냐?'라는 별로 어렵지 않은 질문들이 이어졌다.

'채용은 Shared Service Function이며, 과거 국내 제조회사, 다양한 사업을 하는 외국계 대기업, Hospitality 업계로 이직하면서 업계 적응은 크게 어렵지 않았으며, 헤드헌터를 하면서 제약업계도 경험을 하였기 때문에 적응하는 데 큰 무리가 없다.'고 자신 있게 이야기하였다.

일주일 후, 나는 최종 합격통보를 받게 되었다. 제주도라는 아름다운 자연환경과 상쾌한 공기들이 너무 아쉬웠지만 나 자신의 Career를 위해 퇴사를 결정하였다.

제주도에 내려와서 직접 채용 프로세스를 세팅하고, 세팅한 프로세스를 통해 대규모 채용이 잘 진행되는 것을 확인하면서 앞으로 어느 회사에서도 충분히 채용 프로세스를 세팅하고 적용할 수 있다는 자신감을 얻었다. 또한 2명의 Junior Recruiter를 육성하면서 나의 리더십에 대해서 실질적으로 고민해보고 시행착오를 겪어보며, 어떻게 가르치면 더 쉽게 배우고 따라오는지도 느낄 수 있는 정말 소중한 시간이었다.

2주간의 꿀맛 같은 휴식 후, 고객사로 파견 가기 전에 Asia 본사가 있는 싱가포르에서 일주일간의 교육을 받기 위해 출국하였다.

일주일간 체계적으로 Recruiting Process와 Recruiting Tool에 대해 교육을 받았는데, 예전에 진행했던 전반적인 업무와 매우 유사했기 때문에 별다른 어려움 없이 쉽게 이해가 되었다. 하지만 조금 더 엄격한 Time Schedule이 눈에 띄었다. 예를 들어, 포지션이 오픈되면 그 채용을 원하는 Hiring Manager와 반드시 이틀 안에 연락해서 Kick Off 채용전략미팅을 진행해야 한다든지, 후보자가 지원하는 것을 모니터링하고 이틀 안에 서류전형을 하여 Status를 Update해야 한다 등의 사항들이었다.

교육과 관련된 전반적인 사항들이 나에게는 너무나 익숙했다. 예전부터 해왔던 프로세스와 Tool들이 거의 비슷하였기 때문이다. 한국뿐만 아니라 Global 어느 나라에서 Recruiter를 하더라도 금방 적응하고, 업무를 할 수 있겠다는 확신에 스스로 뿌듯한 마음도 갖게 되었다.

교육이 끝난 뒤, 고객사에 처음 출근하여 HR 팀 및 임직원분들께 인사를 하고, 본격적으로 채용을 시작하였다.

걱정했던 것보다 적응하는 데 어려움이 없었고, 다들 잘해 주셔서 재미있게 업무를 시작할 수 있었다. 정통 제약회사의 꽃인 영업사원들을 많이 채용했고, 의사, 변호사, 마케팅, Product Manager, RA 등 제약회사의 다양한 포지션을 진행하면서 각 직무를 이해하고, 업계를 빠르게 이해할 수 있었다.

06
외국계 대기업, 채용팀장

전 직장, 그러니까 외국계 대기업에서 퇴사하기 전에 주로 채용을 전담했던 사업부의 본사가 지금 일하고 있는 빌딩으로 이전한다는 소식을 들었고, 얼마 지나지 않아 낯이 익는 분들의 모습들이 하나둘 보이기 시작했다. 같은 건물이다 보니 엘리베이터에서 만날 일이 종종 생겼고, 예전에 친했던 분들을 우연히 만나면 인사와 함께 잘 지내느냐고 안부를 묻고는 하였다.

그러던 중 예전에 같이 일을 하셨던 분들께서 다시 HR 조직을 Restructuring하면서 채용팀 Leader를 채용할 예정인데 다시 돌아올 생각이 없느냐는 말씀을 주셨다. 예전에 있을 때는 중앙조직의 채용팀에서 여러 계열사의 채용을 하는 Shared Service 구조였지만, 이번에는 한 사업부의 자체 채용팀에서 여기의 사업부 채용을 담당하는 구조이기 때문에 채용팀 Leader로 채용팀을 세팅하고 이끌어 볼 수 있는 좋은 기회라고 하셨다.

다시 마음이 요동치기 시작하였다. 언젠가는 다시 돌아갈 곳이라고 생각했었고, 퇴사하면서도 언젠가 기회가 된다면 돌아오겠노라고 약속한 점도 있었으나 기회가 이렇게 빨리 찾아오게 될 줄은 몰랐다. 또한 여기 사업부는 예전에 가장 많은 채용업무를 했던 곳인 데다, HR 부서 Hiring Manager뿐 아니라 내가 채용한 입사자들이 많아 익숙한 곳 중 하나였다.

시간은 조금 흘렀지만, 전반적인 채용 프로세스와 Tool을 잘 알고 있었기 때문에 그동안 잊어버렸던 부분의 감만 찾는다면 적응하는 데 큰 문제는 없을 것 같았다. 망설일 필요 없이 기회만 주시면 다시 돌아가고 싶다고 바로 말씀드렸고, 이력서를 제출하였다.

얼마 지나지 않아 아시아 전체 HR을 리딩하는 분과 인터뷰하였고, 한국의 외국인 사장님과도 인터뷰를 진행하였다. 전반적으로 무난한 인터뷰였지만, 그중에서 "예전에 퇴사했을 때와 지금 비교하였을 때 얼마만큼 성장한 것 같으며, 앞으로 채용팀장으로서 어떻게 채용팀을 이끌어 보겠느냐?"라는 질문이 인상 깊었다. 돌이켜 생각해보면 가장 어려운 질문이었지만, 동시에 가장 재미있게 대답한 질문이기도 했다.

과거 처음 입사를 하였을 때 국내 대기업과는 다른 조직문화와 처음 접해보는 Global 채용 프로세스와 Tool을 배우는 데 많은 고생을 했었고, 영어에 대한 압박감과 완벽한 Professional을 추구하는 과정에서 힘들었던 일들이 떠올랐다. 나중에는 정말 열심히 노력하여 극복하였고, 일의 흐름을 탈 수 있었지만, 얼마 지나지 않아 퇴사했기에 항상 그리움과 미안함이 남아있었다.

제주로 이직하면서 나는 채용분야에서 최고라는 자부감과 파트장으로의 리더십 Presence에 신경 썼고, 30% 이상의 부서 Hiring Manager들이 외국인들이었기 때문에 업무상 최대한 자신 있게 영어를 썼으며, 채용 파트너로서 채용에 대한 Insight와 의견을 주고받으며 채용을 리딩했었다.

또한 제약회사의 외부 채용 컨설턴트 리더로서 채용업무를 하면서 최고 수준의 채용 Tool과 프로세스의 감을 찾았고, 채용파트너로서의 채용업무 리딩을 성공적으로 진행하였기 때문에 자신감이 붙어있었다.

마지막으로 채용팀을 성공적으로 세팅하고, Jr. Recruiter들을 육성하였던 경험을 통해서 다시 복귀한다면, 채용팀을 잘 세팅하고, 한국을 넘어서 Global에서도 가장 채용을 잘하는 Region을 만들기 위해 최선을 다하겠다고 대답하였다.

얼마 지나지 않아 정식 Offer Letter를 받게 되었다.

돌이켜 생각해보면 한 번의 퇴사가 지금의 회사를 객관적으로 평가할 수 있는 소중한 기회이기도 했다. 지금까지 이 자리에 오게 도와주셨던 분들께 감사함을 느끼며, 이제 원 없이 최선을 다하여 신나게 일하겠다는 다짐을 굳건히 세우며 복귀하였다.

예전과 바뀐 점들과 시간이 흐르면서 기억나지 않는 사항들을 중심으로 최대한 빨리 캐치업을 시작했다. 동시에 현재 오픈된 채용 포지션들을 정리하기 시작했고, Hiring Manager들을 모두 만나 지금까지 업무가 어떻게 진행되고 있는지, 어떠한 후보자를 채용하기를 원하는지 파악하기 위한 1 : 1 미팅을 진행했다.

또한 예전 노하우를 활용하여 현재 어떤 채용 포지션을 어떻게 진행하고 있는지, 신규 입사자는 언제 입사 예정인지 한눈에 확인할 수 있는 Weekly Report를 만들었고, 일주일에 한 번 리포트를 공유하기 시작하였다.

Global Talent Acquisition Team(Global 채용팀)도 세팅 중이었고, 나의 매니저도 채용되었다. 인도에 있는 분이며 아시아 전체의 채용을 리딩하는 분이었다. 화상 미팅으로 인사를 하였고, 2주에 한 번씩 1 : 1 미팅을 진행하면서 한국의 채용을 위해 최선을 다하였다.

정신없이 시간이 흘렀고, 현재 오픈된 모든 채용 포지션을 정확히 파악한 뒤 후보자를 채용하면서 포지션들을 마무리하기 시작했다.

3개월이 지난 후에는 3명의 Jr. Recruiter를 뽑아 채용팀을 세팅하였다.

7개월 후에는 100명의 인재를 채용하게 되는데, 이는 작년보다 2배 빠른 실적이며, 최근 3년 사이에 가장 좋은 성과였다.

❖Awards

PD Impact Award, Global TA Hero for the Q1, 2021
Joey has not only managed requisitions with the best metrics within AKA region, but Joey has also stepped in to support other GE business roles in Korea.

PD Impact Award from Ultrasound Korea for recruiting service, Q4, 2020
Joey's proactive search and interview arrangement was super important enabler to hire the resources on time and we could make successful Q4 operation with highest volume.

PD Impact Award, the Global TA Hero for the Q3, 2020.
Global TA team has delivered great results in 2020 and Joey has made a significant contribution to global TA team overall success & reputation for

어느덧 재입사한 지 4년이라는 시간이 흘렀고 한국이라는 나라가 Global에서도 Performance가 매우 좋은 나라들 중 하나가 되었다. 그러면서 많은 상들을 받게 되어 보람되고 뿌듯했다.

코로나가 찾아들면서 대한민국 Tech 회사들에서 개발자 인재전쟁의 절정기가 오고 있었다. 국내 대기업뿐만 아니라 스타트업 회사들의 개발자 인재 영입은 전쟁을 방불케 한다. 실력 있는 개발자 채용을 위해서라면 파격적인 연봉에 사이닝보너스와 스톡옵션으로 러브콜을 보내면서 서로 뺏고 빼앗기는 춘추전국시대였다.

거의 모든 분야가 오프라인에서 온라인, 플랫폼으로 변하고 있고, 이런 흐름으로 인해 개발자들을 찾는 수요가 압도적으로 늘어나고 있다. 즉 개발자 수요는 많은데 개발자들의 공급이 너무나 부족하기 때문에 벌어지는 일이다.

'네카라쿠배당토직야몰두센(네이버, 카카오, 라인, 쿠팡, 배달의민

족, 당근마켓, 토스, 직방, 야놀자, 몰로코, 두나무, 센드버드)은 최근 개발자 구인난을 잘 드러내는 신조어다.

이러한 Big Tech 회사들은 성과 중심의 매력적인 연봉, 사이닝보너스 및 스톡옵션 지급, 재택근무 도입 등 유연한 근무, 편한 복장, 다양한 복리후생, 수평적 조직문화 등으로 인해 개발자 직군을 넘어 취준생들이 가장 입사하고 싶은 회사에 대부분 높은 순위를 차지함으로써 그 인기가 급격하게 늘어나고 있다.

체감상 취준생뿐만 아니라 경력직에서도 이러한 Tech 회사로의 이직 현상이 굉장히 높아진 것 같다. 특히 링크드인의 경력직 프로파일 변동과 Tech 회사들의 입사자 Data들을 살펴보면 대기업 포함 일반 기업들뿐만 아니라 Big 컨설팅 펌, 어카운팅 펌 등의 경력직들이 대거 Tech 회사들로 이직하는 현상들을 쉽고 번번히 확인할 수 있었다.

나 또한 이러한 흐름 속에 내가 만약 Tech 회사로 이직하여 개발자 인재 전쟁에 참전하면 엄청 신나겠는데 하는 바람이 조금씩 커지고 있었던 것 같다.

그러던 중 예전에 외국계 기업에서 같이 근무했었고 현재 Big Tech 회사에서 채용팀장으로 근무하고 있는 지인에게 전화가 걸려왔다.

"우리 회사는 아니고, 다른 Big Tech 회사에서 채용 전체를 리딩해줄 채용실장 인재를 찾고 있는데 혹시 관심 있으세요? 관심 있으면 내가 추천해줄게요."

큰 고민할 필요가 없었고 나는 대답을 하였다.

"추천해주세요. 개발자 인재전쟁에 참전하고 싶습니다."

07
빅테크 기업, 채용실장

인터뷰는 3번에 걸쳐 진행되었다. 처음에는 입사하게 되면 내 Direct Manager가 될 CHRO(HR 총괄), 2차는 Peer 인터뷰(HR 내 다른 부서 실장님들) 그리고 마지막으로 대표님과 임원 인터뷰를 진행하였다.

모든 인터뷰에서 나는 다음을 중심으로 답변하였다.

첫째는 현재 채용 프로세스를 분석한 후 개선사항 등을 파악하여 Right Person을 Right Time에 뽑을 수 있는 Global Standard에도 적용 가능한 최적의 채용 프로세스로 고도화시키겠다.

둘째는 채용담당자 팀원들을 체계적인 교육을 통해 육성하고 채용 업무를 즐기면서 몰입할 수 있는 근무환경을 만들겠다.

그리고 마지막으로 채용담당자가 가장 중요하게 생각하고 가장 잘 해야 하는 Direct Sourcing(채용공고만 그냥 올려놓고 지원하기를 기다려서 지원한 후보자들 중 채용을 하는 것이 아닌 링크드인, 리멤버 등을 활용하여 Market에서의 Right Candidates들을 직접 컨택하여 회사와 포지션을 셀링하여 지원시키는 방법) 비율을 최대한 끌어올리고, 써치펌 활용비율을 0%로 만드는 것 중심으로 채용 비용을 절감시키겠다.

합격통보를 받았을 때 정말 행복하고 감격스러웠다. 이제 지금까지 쌓아 온 내 모든 채용 커리어를 걸고 개발자 인재전쟁에 참전하여 반드시 승리해보겠다는 다짐을 하고 입사를 하게 되었다.

입사 첫날 분위기는 너무 만족스러웠다. 임직원들의 얼굴이 무척 밝았고, 매우 편안한 분위기였다. 복장도 편했고, 뭔가 자유로워 보였다. 회사 내에 커피숍이 있었고, 충분한 회의실들, 안마의자, 테라핏실, 쇼파에 기대어 일할 수 있는 공간들, 다양한 간식들을 공짜로 뽑아서 먹을 수 있는 자판기 등 인상적이었다.

모든 팀원들과 원오원을 진행하면서 채용 프로세스 및 각 팀원들이 원하는 것, 나에게 바라는 것들을 파악하였다. 그리고 나는 올해 말까지는 당장의 채용실적보다는 내년 최고의 실적을 달성하기 위해 다음 2가지 중심으로 진행하겠다고 이야기하였다.

첫째는 우리 채용 프로세스를 Right Person을 Right Time에 뽑을 수 있는 Global에서도 통용될 수 있는 최적의 채용 프로세스로 고도화시키겠다.

둘째는 채용담당자로서 당신의 Level에 있어서 대한민국 업계 최고가 되는 데 최선을 다해 체계적으로 육성시키겠다.

본연의 채용업무 70% + 채용 프로세스 고도화를 위한 프로젝트

30% 중심으로 채용담당자들에게 업무를 할당하였고, 매주 1회 한 시간씩 채용 실무 교육을 꾸준히 진행하였다.

6개월이 지났을 무렵 약 30개의 프로젝트들을 통해 채용 프로세스 고도화가 어느 정도 완료가 되었다.

채용담당자 1차 스크린 인터뷰를 채용 프로세스에 포함시켰으며, Hiring Manager와의 체계적인 채용전략미팅, 공통적이었던 평가표를 각 포지션의 주요 자격요건 중심으로 각 포지션마다 세팅, Reference Check 제도화, 각 채용업무 양식 개선, 채용 데시보드 세팅하여 객관적이고 시각화된 채용 Data를 활용, 사내추천 프로모션 강화, 링크드인 활용 등 전반적으로 매우 만족하게 고도화가 되었다.

또한 채용담당자가 단순히 채용업무를 Support하는 Recruiter가 아니라 Main Stakeholder인 Hiring Manager와 HRBP에게 채용을 진행하고 있는 채용포지션에 있어 그 누구보다 채용을 가장 잘 알고 채용이 잘 될 수 있게 인사이트와 Market 정보 등을 공유하면서 신뢰 있는 파트너가 되는 Talent Acquisition Partner로서 채용업무를 진행하고 있어 매우 뿌듯하고 팀원들이 군소리 없이 따라와 줘서 고마웠다. 이런 동료들과 일할 수 있는 게 참 나는 운이 좋다는 것을 자주 느낄 수 있었다.

그러면서 객관적인 채용 Data 중심으로 채용성과들이 잘 나오기 시작했다. Cycle Time(채용에 소요되는 시간)이 현저히 줄어들었으며 맴버사 포함 임원급 포지션들을 별 무리 없이 채용이 잘 되었고, 특히 외국 지사 세팅을 위한 외국인들 채용도 잘 진행되었다.

여기 와서 가장 인상적이었던 점은 대표님 포함 각 리더들과의 커뮤니케이션에 있어 항상 존중해주시고, 자유롭게 의견 개진을 하면서 궁극적인 솔루션을 찾기 위해 토론하고 항상 서포트를 해주시려고 하는 방식에 감명을 받았다. 이러니 회사가 잘될 수밖에 없다는 점을 자주 느낄 수 있었다.

팀원들이 정말 열심히 해준 보상으로 링크드인을 사용하는 대한민국 약 1,000여 개의 사 중 가장 잘하는 TA(채용) 팀에 2등을 하게 되어 상을 받게 되었다. 이 순간은 너무 행복했고, 다시 한번 팀원들에게 무척 감사의 마음을 전하고 싶다. (Selected as the 'Best TA Team at the 2024 LinkedIn Talent Awards')

현재는 디지털 트랜스포메이션(DX)과 제조 AI 기술을 기반으로 자율 제조 및 데이터 서비스의 혁신을 주도하고 있는 인터엑스의 채용총괄 본부장으로 이직하여 신나게 채용업무를 리딩하고 있다. 소중한 기회를 주신 인터엑스에게 감사드리며, 지금까지 16년 동안 쌓아온 내 모든 채용경력과 노하우를 총동원하여 대한민국을 넘어 'To be the Global No.1 in Industrial AI & Autonomous Manufacturing'이 되는 데 최선을 다하고 싶다.

지금까지 내 모든 커리어는 채용을 하는 업무였으며, 그중에서도 특히 전문 리쿠르터 직무는 나에게 있어 완벽한 천직이었다. '왜 전문 리크루터 직무가 있어 완벽한 천직입니까?'라고 누가 묻는다면, 난 '내 외향적이고 활동적인 성향과 완벽한 궁합이고, 행복지수가 무척이나 높은 업무였기 때문'이라고 답할 것이다.

채용을 원하는 집단과 채용전략미팅을 하면서, 그리고 새로운 사람과 정보를 얻으면서 지루할 틈이 없었고, 좋은 인재를 채용시켜준 뒤 좋은 인재를 뽑을 수 있게 도와주어서 고맙다는 칭찬이 나를 행복하게 하였으며, 입사에 성공한 구직자가 좋은 회사에 입사할 수 있게 도와주어 고맙다는 이야기를 해줄 때 또한 보람을 느꼈다.

한편으로는 신규 직종이라 전문 리쿠르터들이 업계에 많지 않았기 때문에 수월하게 이직을 하면서 경력을 인정받았기 때문이라고도 생각한다.

물론 고객이 원하는 인재를 빠르게 찾아 만족시키지 못하면 스트레스를 받고, 업무량도 무척 많아 정신이 없는 경우가 많지만, 이런 점들을 충분히 상쇄하고도 남을 만큼, 그러니까 다시 태어난다 하더라도 채용담당자의 직업을 선택하고 싶을 정도로 나의 일을 사랑하고 있다.

빨리 좋은 회사에 취업하는 것도 중요하지만, 나에게 맞는 직무를 제대로 선정하여 억지로 일하는 것이 아닌 일하는 것 자체로 가슴이 뛰고 행복하게 일할 수 있는 것이 더욱 중요하다.

따라서 PART 2부터는 체계적이고 쉽게 취업을 준비할 수 있으면서 기본적인 틀을 잡을 수 있도록 도움을 줄 수 있는 내용으로 구성하였다. 이 책을 정독한다면, 혼자서도 충분히 원하는 직무로, 원하는 회사에 취업을 하는 데 큰 도움이 될 것이라고 확신한다 취업에 어려움을 겪으며 고통과 스트레스를 받고 있는 취준생들을 취업 특강이나 재능기부 행사에서 만날 때마다, 어떻게 하면 현실적으로 도움을 드릴 수 있을지 깊이 고민했습니다.

공채가 점점 폐지되고, 직무 중심의 수시 채용으로 빠르게 변화하고 있는 채용 트렌드 속에서 많은 취준생들이 직무와 관련 없는 공통 자소서, 단답식 답변, 획일적인 자격증 취득, 대학원 진학, 어학연수 등 잘못된 방식으로 취업을 준비하는 모습을 보며, 이 책을 조금 서둘러 집필하기로 결심했습니다.

다양한 산업군의 현직 채용 리더 분들과 소통하는 과정에서 확인한 사실은 명확했습니다. 대부분의 채용 전문가들은 자소서를 "면접 대상자를 어느 정도 선별한 후, 인터뷰 볼 후보자의 정보를 조금 더 확인하는 수단" 정도로 평가하고 있었습니다.

서류전형의 핵심은 단순한 자소서 작성이 아니라, 지원자가 지원한 채용공고의 자격요건에 얼마나 부합하며, 그 직무를 위해 어떤 노력을 기울였고, 자신만의 직무 경쟁력을 얼마나 명확히 보여주는지에 있습니다.

채용은 단순히 인사 혹은 채용 부서에서 진행하는 것이 아닙니다. 부서의 Hiring Manager와 채용담당자가 채용전략 미팅에서의 심도 있는 논의를 통해 필요 인재의 요건을 구체화하고, 이를 Job Description, 그중에서도 특히 자격요건(Qualifications)에 담아냅니다. 그렇기 때문에 서류전형은 이 자격요건 중심으로 이루어집니다.

그렇다면 취준생들은 무엇을 준비해야 할까요?

지원한 직무와 관련 없는 지극히 나만의 이야기인 내가 어디서 태어났고 동아리에서 어떤 리더십을 발휘했는지 등을 최선을 다해 강조하고 있는 자소서를 잘 쓰는 것으로 취업준비를 해야 할까요?

많은 취준생들이 저에게 묻습니다.

"어떤 자격증을 따야 취업이 잘될까요? 대학원에 꼭 가야 할까요?"

저는 이렇게 답합니다.

"왜 이걸 저에게 물어보시는지요? 그 답은 지원하시려는 채용공고의 자격요건에 이미 나와 있습니다. 자격요건에서 석·박사를 선호한다라는 채용공고가 많다면 대학원에 진학하는 것이 유리하고, 특정 자격증이 필요하다고 한다면 그 자격증을 준비하시면 됩니다."

취업준비를 직무와 무관하게 혼자만의 기준이나 공통적인 방식으로 접근하는 것은 비효율적입니다. 이 책에서는 직무 중심의 효율적인 취업준비 방식을 충분히 강조했던 것 같습니다.

이 책을 통해 여러분이 취업준비 과정에서 겪는 스트레스와 고통을 조금이라도 줄이고, 가장 효율적인 방법으로 취업에 성공하길 바랍니다.

이 책을 통해 스스로 취업준비를 하여 원하는 직무, 원하는 회사에서 멋진 커리어를 쌓아가길 응원합니다. 또한 이직을 고민하는 사회 초년생들에게 작지만 의미 있는 도움이 되기를 진심으로 바랍니다.

더 나아가, 국내 취업뿐만 아니라 해외 글로벌 기업 본사로 취업하고 인정받으며, 자랑스러운 한국인의 위상을 드높이기를 기원합니다.

감사합니다.

Global No.1 Industrial AX & Dataspace Partner, 인터엑스 사무실에서

저자 **서재민** 드림.